LE FRANÇAIS DANS LE MONDE est la revue de la Fédération internationale des professeurs de français (FIPF)
1, av. Léon Journault 92311 Sèvres
Tél. : 33 (0) 1 46 26 53 16
Fax : 33 (0) 1 46 26 81 69
Mél : fipf@artinternet.fr
http://www.fipf.com

SOUS LE PATRONAGE
du ministère des Affaires étrangères, du ministère de l'Éducation nationale, de la Direction générale de la coopération internationale et du développement, de l'Agence intergouvernementale de la francophonie, du Centre international d'études pédagogiques de Sèvres, de l'Institut national de la recherche pédagogique, de l'Alliance française, de la Mission laïque française, de l'Alliance israélite universelle, du Comité catholique des amitiés françaises dans le monde, du Comité protestant des amitiés françaises à l'étranger, du Centre de recherche et d'étude pour la diffusion du français, des Cours de civilisation française à la Sorbonne, de la Fédération internationale des professeurs de français, de la Fédération des professeurs de français résidant à l'étranger, du Secrétariat général de la commission française à l'U.N.E.S.C.O., de l'ADACEF, de l'ASDIFLE et de l'ANEFLE.

LE FRANÇAIS DANS LE MONDE
27, rue de la Glacière 75013 Paris
Rédaction : (33) (0) 1 45 87 43 26
Télécopie : (33) (0) 1 45 87 43 18
Mél : fdlm@vuef.fr
http://www.fdlm.org

le français dans le monde

Recherches et applications

NUMÉRO SPÉCIAL
JUILLET 2002
PRIX DU NUMÉRO : 14,50 €

Humour et enseignement des langues

ALEX CORMANSKI ET JEAN-MICHEL ROBERT

Le français dans le monde étant adhérent de l'Association pour l'information et la recherche sur les orthographes et le système d'écriture (AFIRSE), ce numéro suit les règles de l'orthographe nouvelle.

L'humour en classe de langue

La prise en compte de l'humour en didactique du français langue étrangère puise ses origines dans les retombées en classe de langue, dans les exégèses de la linguistique systématique puis dans la création de groupes de réflexions et de recherches interdisciplinaires à partir des années quatre-vingts. Ces recherches portent sur quatre domaines principaux : le divertissement verbal, les interactions verbales, les problèmes de traduction et l'humour en FLE.

Cet article permet de redécouvrir ou découvrir les principaux schémas ou grilles d'analyses qui peuvent qualifier l'humour, l'ironie, les jeux de mots, les interactions et textes humoristiques en France, puis dans un second temps, il précisera deux identités humoristiques françaises.

Le psychanalyste a un rapport à l'humour sur deux axes qui se recoupent. L'humour est une production psychique et, à ce titre, on peut tenter d'en écrire ses lois et ses effets, mais il est aussi ce qui peut se jouer dans des actes de parole au sein d'une cure psychanalytique.

Mots-clefs : humour; lapsus; mot d'esprit; psychanalyse.

L'auteur propose une réflexion sociologique sur le rire à partir d'un vécu, d'anecdotes, mettant en scène des représentants de cultures très différentes du Nord et du Sud. Elle montre comment le rire railleur peut, contre toute attente, être facteur d'inclusion sociale.

L'humour, constitutif de l'habitus culturel de chacun, enseignant comme apprenant, peut surgir à tout moment dans la classe de langue et soulever du coup la question de toute compréhension interculturelle, condition générale de toute entreprise pédagogique. Au risque de se retrouver isolé, l'enseignant doit éviter d'adopter une attitude ethnocentrique. Une façon de marquer la nécessité du partage, entre enseignant et apprenant, dans l'élaboration de tout programme d'enseignement.

L'humour est une matière fluide. Chez les Anciens, le corps sécrétait ses humeurs révélant ainsi les traits de caractère de la personne. L'équilibre des humeurs et des qualités physiques qui les accompagnent : chaud, froid, sec, humide, assure la santé de l'âme et de celle du corps. La notion d'humour qui tire donc son origine de humeur, repose initialement sur l'idée d'une structure profonde de la personnalité distincte de la structure de surface qui attire l'attention. Au fil des siècles, c'est le trait d'esprit (le *wit* anglais) qui a prévalu pour se confronter au comique. Manifeste dans sa plus belle expression à travers le langage, l'humour, « le propre de civilité » selon l'auteur, est un comportement, un art à inscrire au programme scolaire.

L'Allemagne et la France, dont les destins se sont si souvent croisés, demeurent pour une large part impénétrables au rire du voisin. Ces différences d'attitude face au comique semblent reposer d'une part sur un questionnement existentiel différent, d'autre part sur une perception contrastée de ce que peuvent être l'autorité, la censure ou les tabous.

Introduction

ALEX CORMANSKI
JEAN-MICHEL ROBERT

Qui n'a été témoin – enseignants ou apprenants – de rires amusés ou parfois dévastateurs dans la classe de langue ou bien encore, plus particulièrement chez ces derniers, de manifestations subtiles d'une stratégie de compréhension ou d'expression selon les cas, comme le silence, l'interaction décalée, le détournement/retournement du sens, etc. ?

Apprendre/enseigner une langue et une culture étrangères suppose de prendre en compte, au-delà des savoirs et des savoir-faire, cette compétence référentielle parfois difficile à mettre en œuvre, puisqu'elle a une double appartenance, celle de l'habitus de l'apprenant et celle du monde cible de son apprentissage, c'est-à-dire bien au-delà de la langue.

Dans l'entrelacs du sens étranger (à tous les sens du terme), le relais entre l'implicite et l'explicite peut être objet de multiples combinatoires, à travers lesquelles l'apprenant cherche et trouve son chemin. L'humour pourrait peut-être trouver là sa définition, ou une tentative de définition. Est-ce une matière, un terrain, un comportement, une attitude, une philosophie ? Nous ne chercherons pas ici à lui donner un label spécifique dans un cadre forcément limité. Mais, forts du constat partagé de sa présence multidimensionnelle dans toutes les cultures et surtout de sa valeur investie en chacun d'entre nous, enseignants, qui nous risquons, par intérêt professionnel ou autre, à côtoyer sinon embrasser une langue et une culture étrangère, nous avons voulu partager au minimum une préoccupation, au mieux une sensibilité : l'être humain dans sa prière. Une nouvelle piste pour le français langue étrangère ? Non, simplement une vieille histoire ! Car, quelle que soit la marque qu'il donnera à son corps, la posture prise dans son recueillement, l'homme n'a souvent que son propre miroir à qui s'adresser pour évoquer ses petites misères ou son désarroi au quotidien. Et si l'humour, cet incompris, était le seul remède à l'angoisse de l'enseignant ou de l'apprenant seul devant la langue ?

Nous avons donc voulu introduire l'humour, cet « intrus au pays du savoir », comme dit André Guyon, dans le monde de la recherche en DDLC et donner quelques pistes d'exploitation aux enseignants pour l'apprivoiser, ou tout du moins le mettre en jeu. Car c'est un domaine très riche en ressources naturelles, souvent immédiatement accessible puisqu'en provenance directe du producteur, l'apprenant dans la classe de langue, faisant ainsi de cette dernière la première source de document authentique.

Mais l'humour en général, et celui des autres en particulier, comme objet d'études ou mis en pratique comme exercice de langue, nécessite souvent quelques clés pour être décodé, surtout dans son expression verbale, alors que sa lecture est plus immédiate s'il est manifeste dans une forme extra-verbale (chez Charlie Chaplin ou Buster Keaton par exemple). Nous nous sommes donc intéressés au point de vue des sciences humaines à cet égard.

Mais au moment de dresser, dans le cadre de ce numéro, un premier inventaire des types d'humour, la tâche s'est rapidement avérée incommensurable. Y a-t-il un pays, une nation (là commence la première discrimination) qui n'aurait pas d'humour, échappant ainsi à notre catalogue ? Il y a également de par le monde des marques d'humour fortement identifiées et répertoriées, comme l'humour juif par exemple ou l'humour noir. Mais où commencer et s'arrêter dans ce premier cas ? À l'humour des ashkénazes (des pays de l'est européen, des Juifs de New York) ou des sépharades (des pays méditerranéens et proche-orientaux) ? De même pour l'humour arabe. S'agit-il de celui d'Arabes vivant en pays arabes (ils sont pléthore) ou de culture arabe mais vivant dans un pays européen ?

Les thèmes des numéros du *Français dans le monde Recherche et applications* n'étant pas encore présentables en plusieurs volumes, nous nous sommes donc restreints à un champ plus limité, rendant ainsi plus sage notre ambition. En attendant, nous la poussons jusqu'à proposer l'humour comme inter-langue.

Dans les cours de français langue étrangère, la dimension humoristique s'inscrit dans la composante culturelle. Il convient cependant de ne pas faire l'amalgame entre humour et objectifs pédagogiques, piège dans lequel tombent bon nombre de jeunes enseignants de FLE, persuadés d'avoir fait un bon cours lorsqu'ils ont fait rire les apprenants. Lorsque l'humour participe d'une démarche pédagogique, c'est « une manière infaillible de se gagner les étudiants » (cf. l'article d'Eva Ahlstedt) ou d'être un enseignant apprécié (cf. l'article de Liu Shun-I). En dehors du simple aspect pédagogique, l'humour représente un élément culturel et social dont l'enseignement devrait être programmé dans un cursus d'apprentissage du français langue étrangère.

La compréhension des jeux de mots a longtemps été considérée comme le franchissement de la frontière entre bonne connaissance linguistique de la langue étrangère et maitrise de la langue (aux niveaux linguistique et culturel). Pour certains enseignants, la capacité à saisir les titres du *Canard enchaîné* constitue *le* test qui départage les étudiants. L'humour ne se limite cependant pas à des subtilités langagières. Il est présent dans la communication quotidienne et la méconnaissance de sa spécificité et de ses fonctions sociales peut entrainer des échecs de communication entre natifs et non-natifs. Il y a certes des problèmes de traduction et d'adaptations culturelles (selon les cultures, on ne rit pas des mêmes choses), mais aussi des malentendus sociolinguistiques : ce qui passe pour de l'humour en France est perçu comme de l'ironie (voire de l'agression) dans une autre culture. En risquant une comparaison culinaire, on pourrait dire qu'entre la France et l'Allemagne, par exemple, les nuances de l'humour recoupent celles de la cuisson du steak. Un Allemand qui se fie à un dictionnaire bilingue n'obtiendra jamais une cuisson satisfaisante ; le « saignant » français correspondant à l'allemand « presque cru », le « à point » au « saignant », le « bien cuit » à l'« à point », etc. L'humour français est, de la même façon pour nos voisins d'outre-Rhin, de l'ironie, l'esprit de la moquerie et l'ironie du sarcasme ou de la raillerie.

Il convient donc de sensibiliser l'étudiant étranger à la spécificité de l'humour français (ou francophone) dans ses dimensions linguistiques (les fameux jeux de mots et les problèmes de traduction), culturelles (il est licite en France de rire sur des sujets qui paraissent tabous dans d'autres cultures et inversement) et sociales (la fameuse taquinerie française souvent perçue comme sarcastique à l'égard de l'étranger). Le rire est le propre de l'homme, mais l'humour ne se partage pas si facilement. Vive la différence, certes, mais attention aux différends.

L'humour vu des États-Unis

RICHARD HEITMAN
UNIVERSITÉ DE CHICAGO

À première vue, l'humour américain ne semble pas très différent de l'humour européen. Il y a aux États-Unis un *melting-pot* humoristique où les Européens peuvent retrouver ce qu'ils y ont apporté. On peut cependant noter deux caractéristiques. Pour Mark Twain, s'il y avait un humour typiquement américain, il trouverait ses sources dans une certaine exagération. Les blagues texanes en sont un bon exemple : « Comment appelle-t-on un kangourou au Texas ? Un lapin texan. » À l'exagération s'ajoute l'humour juif, popularisé par Lenny Bruce, Woody Allen et plus dernièrement par Jerry Seinfeld dont la série télévisée a connu un immense succès dans ce pays.

Pour illustrer ces deux tendances, voici une *all american* histoire drôle :

> Un Texan visite Israël, il accoste un fermier et lui demande l'étendue de sa propriété. Le fermier ne comprend d'abord pas la question, mais le Texan insiste et lui explique qu'il voudrait savoir jusqu'où s'étend son domaine. L'Israélien lui répond alors qu'ils se trouvent au milieu de ses terres, désigne à quelque distance une clôture et lui dit qu'elle marque les limites de sa propriété. Le Texan s'étonne et raconte au fermier que, pour atteindre la limite des siennes, il doit se lever à l'aube, prendre sa voiture et conduire sans s'arrêter jusqu'à la tombée de la nuit. Je vois, répond l'Israélien, moi aussi j'ai eu une voiture comme ça.

Toutes les variétés de blagues ne sont pas permises aux États-Unis. On évite les blagues ethniques, les blagues sur les femmes, sur les handicapés (même sur les bègues), et sur les homosexuels. Les blagues sur les différentes religions sont cependant autorisées : ce sont en général celles qui mettent en présence un prêtre catholique, un pasteur protestant (ou baptiste), un rabbin, etc., un peu comme en France, dans un avion, un Allemand, un Belge, un Français, un Chinois, etc. L'humour a une fonction sociale aux États-Unis, on le pratique entre amis ou pour mettre les autres à l'aise, mais uniquement entre égaux. Pas d'humour dans des situations formelles, comme pendant un entretien d'embauche (en tout cas pas de la part de celui qui sollicite un emploi mais l'employeur peut choisir de le pratiquer, marquant ainsi sa position supérieure).

L'humour vu des États-Unis

On peut taquiner ses amis (plutôt ses amis que ses amies), c'est une façon de les valoriser et de montrer sa place par rapport à l'autre : je le connais bien, je le taquine (de façon positive) et ainsi je le mets en valeur (par la même occasion je montre que je suis généreux). En situation de séduction, l'humour n'est pas un ingrédient indispensable. Certes, il faut savoir faire rire, mais surtout montrer qu'on est sérieux (difficile dosage). De toute façon, l'esprit séduit moins qu'un corps sain (sportif non fumeur), que le statut social ou les relations.

Cela ne semble pas être le cas en France où il faut impérativement faire rire (particulièrement aux dépens des autres). Les Américains reprochent souvent aux Français leurs taquineries, qui ne sont pas particulièrement destinées à mettre en valeur leurs amis. Ce qui rejoint les stéréotypes sur les Français : ironiques, arrogants, peu amicaux et débordant de *trop* d'esprit. Malgré cela, l'humour français nous semble pour une grande partie assez proche, mais avec quelques différences notables :

– il nous semble bizarre de faire de l'humour avec quelqu'un sans le tutoyer ;

– les Français, même s'ils affichent un politiquement correct parfois outrancier, continuent à faire des blagues ethniques, sur les femmes, *etc.* (nous les soupçonnons d'être capables d'en faire sur les baleines ou une autre espèce menacée de disparition) ;

– les Français sont trop imprécis dans leurs blagues (« C'est un psychanalyste qui... »), or nous aimons savoir où et qui précisément (pour nous, la blague serait meilleure commençant par : « C'est André Martin, psychanalyste à Perpignan (Pyrénées-Orientales), qui... »).

Autre chose redoutable, le *trait d'esprit*, qui nous semble plus européen (et encore plus français) qu'américain. Henry James disait qu'un Américain dans un musée européen se sent *vaguely insulted*. C'est un peu la même chose avec les jeux d'esprit, les *bon mots*[1], qui représentent pour les Américains une menace. Peu (ou moins) habitué à manier cette arme (c'en est une pour les Français), l'Américain se trouve souvent mal à l'aise et acculé à la défensive. Il a l'impression d'être exclu et dévalorisé. Pire, il sent que dans ce domaine il n'est pas *compétitif*. C'est une excellente façon de se faire un ennemi d'un Américain.

1. En anglais dans le texte.

Spécificités de l'humour

GÉRARD-VINCENT MARTIN
INTERLUDE : EVA AHLSTEDT

Historique des recherches sur l'humour en français langue étrangère

GÉRARD-VINCENT MARTIN
GROUPE DE RECHERCHE COMIQUE,
RIRE ET HUMOUR (CORHUM) ET GROUPE D'ÉTUDES
ET DE RECHERCHES EN FRANÇAIS
LANGUE INTERNATIONALE (GERFLINT)
UNIVERSITÉ DE ROUEN

La prise en compte de l'humour en didactique du français langue étrangère puise ses origines dans les retombées en classe de langue, dans les exégèses de la linguistique systématique puis dans la création de groupes de réflexion et de recherches interdisciplinaires à partir des années 1980.

Deux éléments importants du développement des recherches sur l'humour en français langue étrangère

LE RÔLE DE GREIMAS

Les réflexions de A.-J. Greimas (1966 : 70) sur les variations d'isotopies (l'isotopie étant décrite comme un niveau sémantique homogène) ont marqué les enseignants et les didacticiens bien après la parution du livre du linguiste d'origine lituanienne. De plus, l'auteur s'aventure à citer une histoire drôle empruntée au magazine *Point de vue* du 23 février 1962, en notant deux isotopies reliées par un terme connecteur commun, l'homographe « toilettes » :

> C'est une brillante soirée mondaine, très chic, avec des invités triés sur le volet. À un moment, deux convives vont prendre un peu l'air sur la terrasse :
> – Ah ! fait l'un d'un ton satisfait, belle soirée, hein ? Repas magnifique et puis jolies toilettes, hein ?

– Ça, dit l'autre, je n'en sais rien.
– Comment ça ?
– Non, je n'y suis pas allé !

C'est la situation d'ambiguïté qui est levée ici par la découverte de deux schémas différents à l'intérieur d'une histoire drôle supposée homogène qui retient l'attention d'A.-J. Greimas. Mais il va faire allusion rapidement aux mentalités hétérogènes des deux locuteurs : les enseignants de langue vivante comprennent très vite que la description de ces types de récits pourrait mettre en place une typologie des représentations collectives des classes sociales utile en classe. À la même date, V. Morin (1966 : 102) travaille sur l'histoire drôle en établissant des classements qui perdurent dans les classes ; elle distingue la fonction de normalisation qui présente les personnages, la fonction interlocutrice d'enclenchement qui pose le problème linguistique et la fonction interlocutrice de disjonction qui dénoue le problème par la facétie, la chute de l'histoire. Cette lignée de recherche se prolonge avec les travaux d'A. Petitjean (1981 : 11) dans un groupe d'élèves de quatrième. Le titre est ici évocateur : « Les histoires drôles : je n'aime pas les raconter parce que... » Ce même article est d'ailleurs reproposé dans le tome 2 de la compilation sur l'humour de H. Lethierry *Savoir(s) en rire. L'humour maître. Didactique et zygomatique* (A. Petitjean, 1997 : 107). De même, S. Attardo (2000 : 29) veut dépasser la narratologie des histoires drôles pour fonder une analyse plus générale de textes longs humoristiques à l'aide, notamment, des torons ou *strands* humoristiques, équivalent d'une isotopie de disjoncteurs.

Enfin, l'analyse de l'humour en tant que système et l'humour en classe doivent beaucoup aux travaux de P. Guiraud (1979 : 8), sans que la perspective exolingue, bien sûr, soit encore évoquée. Les avancées sont d'ordre terminologique et se révèlent décisives ; l'auteur envisage l'opposition entre les jeux de mots et les divertissements verbaux, entre les jeux de mots et les mots d'esprit et décline une typologie des jeux de mots fondée à partir du concept du double axe du langage. Il distingue le jeu de mots par substitution où les mots sont interchangeables, et celui par enchainement où les termes se succèdent. L'auteur met au point une troisième classification qui est un prolongement du jeu par enchainement dans la mesure où il prend en compte la métathèse. Ce jeu de mots par « inclusion » admet la contrepèterie par exemple.

Un résumé de cet ouvrage parait un an plus tard mais dans un ensemble qui date réellement l'entrée de la problématique du français langue étrangère dans le domaine de l'humour. En effet, P. Guiraud (1980 : 36) intègre le numéro 151 du *Français dans le monde* intitulé *Laissez-les rire !* Ce numéro est dirigé par L.-J. Calvet qui avait mis en exergue, l'année précédente, dans *Langue, corps, société*, les allusions rapides de Ferdinand de Saussure sur les jeux de mots. Le ton est donné : jouer avec les mots, c'est faire l'apprentissage de la langue et faire la preuve de sa maitrise de la langue, étant entendu que la pratique du jeu de mots est « peut-être ce qui vient en dernier dans l'apprentissage d'une langue étrangère » (L.-J. Calvet, 1980 : 29). La portée de ces propos est relayée en linguistique par le *Alice au pays du langage* de M. Yaguello (1981). La découverte d'un sens par le biais d'un jeu de mots devient pour l'apprenant une étape importante dans la complicité qu'il entretient avec une langue seconde, celle qu'il est en train d'apprendre. Cette complicité, le rire qui en résulte, sont abordés dans ce numéro 151 par V. Brierley (1980 : 42), une Anglaise qui arrive en France lorsqu'elle a vingt et un ans et qui ne parle pas le français. Elle décrit ses réactions lorsqu'elle accède enfin à la compréhension de certains jeux de mots lancés par Francis Blanche à la radio.

UNE RECHERCHE EN ASSOCIATION

Le deuxième élément important qui engage des recherches sérielles sur l'humour en classe de langue étrangère concerne la volonté des chercheurs à fédérer leurs travaux. Le centre d'études et de recherche sur le comique et la communication (CERCC) est mis en place à l'université de Grenoble II sous l'impulsion du Professeur H. Baudin en 1982. L'année suivante, ce même centre publie les *Cahiers du comique et de la communication* dont chaque numéro annuel aborde un thème spécifique. Parmi ceux-ci, il faut citer le numéro 6 pour l'année 1988, « Psychogénèse et psychopédagogie de l'humour » qui donne la parole à Avner Ziv (1988 : 75) avec « Humour et éducation : les apports de la psychologie expérimentale ». La référence à un programme de télévision traduit en trente-six langues, dont l'un des traits transversaux serait l'humour, lance des pistes prometteuses. L'intérêt suscité par ces publications encourage J. Stora-Sandor, N. Feuerhahn, A.-M. Laurian et F. Bariaud à fonder, en 1987, l'Association française pour le développement des recherches sur le comique, le rire et l'humour (CORHUM). Le premier colloque international de ce groupe, « L'humour d'expression française » du 27 au 30 juin 1988, donne la possibilité au secrétaire général du Haut-Conseil de la francophonie, M.-S. Farandjis, de souligner que les humours francophones peuvent s'alimenter au contact d'autres langues par des détournements de sens créatifs. À partir de 1990, les deux supports écrits consacrant la recherche de CORHUM sont la revue *Humoresques*, attachée au pôle de recherche de l'université Paris VIII et les *Cahiers de recherches de Corhum* qui rassemblent les communications données lors des journées d'études annuelles.

Outre CORHUM, citons un institut bulgare, la Maison de l'Humour et de la Satire de Gabrovo qui éditait deux fois par an une version française de la revue *À propos* consacrée aux textes et dessins humoristiques européens. En 1990, cet institut avait déjà organisé neuf biennales internationales de l'humour et de la satire dans les arts à Gabrovo. Ce courant de travaux et de recherche est poursuivi par l'Équipe Interdisciplinaire de Recherche sur l'Image Satirique (EIRIS), composante de l'équipe Littératures-Langues de l'Université de Bretagne Occidentale dont le numéro 1 de la revue *Ridiculosa* est consacré en 1994 à l'Affaire Dreyfus dans la caricature internationale. L'un des objectifs de cette équipe composée notamment de chercheurs allemands et français est la didactique de l'image satirique. La revue américaine *Humor, International Journal of Humor Research*, propose également de nombreux travaux sur la question et l'un de ses auteurs récurrents, S. Attardo (1988 : 349), présente les principales directions de recherche sur l'humour en Europe.

Vous constaterez ainsi que cette fédération de travaux français s'accompagne d'un mouvement centrifuge. Les groupes de recherche français s'associent à des groupes ou collègues des cinq continents : CORHUM organise son deuxième colloque international, « L'humour européen », avec l'université polonaise Marie Curie de Lublin en octobre 1990, et son troisième colloque avec les chercheurs américains de l'*International Society for Humor Studies* à l'université Paris VIII en juillet 1992.

Ces groupements de recherches amènent le français langue étrangère à se positionner. Le quatrième Séminaire, organisé par les sections français langue étrangère des universités de Pau et de Gottingen (Allemagne), prend pour thème, du 28 mars au 1er avril 1989, les « Contributions des activités ludiques à l'enseignement / apprentissage du français langue étrangère ». Les activités ludiques sont ici présentées par des jeux de langage, des jeux d'expression et des jeux de communication (J. N. Mira 1989: 34). Dans ce sens, il est intéressant de se poser la question suivante : existe-t-il un humour spécifique aux étrangers ? Abordent-ils des thèmes particuliers, en relation avec leur statut d'immigré ou d'étudiant en France ? Beaucoup de questions posées par les enseignants concernent à ce moment le surcodage humoristique : représente-t-il une complicité supplémentaire entre les interlocuteurs ou accentue-t-il les divergences codiques ? En d'autres termes, ce surcodage génère-t-il une complicité interculturelle en classe et favorise-t-il la structuration d'un effet miroir dégageant des thèmes universels partagés par plusieurs civilisations ?

Le numéro du *Français dans le monde* cité plus haut aura commencé à jalonner le terrain en voulant cerner avec plus d'acuité l'intérêt du rire linguistique – l'expression est de L.-J. Calvet (1980 : 29) – dans l'apprentissage d'une langue étrangère. De plus en plus de didacticiens sont d'accord pour affirmer que l'utilisation de l'humour dans certaines de ses composantes (les jeux de mots, les histoires drôles) suppose un jeu avec le langage, le détournement d'une règle de grammaire ou d'une particularité orthographique. L'écoute attentive des calembours, contrepèteries, mots-valises, la narration de « la toute dernière » et de la blague ordinaire, la lecture des titres de journaux utilisant l'homophonie, manifestent la compétence linguistique de l'apprenant. Ne peut jouer avec le langage que celui qui commence à le posséder.

L'étude des emplois de l'humour, de l'histoire drôle, la tentative de l'homophonie bilingue, conduit les enseignants, à partir du début de cette décennie 1980, à faire pratiquer à leurs élèves des analyses linguistiques inconscientes qui font d'eux des linguistes qui s'ignorent. Cette démarche va s'accomplir dans quatre directions.

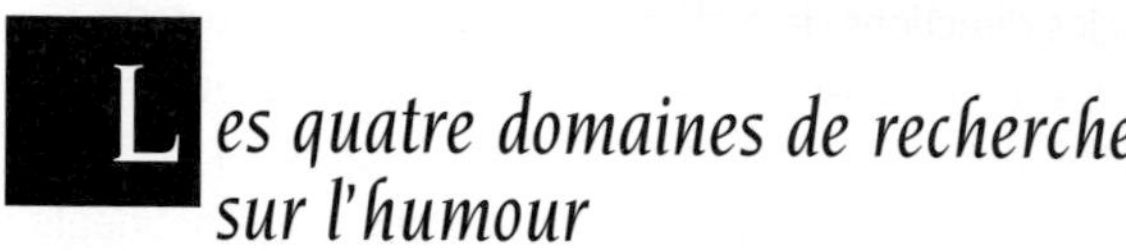

Les quatre domaines de recherche sur l'humour

LE DIVERTISSEMENT VERBAL

Les divertissements verbaux, premièrement, travaillent avec les mots en classe de langue : la charade, les mots croisés, l'anagramme, etc. J.-M. Caré et F. Debyser (1978 : 28) ouvrent la voie à F. Weiss (1983 : 23) dans le chapitre « Avec des lettres et des mots », et à P. Julien (1988 : 17) pour les jeux alphabétiques et orthographiques. Les didacticiens font souvent référence, pour la classe de langue, à des activités ludiques dont le but n'est pas absolument de faire rire mais d'entreprendre une manipulation, un bricolage sémantique qui prête au rire. M.-C. Bertoletti (1990 : 54) prend ainsi pour thème la définition de dictionnaire avec la création d'une fausse étymologie jouant sur les glissements de sens, les analogies ou les décalages entre forme phonique et graphique. Elle aborde ce qu'elle appelle le plaisir de jongler avec le langage, d'en découvrir « des potentialités cachées ». Même plaisir de travailler sur le pastiche pour F. Ploquin (1987: 15) dans le numéro 1 de *Diagonales*, qui utilise un corpus de néologismes explicitant la productivité lexicale du français d'Afrique.

Ce remue-méninges collectif est également abordé par R. Galisson et L. Porcher (1986 : 5) qui signalent dans leur *Distractionnaire* que les mots-valises, ou « mots du voyage », cultivent le créatif « pour le récréatif ». Sur ce thème, M. Boulares et M. Lautrette (1988 : 47) entendent traquer les connotations culturelles de mots-valises comme « cohabitension », « goncourtiser », « autoraoût »; certains de leurs exemples proviennent du livre d'A. Finkielkraut (1979), *Ralentir : mots-valises!* Les enseignants ont depuis longtemps, ce n'est pas une nouveauté, exploité le concept de double-entendre du mot-valise qui est très important avec les apprenants car il encourage deux lectures métalinguistiques qui ne risquent pas l'ambiguïté. À cet égard, les précisions d'A. Gresillon (1988 : 16) sur l'ambiguïté et le double sens, bien qu'ils ne relèvent pas d'une réflexion didactique, me semblent très utiles. Pour l'auteur, l'ambiguïté est une configuration linguistique dont la signification entend une disjonction de deux termes qui s'excluent. Il y a, en revanche, une conjonction totale et simultanée pour les plaisanteries sur la langue qui entrent dans le double sens et sont introduites par un sujet parlant. Le mot-valise se range dans cette seconde catégorie. Il ne peut avoir d'autre sens que double ; c'est une « coprédication ».

A. Santomauro (1985 : 80) fait, dans le même sens, jouer ses apprenants avec des proverbes en classe en insistant toujours sur leurs assemblages et leur création ludique. De même, M. Monnot (1988 : 59) vante le mérite de quelques « acrobaties verbales » en présentant une liste de jeux de mots dans la publicité française. Ces jeux qui ont l'avantage d'être présents dans de nombreux journaux, magazines et revues, doublent le rendement pédagogique du point de vue de l'acquisition linguistique dans une dualité lexicale décrite par l'auteur. L'article insiste également sur l'implicite culturel donné par ces divertissements linguistiques, en signalant qu'ils doivent être choisis avec discernement pour que le jeu soit adapté au niveau de la classe. L'approche d'H. Boudin (1989 : 45) tente une classification des jeux pédagogiques. Il note les jeux d'apprentissage, les jeux d'expérimentation et les jeux de création. Les jeux d'apprentissage apportent des connaissances nouvelles en vocabulaire, en grammaire ou en civilisation française. De toute manière, au sens large, il est évident que tout jeu pédagogique est un jeu d'apprentissage. H. Boudin (1989 : 47) déplore en tout cas que fort peu de jeux se classant dans cette catégorie ciblent des domaines spécifiques d'apprentissage. Dans cette première démarche signalons enfin le travail de G. Vermeersch (1997 : 171) intitulé *La petite fabrique d'écriture*. Les exemples donnés ici (des définitions loufoques, des calligrammes) ne font pas référence au français langue étrangère mais ont le mérite de montrer que le français langue maternelle affiche les modèles définis plus haut.

Le divertissement verbal est ainsi beaucoup pratiqué dans les classes, tres sollicité dans les productions écrites des enseignants et chercheurs. Reste à évoquer une étude sur le rapport entre le jeu et le culturel. J.-L. Atienza (1997 : 38) note que l'apprentissage d'une langue seconde dépasse l'appropriation de phonèmes, de lexiques, de morphosyntaxe mais relève d'un ensemble de conduites sociales orchestrées par du verbal et du non-verbal. En passant du jeu de mots à la langue en jeu, cet auteur annonce un deuxième axe de recherche récurrent en français langue étrangère, celui de l'acquisition

LES INTERACTIONS VERBALES

Les travaux sur les interactions verbales en acquisition des langues ont fait progresser nettement la réflexion sur la pratique de l'humour en didactique ; que ce soit la notion d'exolinguisme, de métacommunication, de malentendu et de coopération humoristique, ces recherches balisent notre parcours et montrent ainsi que l'humour en classe de français langue étrangère doit encore délimiter nettement son terrain de recherche.

Lorsqu'à l'occasion du colloque « Contacts de langues : quels modèles ? » qui s'est tenu à Nice, du 27 au 30 septembre 1987, J.-F. De Pietro esquisse une typologie des situations de contacts linguistiques – donnée dans De Pietro (1988 : 71) – il reprend la notion de communication exolingue mise en place par R. Porquier (1984). Son intérêt primordial réside dans le fait que l'étude d'un échange humoristique entre un locuteur 1 et un locuteur 2 doit s'appuyer sur les divergences des répertoires linguistiques des interlocuteurs, divergences marquées par des ajustements réciproques, des silences, des hésitations.

D'autre part, la pensée métalinguistique des apprenants semble nécessaire dans la construction du sens à partir d'un jeu de mots. R. Bouchard / V. De Nucheze (1987 : 21) rappellent l'importance de cette réflexion métalinguistique en classe et soulignent la supériorité quantitative des énoncés métalangagiers pris en charge par le locuteur dominant dans la classe. Plus précisément, le métacommunicatif qui se fonde sur la négociation entre les locuteurs de l'organisation de l'interaction verbale (choix du thème, ouverture de l'échange) est très fréquent dans la conversation humoristique (G.-V. Martin, 1997 : 150).

C. De Heredia (1986 : 48) présente dans le cadre du groupe de recherche sur l'acquisition des langues une étude sur le malentendu dans une interaction entre français et immigrés hispanophones. Cette recherche est capitale pour l'utilisation de l'humour en classe de langue puisque le malentendu qui est une illusion de compréhension entre deux interlocuteurs évoque, comme pour le jeu de mots, la coexistence des interprétations différentes de la part des participants à la communication. La négociation du sens consacrée à la levée du malentendu en classe amène l'enseignant à réfléchir sur la coopération établie entre deux apprenants, par exemple dans la gestion de la conversation centrée sur une blague, un rire, une histoire drôle.

Enfin, les travaux en pragmatique sur les modalités de la conversation éclairent notre problématique. B. Priego-Valverde (1998 : 123) note la dualité énonciative dans une recherche sur l'humour noir dans la conversation. Cette dualité s'appuie sur une distanciation ludique qui permet à l'interlocuteur d'inviter à décoder un sens second. L'auteur s'appuie ainsi sur la notion de *non-bona-fide communication* de R. Raskin dont les travaux ont été relayés par la revue *Humor, International Journal of Humor Research* citée précédemment. Cette dualité est surtout dominée par la coopération humoristique dans l'interaction verbale.

LE PROBLÈME DE LA TRADUCTION

Dans un troisième temps, les travaux sur la traduction des jeux de mots, ou des astuces langagières doivent être également pris en compte même si leur nombre décroît en rapport avec les trois autres types de recherche. Ce ne sont pas des études qui traitent explicitement le domaine de l'enseignement / apprentissage des langues pour la majorité d'entre elles, mais elles posent avec acuité le problème du type de jeu à expliquer en classe de langue ou à traduire avec les apprenants; la traduction dans leur langue maternelle est un recours explicatif final après la traduction interlinguale (synonyme, paraphrase dans la langue enseignée) explique E. Lavault (1983 : 40).

L'ouvrage principal traitant de cette question a déjà dix-sept ans (A.-M. Laurian : 1985) et se complète par des ramifications plus récentes, souvent proposées dans des communications de colloques d'obédience Lettres modernes, Sciences du langage ou Langue vivantes étrangères. Trois auteurs présentent par exemple une réflexion sur la traduction des textes à caractère humoristique, pour ne pas dire loufoque et poétique : R. Campagnoli (1987 : 88) travaille sur la traduction de l'*Ouvroir de Littérature Potentielle* du français à l'italien et opère une re-création d'un texte pour la bonne raison, précise-t-il, que « la traduction est impossible ». I. Parnot (2000 : 41) se penche, de la même façon, sur le cas oulipien avec une traduction, dite graveleuse, de l'américain par G. Perec. M. Dolitsky (1990 : 168), en mettant en parallèle les néologismes de Lewis Carroll et leurs traductions en français, aborde une « sémantique du non-sens ». L'enseignant peut, dans ce contexte, colliger un maximum d'interprétations, d'associations et les intégrer dans le texte traduit dans la mesure où la traduction se fait au niveau de la réception et non au niveau de l'émission. C'est, en fin de compte, une proposition implicite faite aux enseignants pour le traitement de l'humour en classe.

L'HUMOUR EN FLE

Le quatrième domaine est celui de l'humour en français langue étrangère, humour décrit dans un discours didactique et produit par un enseignant et/ou un spécialiste du domaine, à partir d'un corpus de classe. En complément du *Français dans le monde* n° 151, quelques études remarquées sont citées régulièrement dans les bibliographies et les débats des groupes de recherches comme CORHUM, l'EIRIS, l'*International Society for Humor Studies* ou le GREILIS de Besançon qui a co-organisé le Colloque de CORHUM en juin 2000, « Deux mille ans de rire. Permanence et modernité ».

A. Henault (1976 : 63), dans un ensemble de travaux du Bureau pour l'Enseignement de la Langue et de la Civilisation française à l'étranger (BELC), réunis par F. Debyser (1976 : 4), se pose la question de l'interprétation de l'ironie par les étrangers et aborde le statut de cette ironie. L'interrogation sur les marques linguistiques de l'ironie qui sont susceptibles d'être étudiées transversalement d'une culture à l'autre est essentielle, comme celle des procédés ironiques représentatifs d'une quelconque francité. Pour cerner une lisibilité de l'ironie, l'auteur donne un tableau des champs sémantiques où elle s'exerce de façon codée. La typologie indique, entre autres, « la catégorie de l'Ego » avec tout ce qui m'opprime et contre quoi je ne peux rien, « la catégorie du Tu » avec les remarques personnelles et « l'autorité, le pouvoir, les gens en place, la police ».

Un séminaire tenu entre janvier et mai 1981 à Bari en Italie sur la sémiologie de l'image en didactique des langues puis sur l'analyse du dessin humoristique, avec des professeurs italiens enseignant le français langue étrangère, conduit L. Borgomano (1983 : 37) à utiliser la typologie des histoires drôles établie par V. Morin. L'un de ses objectifs est de faire écrire par les apprenants une légende amusante à partir d'un dessin humoristique dont le relais linguistique est masqué. Les exemples fournis dans l'article sont des dessins de Jacques Faizant et de Bellus. L'objectif visé n'est pas toujours atteint car la concision de la légende, la chute de l'histoire demandent un bon niveau linguistique et la connaissance des idées reçues d'une culture.

C. Brun et M.-C. Brunet (1984 : 64), dans la rubrique « Clés » du *Français dans le monde*, proposent une fiche pédagogique sur l'exploitation de trois histoires drôles avec des apprenants ayant de cent cinquante à trois cents heures d'apprentissage du français. Les objectifs de départ sont l'enrichissement lexical, la réflexion grammaticale avec l'expression de la cause, et la créativité dans l'exercice de jeux de rôles à partir du récit des histoires drôles proposées par le professeur. Mais la troisième histoire drôle est à la base d'un exercice plus attrayant car il propose une démarche pédagogique sur l'acte de parole « Annoncer une bonne ou mauvaise nouvelle ». L'apprenant qui apprend à communiquer en exécutant l'annonce d'une nouvelle assimile non seulement les règles phonologiques, orthographiques, syntaxiques d'une langue mais acquiert des usages sociolinguistiques en communication. C'est ce type d'acquisition qui va logiquement motiver les chercheurs sur l'humour en didactique à partir du milieu des années 1980 car en dépassant la traditionnelle approche pédagogique des histoires drôles (imaginer une autre chute, poursuivre l'histoire, étude du vocabulaire), C. Brun et M. C. Brunet mettent au point un « générateur d'histoire ». C'est dans cette perspective que j'aborde, dans trois textes, la compétence communicative des apprenants en reliant le verbal et le non-verbal puis la notion de « rire exolingue » : le numéro 225 du *Français dans le monde* (G.-V. Martin, 1989 : 39), la thèse sur *Les genres du risible en communication exolingue* (G.-V. Martin : 1993) et *Le rire de l'étudiant étranger* (G.-V. Martin, 1997 : 154)

La linguiste roumaine D. Roventa-Frumusani (1986 : 355), étudiant le mot d'esprit, reconnait, elle aussi, que la compréhension de la blague est un « test excellent de compréhension des conventions de langue et d'usage ». Et il faut attendre Yves Gentilhomme (1990 : 86) pour attribuer au facteur humour, dans le processus d'enseignement / apprentissage, l'acception « lubrifiant didactique ».

Centré sur la didactique du français langue étrangère, l'article de H. Besse (1989 : 32) sur les calembours est incontournable dans notre problématique. Outre les jeux langagiers proposés sur les calembours avec un « atelier de calembours », H. Besse pose le problème de la composante pragmatique du jeu de mots. La plaisanterie qui reflète les usages sociaux est ainsi une détente sociale autorisée, ajoute l'auteur qui fait appel à M. Douglas (1968 : 371). H. Besse centre également sa réflexion sur la composante culturelle de l'humour. L'humour, la pratique et « la culture du calembour », c'est de rapprocher les deux codes de l'apprenant par des facilités phonétiques. Ce sont des à-peu-près bilingues qui rappellent les calembours que les natifs font sur leur code. Le prolongement interculturel des exercices de la fiche pédagogique « Jeux de mots et ethnologie » de C. Mrowa-Hopkins (2000 : 48) relève de cette visée.

Pour terminer ce tour d'horizon, l'article pédagogisé de M. Maldonado et F. Ploquin (1999 : 59) a le mérite de faire la synthèse sur la question « Peut-on rire de tout ? », tout en proposant des exploitations pédagogiques sur la permission et le tabou. Cette question, posée d'ailleurs lors de la journée d'étude de CORHUM en juin 1997 à l'IUT de Paris/Paris V, est éclairée par les propos de J. Palmer dans les actes du colloque « L'humour européen » (J. Palmer, 1993 : 189). Ce dernier aborde l'inscription sociale de l'acte humoristique sous l'angle de l'identité sociale : « toute tentative de faire rire implique la revendication implicite du droit de faire rire ».

*

* *

Vous le constatez donc, dans ce panorama de recherches, beaucoup de travaux restent à mettre en place pour baliser la pratique de l'humour en classe de français langue étrangère, et si des études sont menées ou ont déjà été publiées, trop de confidentialité les entoure. Pourtant la demande des enseignants est forte, ceux-ci travaillant depuis longtemps dans leur classe avec des bandes dessinées, des dessins humoristiques, des histoires drôles, des publicités amusantes, des sketches ; ils cherchent ainsi des modèles pour comparer leurs pratiques et des bibliographies pouvant les aider. Quelques raisons à cela : les chercheurs en français langue étrangère sont encore liés à l'approche littéraire. La rhétorique sur l'humour, les tropes et « non-tropes », les dissertations sur les genres (comique, satire, burlesque, etc), dégagent les principaux procédés humoristiques qui peuvent constituer une approche descriptive en classe mais ces ressorts sont encore trop éloignés d'une pratique discursive.

Les liens forts avec les sciences du langage apportent les mêmes travers. Cette discipline a, certes, permis l'élaboration des premiers schémas, on l'a vu, en linguistique systémique. Mais cette inspiration s'est déclinée, souvent, en recherches sur les aspects formels de l'énoncé humoristique qui ont leur limite en classe. Toutefois, c'est la sociologie interactionnelle goffmanienne, de plus en plus en usage chez les linguistes, qui est la plus prometteuse dans le cadre des travaux sur la conversation, de même que l'approche sociolinguistique qui considère une communauté de parole humoristique avec ses types de locuteurs, ses statuts, ses répertoires et les circonstances de l'échange.

Références bibliographiques

ATIENZA J.-L. (1997) : « Le jeu et le désir de langue : une perspective historique et culturelle » in *L'enseignement précoce du français langue étrangère. Bilan et perspectives* édité par E. Calaque pour le Laboratoire de linguistique et didactique des langues étrangères et maternelles (Lidilem), Université de Grenoble III, pp. 38-49.

ATTARDO S. (1988) : « Trends in European humor research : toward a text model » in *Humor*, éd. Mouton de Gruyter, New York, pp. 349-369.

ATTARDO S. (2000) : « L'analyse des narratives humoristiques et son influence sur la théorie linguistique de l'humour. » in *Pré-actes du Colloque international « Deux mille ans de rire. Permanence et modernité »*, Besançon, éd. Corhum/Grelis, p. 29.

BERTOLETTI M.-C. (1990) : « Lexique et définition... en jeux » in *Le français dans le monde*, n° 232, éd. Hachette, Paris, pp. 54-59.

BESSE H. (1989) : « La culture des calembours » in *Le français dans le monde*, n° 223, éd. Hachette, Paris, pp. 32-39.

BORGOMANO L. (1983) : « Laisse-moi rire ! Fais-moi parler ! » in *Le français dans le monde*, n° 178, éd. Hachette-Larousse, Paris, pp. 37-44.

BOUCHARD R. / DE NUCHEZE V. (1987) : « À la recherche de la dominance : analyse des traces d'activités métalangagières en situation exolingue » in *Encrages. Paroles en construction*, n° 18/19, Presses et Publications de l'Université Paris VIII, pp. 21-44.

BOUDIN H. (1989) : « Prendre au sérieux les jeux pédagogiques » in *Le français dans le monde*, n° 223, éd. Hachette, Paris, pp. 45-49.

BOULARES M. / LAUTRETTE M. (1988) : « Mots-valises et connotations culturelles » in *Reflet*, n° 24, éd. Association Reflet, Paris, pp. 47-52.

BRIERLEY V. (1980) : « Itinéraire » in *Le français dans le monde*, n° 151, « Laissez-les rire ! », éd.Hachette-Larousse, Paris, pp. 42-44.

BRUN C. / BRUNET M.-C. (1984) : « Histoires drôles » in *Le français dans le monde*, n° 186, éd. Hachette-Larousse, Paris, pp. 64-65.

CALVET L.-J. (1991) : « Dry? nein, zwei! ou Interférez, interférez, vous communiquerez toujours quelque chose » in *Humoresques. Humour, Science et langage*, éd. Z'éditions, Nice, pp. 103-108.

CALVET L.-J. (1980) : « Rire en français, parler français... » in *Le français dans le monde*, n° 151, « Laissez-les rire ! », éd. Hachette-Larousse, Paris, pp. 27-30.

CAMPAGNOLI R. (1987) : « L'Oulipo en italien ou la version à contraintes dures » in *Le français dans le monde*, numéro spécial *Retour à la traduction*, éd. Hachette, Paris, pp. 88-94.

CARÉ J.-M. / DEBYSER F. (1978) : *Jeu, langage et créativité. Les jeux dans la classe de français*, éd. Hachette/Larousse, collection « Le français dans le monde / BELC », Paris, p. 170

DEBYSÉ F. (1976) : « Recherches au BELC » in *Études de Linguistique Appliquée*, n° 22, éd. Didier, Paris, pp. 5-6.

DE HEREDIA C. (1986) : « Intercompréhension et malentendus. Étude d'interactions entre étrangers et autochtones » in *Langue française*, n° 71 « L'acquisition du français par des adultes migrants », coordonné par C. Noyau et J. Deulofeu, éd. Larousse, Paris, pp. 48-69.

De Pietro J.-F. (1988) : « Vers une typologie des situations de contacts linguistiques » in *Langage et Société*, n° 43, éd. MSH / Langage et Société, Paris, pp. 65-89.

Dolitsky M. (1990) : « Les déviations linguistiques et leur traduction » in *Humoresques. L'humour d'expression française*, tome 2, éd. Z'éditions, Nice, pp.168-174.

Douglas M. (1968) : « The social control of cognition : Some factors in joke perception » in *Man. The journal of the royal anthropological institute*, vol. 3, éd. Royal Anthropological Institute, pp. 361-376.

Finkielkraut A. (1979) : *Ralentir : mots-valises !*, éd. du Seuil, Paris, Collection Fiction et Cie, p. 82.

Galisson R. / Porcher L. (1986) : *Distractionnaire*, éd. Clé International, Col. « Dic mini-dictionnaires », Paris, p. 143.

Gentilhomme Y. (1990) : « Les lubrifiants didactiques» in *Humoresques. L'humour d'expression française*, tome 2, éd. Z'éditions, Nice, pp. 84-92.

Greimas A.-J. (1966) : *Sémantique structurale*, éd. Larousse, Paris, p. 262.

Gresillon A. (1988) : « Ambiguïté et double sens » in *Modèles linguistiques*, vol. 19, Presses de l'université de Lille III, pp. 9-20.

Guiraud P. (1979) : *Les jeux de mots*, Presses Universitaires de France, Collection « Que sais-je ? », n° 1656, Paris, 1976, p. 128.

Guiraud P. (1980) : « Typologie des jeux de mots » in *Le français dans le monde*, n° 151, *Laissez-les rire !*, éd. Hachette-Larousse, Paris, pp. 36-41.

Henault A. (1976) : « À propos de l'ironie » in *Études de Linguistique Appliquée*, n° 22, éd. Didier, Paris, pp. 64-67.

Julien P. (1988) : *Activités ludiques*, éd. Clé international, collection « Techniques de classe », Paris, p. 96.

Laurian A.-M. (1985) : « Contrastes. Humour et traduction » hors série, tome 2, éd. de l'Association pour le Développement des Études Contrastives (ADEC), Paris, p. 283.

Lavault E. (1983) : « La traduction. Traduire ou ne pas traduire: c'est la question » in *Reflet*, n° 5, éd. Association Reflet, Paris, pp. 36-41.

Maldonado M. / Ploquin F. (1999) : « Peut-on rire de tout ? » in *Le français dans le monde*, n° 302, éd. Hachette Édicef, Paris, pp. 59-63.

Martin G.-V. (1997) : « Laissez-les rire ! (l'humour exolingue) » in *Savoir(s) en rire 2. L'humour Maître (Didactique et zygomatique)*, éd. De Boeck Université, Paris, Bruxelles, collection « Perspectives en éducation ». Coordination de M. Hugues Lethierry, pp. 147-157.

Martin G.-V. (1993) : *Les genres du risible en communication exolingue*, thèse de Doctorat de l'université de Rouen, p. 498.

Martin G.-V. (1989) : « Didactique : l'heure de l'humour » in *Le français dans le monde*, n° 225, éd. Hachette, pp. 39-40.

Messier D. (1985) : « Traduire un mot d'esprit ou le plaisir démultiplié » in *Contrastes. Humour et traduction*, Hors série, tome 2, éd. de l'Association pour le Développement des Études Contrastives (ADEC), Paris, p. 257.

Mira J.-N. (1989) : « Quatrième Séminaire Pau-Gottingen », *Le Trèfle*, n° 10, éd. Association Nationale des Enseignants de Français Langue Étrangère, Lyon, p. 34.

Monnot M. (1988) : « Jeux de mots et enseignement » in *Le français dans le monde*, n° 215, éd. Hachette, Paris, pp. 59-62.

Morin V. (1966) : « L'histoire drôle » in *Communications*, n° 8, éd. du Seuil, Paris, pp. 102-119.

Mrowa-Hopkins C. (2000) : « Jeux de mots et ethnologie » in *Le Français dans le monde*, n° 308, Hachette-Édicef, Paris, p. 48.

PALMIER J. (1993) : « Les limites du rire » in *L'humour européen Tome 2. Actes du Colloque « L'humour européen » organisé par l'Université M. Curie de Lublin, le CIEP de SÈVRES et CORHUM du 1er au 7 octobre 1990 à Lublin*, pp. 189-199.

PARNOT I. (2000) : « Perec traducteur de Mathews : sautes d'humour et surenchère pornographique » in *Pré-actes du Colloque international « Deux mille ans de rire. Permanence et modernité »*, Besançon, éd. Corhum/Grelis, p. 41.

PETITJEAN A. (1981) : « Les histoires drôles : je n'aime pas les raconter parce que... » in *Pratiques*, n° 30, éd. de Pratiques, Metz, pp. 11-25.

PETITJEAN A. (1997) : « Les histoires drôles : je n'aime pas les raconter parce que... » in *Savoir(s) en rire 2. L'humour-Maître (Didactique et zygomatique)*, éd. De Boeck Université, Paris, Bruxelles, Collection « Perspectives en éducation ». Coordination de M. Hugues Lethierry.

PLOQUIN F. (1987) : « L'article au microscope » in *Diagonales*, n° 1, éd. Hachette/Édicef, Paris, pp. 14-15.

PORQUIER R. (1984) : « Communication exolingue et apprentissage des langues » in *Acquisition d'une langue étrangère III*, Presses Universitaires de Vincennes, Paris, pp. 17-47.

PRIEGO-VALVERDE B. (1998) : « L'humour noir dans la conversation : jeux et enjeux » in *Les registres de la conversation. Revue de Sémantique et Pragmatique*, n° 3, Presses universitaires d'Orléans, pp. 123-144.

RASKIN R. (1992) : *Life is like a glass of tea (Studies of classic jewish jokes)*, Aarhus University Press, Aarhus, p. 263.

RASKIN R. (1985) : *Semantics Mechanisms of Humor*, éd. D. Reidel Publishing Compagny, Dordrecht.

ROVENTA-FRUMASANI (1986) : « Le mot d'esprit (remarques pragmatiques) » in *Revue roumaine de linguistique*, n° 21, tome 4, pp. 349-355.

SANTOMAURO A. (1985) : « Jouons avec des proverbes » in *Le français dans le monde*, n° 197, éd. Hachette-Larousse, pp. 80-81.

VERMEERSCH (1997) : « La petite fabrique d'écriture » in *Savoir(s) en rire 2. L'humour-Maître (Didactique et zygomatique)*, éd. De Boeck Université, Paris, Bruxelles, Collection « Perspectives en éducation » Coordination de M. Hugues Lethierry, pp. 171-178.

WEISS F. (1983) : *Jeux et activités communicatives dans la classe de langue*, éd. Hachette, Collection F. « Autoformation », Paris, p. 127.

YAGUELLO M. (1981) : *Alice au pays du langage*, éd. Du Seuil, Paris, p. 208.

ZIV A. (1988) : « Humour et éducation : les apports de la psychologie expérimentale » in *Les Cahiers du comique et de la communication*, n° 6, *Psychogénèse et psychopédagogie de l'humour*, coordonné par F. Bariaud, éd. C.C.C. et Université des Sciences Sociales de Grenoble II, pp. 75-82.

L'humour français : malice au pays des merveilles

GÉRARD-VINCENT MARTIN
GROUPE DE RECHERCHE COMIQUE,
RIRE ET HUMOUR (CORHUM)
GROUPE D'ÉTUDES ET DE RECHERCHES EN FRANÇAIS
LANGUE INTERNATIONALE (GERFLINT)
FILIÈRE FLE DE L'UNIVERSITÉ DE ROUEN

Lorsqu'il s'agit de donner les spécificités de l'humour, de qualifier *a fortiori* un humour français, les linguistiques, les philosophes, les chercheurs en littérature réclament l'indulgence, prônent la notion fuyante, l'indétermination, l'élasticité, et se réfèrent à « l'impossible définition » de Robert Escarpit (1976 : 5) dans son *Que sais-je ?* sur l'humour.

Cet article va vous permettre de redécouvrir ou découvrir les principaux schémas et grilles d'analyses qui peuvent qualifier l'humour, l'ironie, les jeux de mots, les interactions et textes humoristiques en France puis, dans un second temps, précisera deux identités humoristiques françaises.

Les schémas d'une fonction ludique

HUMOUR ET IRONIE

Le premier schéma, d'obédience littéraire, est celui de la bipolarisation d'Henri Baudin (1990 : 46); il permet de catégoriser l'humour et l'ironie. Pour expliquer ces deux concepts, il met de côté les origines étymologiques « humeur » et « interrogation socratique (*eirôneia*) », pour construire une ligne horizontale sur laquelle, à gauche, l'humour est rattaché au « même », à l'attirance, et à droite l'ironie est symbolisée par « l'autre », la distance :

attirance — distance
MÊME ———————— AUTRE

MÊME	AUTRE
reproduction	parodie
identification	polémique
mystification	démystification
imitation	parodie critique
recréation	irrespect
pastiche	pastiche parodisé
proximité respectueuse	vers la désacralisation
humour	ironie

Faire de l'humour peut ainsi consister à se railler de soi-même, tandis que la pratique de l'ironie évoque toujours une distance, une rupture. En faisant courir un curseur sur cette ligne, entre deux pôles, Henri Baudin qualifie le pastiche qui reprend les atouts du « même » dans une configuration humoristique et la parodie qui marque l'ironie. Dans cette mesure, la mystification, l'imitation, le pastiche parodisé, la parodie critique, la démystification, la polémique prennent sens.

Le schéma montre que l'humour contient une connivence avec le raillé, un implicite partagé. Il permet de mieux comprendre les attaques et les désacralisations du rire fin de siècle (les Zutistes, Charles Cros, Jules Laforgue) contre les conventions sociales, et les provocations des Surréalistes ou de l'Oulipo contre la poésie officielle bon teint. De la même façon, en reprenant l'exemple de Violette Morin (1990 : 28) sur l'émission télévisée *Le bébête show*, les téléspectateurs peuvent constater que chaque parti politique reçoit son lot de critiques amusantes ; dans cette mesure l'émission relève de l'humour et non de l'ironie puisque toutes les têtes s'y ridiculisent. L'ironie aurait été marquée par une partialité.

JEU DE MOTS ET MOTS D'ESPRIT

Pierre Guiraud, déjà cité dans l'historique des recherches sur l'humour, mérite un développement ici, car il commente, dans *Les jeux de mots* (Guiraud 1979 : 101), une ancienne distinction, celle du jeu de mots et du mot d'esprit. En effet, l'opposition traditionnelle de la rhétorique entre « figure de mots » et « figures de pensée », dévalorise d'entrée le jeu de mots et en particulier le calembour qui se voit défini par Victor Hugo dans *Les Misérables* comme « la fiente de l'esprit qui vole ». Cette opposition reste une spécificité bien française, et les jeux de mots sont souvent considérés comme faciles, de mauvais gout ; qui n'a pas entendu ou vu dans une émission radiophonique ou télévisuelle un invité tancer son voisin dont le calembour est du style *Almanach Vermot* ? Pourtant, continue Pierre Guiraud, il existe des jeux de mots fort spirituels et des jeux sur les idées complètement stupides. La grille qu'il nous livre permet d'établir une typologie des jeux de mots et d'obtenir des exemples sur trois registres : le syntagme, le paradigme et la métathèse où les lettres peuvent s'intervertir.

	Enchaînement	Substitution	Inclusion
Phonétique	Rimes enchaînées	Calembour Homonymie Vers holorime « À peu près »	Anagrammes Contrepèterie Palindrome
Lexicale	Cadavres exquis	Calembour lexical Antanaclase	Acrostiche Rimes brisées
Pictographique	Rébus	Rébus	Calligrammes

HUMOUR ET INTERACTION VERBALE

Le travail de Pierre Bange (1986 : 215) sur l'interaction verbale en acquisition des langues contient des réflexions essentielles sur les marques d'humour, de moquerie enclavées dans les conversations quotidiennes. Il ne livre pas dans cet article le troisième tableau proposé plus bas, mais ce dernier tente modestement de résumer les étapes décrites par Pierre Bange à partir d'une transcription à l'écrit d'une conversation entre des clients architectes et dessinateurs et un patron de café italien. Le paysage audiovisuel français fournit de nombreux exemples d'interactions verbales à locuteurs multiples où la plaisanterie, la moquerie, le rire gratuit, le sarcasme fusent. Que cela soit dans une émission de télévision ou dans le film *Le dîner de con*, un participant peut en être la victime. Lorsque l'on met en exergue les chapitres et les extraits de Edward T. et Mildred Reed Hall (1990 : 207 et 219) concernant les comportements des Français dans les repas d'affaires et sur « l'esprit et l'humour » qu'ils adoreraient, la moquerie orchestrée est sans doute récurrente dans les relations sociales françaises.

Pierre Bange traite ainsi de la fictionalisation, cette mise en perspective du locuteur qui rentre dans un registre ludique enclavé dans le discours et, par là, non immédiatement repérable en tant que genre répertorié comme l'histoire drôle et la devinette. La fictionalisation comporte cinq étapes :

Les étapes interactionnelles	Leur contenu
1. La fiction	Activité de construction d'un contexte verbal qui est lié au registre ludique de la conversation opposé au registre sérieux.
2. La fictionalisation	Activité de contextualisation qui marque le processus du passage du registre sérieux au registre ludique.
3. La modalité fictionnelle	Dissociation en deux instances virtuelles du locuteur qui se lance dans une plaisanterie devant des amis par exemple.
4. L'appel à fictionaliser	Lorsque le glissement du registre sérieux au registre ludique est effectué, le locuteur ironique appelle son interlocuteur à s'installer dans la même double identité. Il l'incite à devenir acteur en fiction dans une mise en scène.
5. Une négociation est nécessaire	Le changement de contexte et l'appel à fictionaliser doivent faire l'objet d'une négociation entre les participants. Si cela n'est pas fait, la fiction est unilatérale. C'est une source de crise dans les relations discursives.

Pour expliquer la seconde étape, Pierre Bange fait appel à Dan Sperber et Deirdre Wilson (1981 : 295) ; citons également un autre article « Les ironies comme mentions » dans Sperber / Wilson (1978 : 402) qui explique l'opposition des concepts d'« emploi » et de « mention » : un locuteur ironique n'exprime pas un fait vis-à-vis de l'objet de l'énoncé (l'emploi), mais un fait à propos de son énoncé (la mention). Si ce locuteur dit, par exemple, que le temps est splendide en voulant sous-entendre qu'il pleut, il cherche « à faire entendre une idée sur une idée » – par exemple que le désir d'un temps splendide est dérisoire – et non pas une idée sur le temps lui-même. Le passage de l'emploi à la mention correspond à ce que Pierre Bange appelle la fictionalisation.

HUMOUR ET PSYCHOLOGIE SOCIALE

Le quatrième exemple de grille catégorise le locuteur humoriste dans la perspective de la psychologie sociale. Jacqueline Chossière (1990 : 74) délimite trois formes de locuteurs humoristes à partir d'une procédure expérimentale qui propose un questionnaire à cent étudiants. Dans les relations inter-individuelles, intra-groupales et intergroupales, la production d'humour nécessite des capacités créatrices et de bonnes compétences de communication pour transmettre des contenus humoristiques à un public ; la reproduction de l'humour réclame moins de créativité.

Type d'humour	Locuteur
Humour verbal créatif (HVC)	La personne qui pratique l'humour verbal créatif invente des jeux de mots, des histoires amusantes pour faire rire les interlocuteurs. Les étudiants interrogés le marquent comme imaginatif, intelligent, facile en communication. Ce talentueux peut paraitre orgueilleux.
Humour verbal répétitif (HVR)	La personne qui est caractérisée par l'humour verbal répétitif se complait à répéter des histoires déjà entendues, lues. Mais elle fait preuve d'adaptation à la situation ; les étudiants interrogés stipulent qu'elle est « amusante », « blagueuse ». Si elle peut jouer un rôle, elle est toujours sociable.
Humour postural (HP)	La personne qui s'exprime dans l'humour postural, utilise les gestes, les mimiques, le corps pour engendrer l'effet humoristique. Le panel d'étudiants le qualifie comme expressif et acteur. Le potentiel artistique de ce fantaisiste l'ouvre sur les autres.

Ce type de travail a bien sûr un réel intérêt en didactique puisqu'il permet de qualifier, classer, expliciter les textes et les comportements humoristiques d'artistes de langue française sur scène ou sur cassette audio, vidéo, cédérom et dévédérom. Des humoristes comme Guy Montagné, Eric et Ramzy ne rentrent pas dans le même type de comportement humoristique que celui de Raymond Devos, Muriel Robin et Valérie Lemercier.

HUMOUR ET MARQUEURS NARRATIFS

Une cinquième et dernière grille d'analyse prend appui sur les histoires drôles que les locuteurs français et les linguistes comme A.-J. Greimas, Violette Morin et André Petitjean affectionnent particulièrement et compilent dans des corpus. Cette histoire drôle est une énonciation ludique qui prend forme lors d'interactions sociales particulières comme la cour de récréation, devant le distributeur de café, à la fin d'un repas. Salvatore Attardo (2000 : 29) dont la grille ci-dessous résume les analyses, reprend les présupposés de Violette Morin en stipulant que sa division des histoires drôles en trois fonctions est intéressante en narratologie, mais que des textes sérieux fonctionnent de la même façon. Il veut aller plus loin pour fonder une analyse générale des textes humoristiques en dépassant l'histoire drôle qui fonctionne avec des simplifications narratives ; ceci afin de faire le point sur les marqueurs narratifs des textes humoristiques.

Marqueurs narratifs	Contenus, processus
Disjoncteur	Le disjoncteur est un élément polysémique qui fait bifurquer le sens de l'histoire drôle. S'il y a un disjoncteur dans l'histoire drôle, le texte plus long en possède plusieurs. Le disjoncteur est appelé *line*.
Distribution des disjoncteurs	Si l'histoire drôle comprend une disjonction finale ou *terminus line* qui correspond à la chute, le texte humoristique atomise les *transit line* sur tout le développement linéaire de l'histoire.
Suite de disjoncteurs	Plusieurs *transit line* peuvent être distribués dans une même logique dans le texte, cela créant une isotopie de disjoncteurs appelée toron ou strand.
Les quatre types de récits comiques	1. Textes qui ont la même structure que les histoires drôles : chute à la fin ; 2. Récits avec humour méta-narratif : le narrateur se moque de ses procédés ; 3. Récits avec *fabula* humoristique : l'histoire racontée dans le texte est elle-même comique ; 4. Récits avec ironie ou humour de style : l'humour est distillé à l'intérieur du récit.

Deux identités humoristiques françaises

Pour évoquer une identité humoristique, je me réfère à la sociolinguistique interactionnelle de John Gumperz. Traquer une telle identité revient à étudier la façon dont la communauté linguistique française a fait converger une parole humoristique pour constituer un groupe repérable et homogène ; la communauté linguistique est ainsi définie « en termes fonctionnalistes comme un système doté d'une diversité organisée, structurée par des normes et des aspirations communes » (Gumperz J., 1989 : 148).

L'HUMOUR DE L'ALMANACH VERMOT

Une première parole humoristique repérable est celle de l'humour de l'*Almanach Vermot*. Paraissant désuet, ce recueil de blagues, dessins humoristiques, horaires des marées, recettes, adages et jeux de mots laids… est toujours un succès en librairie. Il fut fondé en 1886 par Joseph Vermot, fils d'un imprimeur jurassien, rendu célèbre par une édition : *Du catholicisme en présence des sectes dissidentes.* Bernard Chanfrault dans « Les stéréotypes de la France profonde dans l'*Almanach Vermot* » (1990 : 11) qualifie cet humour de « populaire » et cite l'un des propos de la rédaction de l'*Almanach* de 1986, le numéro du centenaire de la revue :

> [l'ouvrage est] toujours présent (…) et témoin de son temps par ses articles, ses illustrations et ses dessins humoristiques qui constituent aujourd'hui une source iconographique et linguistique pour tous les ethnologues et sociologues étudiant notre siècle.

L'humour à la Vermot se décline toujours avec de vieilles recettes. De la petite annonce « Femme-objet cherche homme commode », à la rubrique « L'adage de raison : celui qui cherche à réussir à n'importe quel prix n'a pas conscience de sa propre valeur » (Vermot P.-P. / Ventillard J.-P. 1984 : 196), la langue française est l'outil indispensable à la diffusion de signes créant un imaginaire populaire. Ces signes prennent la forme de figures permanentes et contextuelles.

Les premières sont liées au vin, à la nourriture, au couple, au personnage de la belle-mère, à Toto. Elles sont ancrées dans l'*Almanach* depuis plus de cent ans :

> – Ma femme et moi étions très heureux pendant plus de 25 ans !
> – Et après ?
> – Ben, après on s'est rencontré…
>
> (Vermot P.-P. / Ventillard J.-P. 1989 : 61)

Dans ce cadre, des catégories socio-professionnelles donnent le ton : les paysans à casquette, les médecins qui prennent la vie du malade, les magistrats et le gendarme qui sanctionnent.

Les figures contextuelles sont liées aux contextes socio-politiques. La fin du XIXe siècle met en avant la figure de la bonne, du domestique puis du militaire. La fin du XXe siècle, avec les mêmes canevas d'histoires, brocarde le hippie, le footballeur, le représentant de commerce. Avec cette tonalité chauvine, sexiste, et même raciste, notre *Almanach* renvoie à un comique populaire où le peuple rit de lui-même : « […] à la fois énonciateur et énonciataire, il pratique l'auto-dérision sans jamais remettre en cause l'ordre établi. » (Chanfrault B., 1990 : 19). La francité humoristique est à ce prix.

L'HUMOUR DE CONTACT

La seconde identité humoristique repérable est paradoxalement proche du comique populaire. Il s'agit de l'humour de contact avec d'autres langues, d'autres pays ou avec un représentant de ce pays, c'est-à-dire l'étranger en France. Le paradoxe s'explique : si le Français adorait railler auparavant le paysan qu'il ne voulait plus l'être, il se moque de la même façon d'un étranger qui vient également d'un « ailleurs ». L'humour de contact rend compte de la réalité socio-économique française comme l'immigration du Maghreb, rebondit sur les jeux possibles entre deux codes et met en place un humour de l'immigration.

En termes de contacts migratoires, Christiane Chaulet-Achour (1990 : 202) aborde les thèmes développés par la littérature algérienne de langue française, en France, depuis 1983. Les récits beurs décrivent une quête de l'identité qui devient un thème majeur alors qu'il était beaucoup moins présent dans les œuvres publiées en Algérie. Pour traiter la demande d'identité ethnique, spatiale et culturelle, l'écrivain beur a recours à l'humour pour dire le malaise et l'angoisse. Souvent cet humour opère une rupture lorsque, par exemple, la connivence est de mise entre deux personnages. Christiane Chaulet-Achour (1990 : 202) note : « En reprenant donc une caractéristique essentielle du discours littéraire de l'avant-indépendance, ces écrivains préféraient au tragique et au lyrique, la dérision humoristique. »

L'article de Jean-Louis Joubert (1988 : 20) intitulé « Littérature immigrée ? » présente à travers trois romans écrits en français par des immigrés de la seconde génération, cette difficulté de prolonger en France et sans altération, la culture du pays d'origine. Des remarques sur le roman de Farida Belghoul publié en 1986, *Georgette*, laissent entrevoir un récit « tout en drôleries » où l'héroïne, Georgette, est la sœur immigrée de Zazie. Le ton humoristique se développe ici par la plongée dans l'univers mental d'une enfant qui décrit son père écrivant l'arabe, en train de lui faire commencer son cahier d'écolière à l'envers. Mais les linguistes et les chercheurs en littérature ne peuvent plus parler raisonnablement de quête d'identité au milieu des années 1990. Certes, par le biais de la dérision, du jeu de mots bilingue, les locuteurs d'origine immigrée veulent montrer les aléas et la recherche d'une intégration qui n'est pas sans problèmes pour leurs parents, leurs sœurs, leurs frères. Mais par les thèmes abordés dans leurs textes (Martin G.-V., 1997 : 139), ils sont des meneurs de jeu qui veulent dépasser une quête sociale et culturelle bien amorcée.

Les jeux humoristiques qui naissent du contact entre le français et d'autres langues sont abordés par Haïm Vidal Sephiha (1990 : 218). Il donne même des exemples d'humour de contact entre une langue régionale française et le français ou une langue étrangère : le sigle « SP » qui équivaut à « Sapeurs Pompiers » peut être interprété comme « ça prûle ! » par un Alsacien. Et un Israélien qui dit bonjour (*Chalom*) s'entend répondre « chale femme » en Auvergne. L'auteur prend beaucoup de plaisir à relever les détournements phonétiques français à partir de l'écoute ou la lecture d'une phrase en langue étrangère. Ces détournements sont générateurs de sens. Il note cette publicité de l'école de langue Berlitz donnée sur les murs de Paris et des grandes villes de province en décembre 1988 :

> Habla usted español ? – Oui, j'adore Marcel Pagnol.
> Wo ist mein strumpf ? – À vos souhaits.

La spécificité française de l'humour de contact est enfin précisée par le travail des humoristes de l'immigration qui ont capté un public. L'humour et les histoires drôles dont le sujet était un Arabe furent longtemps occultés dans les médias français, contrairement à l'humour juif. À cet égard, l'exemple du texte de Guy Bedos *Vacances à Marrakech*, datant des années 1970 et cité par Francis Debyser (1981 : 156), est édifiant. L'auteur y décrit au second degré un Français en vacances au Maroc qui s'étonne que Marrakech abrite autant d'Arabes. Qualifié de raciste, l'artiste fut un moment obligé de retirer cet extrait de son spectacle. L'arrivée des humoristes représentant des communautés immigrées va de pair avec une plus grande fréquence dans la presse écrite et orale de l'emploi du mot « maghrébin » qui supplante l'item « arabe » ; les succès militants recueillis par les spectacles de Coluche. Smaïn, Boujenah, Eric Blanc, Lounès Tazaïrt, Mohammed Fellag, Elie Kakou, Eric et Ramzy, Jamel Debbouze s'imposent et, par eux, les sketches des auteurs français abordant le thème de l'étranger se libèrent. Jean-Jacques Devaux ose un *Bienvenue à Montfermeil* : un instituteur s'adresse à ses élèves algériens avec les intonations du leader du Front National. Ces intermédiaires culturels donnent un statut idéologique aux immigrés des seconde et troisième génération qui génèrent un groupe, promoteur d'une nouvelle sociabilité.

Deux autres identités humoristiques françaises peuvent également être sériées et font l'objet de développements dans ce numéro spécial sur l'humour. Il s'agit des rires au féminin et des détours malicieux de l'humour métalinguistique qui revisite la langue française avec de fausses étymologies et des mots-valises.

Ce tour d'horizon des spécificités françaises de l'humour à travers des grilles d'analyses et de deux identités remarquables ne doit pas nous faire oublier que la légendaire spiritualité française liée au mot d'esprit et au bon gout est un non-sens. Le titre de cet article fait justement allusion à Marina Yaguello (1981 : 16) qui, dans l'introduction d'*Alice au pays du langage*, tord le cou à ce préjugé : « l'opinion selon laquelle le "peuple français" est le plus spirituel de la terre n'est qu'un effet de l'ethnocentrisme français ». La possibilité de jouer sur et avec les mots est en effet universelle…

Références bibliographiques

ATTARDO S. (2000) : « L'analyse des narratives humoristiques et son influence sur la théorie linguistique de l'humour. » Pré-actes du Colloque international *Deux mille ans de rire. Permanence et modernité*, Besançon, éd. Corhum / Grelis, p. 29.

BANGE P. (1986) : « Une modalité des interactions verbales : fiction dans la conversation » in DRLAV, *Revue de Linguistique*, n° 34/35, Presses et publications de l'Université de Paris VIII, pp. 215-232.

BAUDIN H. (1990) : « À distance irrespectueuse, la parodie » in *Humoresques. L'humour d'expression française*, tome 1, éd. Z'éditions, Nice, pp. 46-53.

CHANFRAULT B. (1990) : « Les stéréotypes de la France profonde dans l'*Almanach Vermot* » in *Cahiers de recherche de CORHUM*, n° 1, éd. CORHUM-CRIH, Université de Paris VIII, pp. 11-20.

CHAULET ACHOUR C. (1990) : « Ancrage, identité et dérision. L'humour dans le récit beur » in *Humoresques. L'humour d'expression française*, tome 2, éd. Z'éditions, Nice, pp. 202-208.

CHOSSIÈRE J. (1990) : « Représentations d'une personne humoriste en situation d'interactions sociales » in *Humoresques. L'humour d'expression française*, tome 1, éd. Z'éditions, Nice, pp. 74-83.

DEBYSER F. (1981) : « Humour / humeur » in *Lectures*, n° 9, éd. Dédalo, pp. 141-157.

ESCARPIT R. (1976) : *L'humour*, éd. PUF, Collection « Que sais-je ? », n° 877, Paris, p. 128, première édition aux PUF, Paris, 1960.

EVRARD F. (1996) : *L'humour*, éd. Hachette livre, Collection « Contours littéraires », Paris, p. 143.

GUIRAUD P. (1979) : *Les jeux de mots*, Presses Universitaires de France, Collection « Que sais-je ? », n° 1656, p. 128, première édition aux PUF, Paris, 1976.

GUMPERZ J. (1989) : *Engager la conversation. Introduction à la sociolinguistique interactionnelle*, éd. Les éditions de Minuit, Collection « Le Sens commun », Paris, p. 185, Traduction de l'anglais par Dartevelle M. / Gilbert M. / Joseph I.

JOUBERT J.-L. (1988) : « Littérature immigrée ? » in *Diagonales*, n° 7, éd. Hachette-Édicef, Paris, pp. 20-21.

MARTIN G.-V. (1997) : « Les comiques de l'immigration en communication exolingue. » in *La Comédie sociale*, Presses Universitaires de Vincennes, coll. « Culture et Société », coordination du numéro par Nelly Feuerhahn et Françoise Sylvos, pp. 139-150.

MORIN V. (1990) : « Les impairs de l'humour » in *Humoresques. L'humour d'expression française*, tome 1, éd. Z'éditions, Nice, pp. 24-29.

HALL E. T. / HALL M. R. (1990) : *Guide du comportement dans les affaires internationales. Allemagne, États-Unis, France*, éd. du Seuil, Paris, p. 253.

SEPHIHA H. V. (1990) : « L'humour de contact : français / autres langues » in *Humoresques. L'humour d'expression française*, tome 2, éd. Z'éditions, Nice, pp. 218-222.

SPERBER D. / WILSON D. (1978) : « Les ironies comme mentions » in *Poétique*, n° 36, éd. du Seuil, Paris, pp. 399-412.

SPERBER D. / WILSON D. (1981) : « Irony and the Use-Mention Distinction » in *Radical Pragmatics*. Ed. Cole R., pp. 295-318.

STORA-SANDOR J. / PILLET E. (2000) : « Armées d'humour. Rires au féminin » in *Humoresques*, n° 11, publié par Corhum et le Crih, Paris, p. 218.

VERMOT P.-P. / VENTILLARD (1984) : *L'Almanach Vermot*, Société parisienne d'édition, Paris, p. 355.

VERMOT P.-P. / VENTILLARD (1989) : *L'Almanach Vermot*, Société parisienne d'édition, Paris.

YAGUELLO M. (1981) : *Alice au pays du langage*, éd. Du Seuil, Paris, p. 208.

L'humour vu de Suède

Eva Ahlstedt
Université de Göteborg

Le fait que les blagues suédoises soient souvent racontées en parler régional constitue, à mon avis, une des spécificités de l'humour suédois. La saveur même de la langue en est un élément primordial. Il y a à la télévision suédoise une émission hebdomadaire dans laquelle un groupe d'artistes enchaine blague sur blague dans le parler de Stockholm, dans celui du Nord, de Scanie, de Göteborg, etc. À part cela, je ne suis pas si convaincue que notre humour soit différent de celui des autres nationalités. Dans la région de Göteborg, il y a des histoires qui mettent en scène Kal et sa fiancée Ada, personnages imaginaires, qui expriment leur ingénuité dans le dialecte de Göteborg :

> Ada se trouve dans le ferry qui part pour les îles. Kal s'attarde en discutant avec un copain. Le ferry commence à s'éloigner du quai. L'ami de Kal le lui fait remarquer et le presse de sauter dans le ferry. Kal hésite. « Saute », lui dit son ami, le ferry n'est qu'à deux enjambées. Et Kal enjambe.

Lorsque nous ne rions pas de nous, nous rions des voisins, la Suède du sud contre la Suède du nord (et vice versa) ou des habitants des pays limitrophes, particulièrement des benêts norvégiens, humour qui ressemble aux blagues belges françaises, et des Finnois, grands buveurs taciturnes. Je n'ai jamais entendu de blagues sur les Lapons, ce qui peut être un signe de mauvaise conscience historique.

> Après une très longue absence, un Finnois retourne dans sa famille. Son frère l'accueille. Il faut fêter les retrouvailles et on s'installe devant des bouteilles de vodka. D'abord ils boivent en silence. Puis, après une heure, le frère cadet estime qu'il faut quand même faire un brin de conversation. « Et le grand-père ? ». « Il est mort depuis dix ans ». Long silence. Une heure plus tard, il reprend : « Et le père ? ». « Il est mort depuis cinq ans ». Long silence. Après encore une heure, il demande de nouveau : « Et la mère ? » Là, le frère aîné s'irrite : « Morte aussi. Mais enfin, est-ce qu'on est là pour boire ou pour bavarder ? ».

L'art de raconter est un art qui est surtout pratiqué par les hommes et les sujets ressortent surtout du domaine masculin, comme la chasse, la pêche, l'alcool, le service militaire, la relation avec les belles-mères, etc. Les blagues salées sont très appréciées par les auditeurs des deux sexes. Les paysans, les Écossais, les Américains, les pasteurs, la famille royale, etc., sont d'autres cibles privilégiées. Un type de blague très connu en Suède met en scène l'inséparable trio composé d'un Américain, d'un Russe et du Suédois Bellman (grand poète et chansonnier paillard du XVIIIe siècle) :

> Un Américain, un Russe et Bellman font le pari de savoir qui pourra rester le plus longtemps dans une porcherie. Après cinq minutes, l'Américain sort, suffoqué par la puanteur. Peu de temps après, c'est le Russe. Puis, il y a une longue attente et finalement on voit paraitre… le cochon.

Les Suédois apprécient beaucoup les blagues. Savoir les raconter est une marque de convivialité et un atout social. Pour un enseignant, faire rire en classe est une manière infaillible de se gagner les étudiants. On peut faire des blagues sur ses amis, c'est un signe d'amitié, mais il faut le faire sans blesser. Les Suédois ont toujours eu du point de vue historique de l'admiration pour l'esprit français, voltairien. Encore de nos jours, cet esprit semble perdurer en France dans les petites phrases assassines entre politiciens. La politique suédoise n'est pas exempte d'attaques satiriques, mais il me semble qu'on n'arrive pas du tout au niveau des Français dans ce domaine.

Voici, pour finir, une anecdote historique bien suédoise qui nous fait toujours rire :

> Lorsque Bernadotte devint roi de Suède sous le nom de Charles XIV, sa femme Désirée était restée en France. Elle devait aller le rejoindre par mer et débarquer dans le sud de la Suède. Un envoyé de la Cour fut spécialement chargé de la faire accueillir convenablement par son nouveau peuple. Ce n'était pas une tâche facile, car les paysans suédois n'étaient pas très enthousiasmés par l'arrivée de leur nouvelle reine. Mais l'envoyé de la Cour trouva un stratagème. Comme on vivait à cette époque une période de sécheresse particulièrement sévère, il réunit un groupe de paysans sur les quais et leur ordonna de crier : « Nous voulons de la pluie ! Nous voulons de la pluie ! » Or, cette phrase prononcée en scanien (Vi v'la rejn ! Vi v'la rejn !) ressemble à s'y méprendre à l'expression française « Vive la reine ! Vive la reine ! ». C'est ainsi que la reine eut l'agréable surprise de rencontrer dès son arrivée des sujets accueillants qui parlaient sa propre langue.

L'humour dans les sciences humaines

Olivier Douville
Marianne Cantorovich
Louis Porcher
Jean-Marie Pradier
Jean-Claude Gardes
André Guyon
Eliana Bueno-Ribeiro
Jacqueline Henry
Interlude : Liu Shun-I

Le psychanalyste et l'humour

Olivier Douville
PSYCHANALYSTE, PARIS

L'aptitude à l'humour était selon le psychanalyste Jacques Lacan « l'un des critères de distinction entre des sujets normaux et des malades mentaux ». Les psychologues « testeurs » apprécieront, de façon pondérée, cet aphorisme, dans la mesure où leurs instruments d'investigation de la personnalité sont tout à fait insensibles aux réponses où brille l'humour (de telles réponses résistant, le plus souvent, à toute cotation chiffrable). Le psychologue de la mesure réclame de l'intelligence froide, du caractère tempéré, bref, du sérieux. Pourtant le clinicien qui fréquente un peu les hôpitaux psychiatriques, dans le cadre de sa profession, est témoin, et parfois acteur, de tours de force langagiers, qui pourraient évoquer un humour à l'état nu, sorte de « non-sens » accéléré où l'impact des mots se détache de la pesanteur du « bon sens » et fulgure.

L'humour à l'état nu

Permettez-moi de relater un souvenir. Ce matin-là, après avoir entendu, dans mon bureau, durant de longues heures, des hommes et des femmes parler de leurs préoccupations et de leur tracas quotidiens, m'entretenir des petites cosmogonies portatives qu'on nommerait des délires, déposer auprès de moi des traces de leurs activités d'écriture, ou encore s'enquérir de mes nouvelles, de ma santé et de mes opinions sur des sujets assez divers, après avoir reçu et pas encore digéré, toutes ces assemblées de confessions et de constructions hétéroclites, je me préparais, avec la satisfaction d'avoir passé une matinée bien remplie, à sortir du pavillon pour rejoindre l'internat où, à l'heure du déjeuner, il nous était promis un repas « amélioré » et prometteur de quelques moments de confort alimentaire, assez chiches au demeurant d'ordinaire, et donc attendus avec impatience. À la porte du pavillon, un homme, le corps recourbé dans une pose de balancé en arrière, attentif et perplexe, attendait ma sortie de pied ferme. L'inquiétude profondément inscrite dans les traits et dans la voix, il me saisit par la manche, et, fermement, me secoue. « Douville, dit-il, scandant mon nom à la cantonade, l'éclatant en syllabes vociférées, on vient de me couper la tête. » Surpris et un peu las, je lui réponds du tac au tac, et sans préméditation, afin de filer au plus vite : « Écoutez, monsieur F., nous en reparlerons à tête reposée. » De ce moment-là je garde maintenant un souvenir intact et souriant. Mais sur le coup... oh ! sur le coup, m'ayant entendu dire ce qui m'était venu en tête, je n'étais pas si fier. Ce fut le patient qui conclut. D'un grand merci, il salua cette petite pause d'aération que je nous avais offerte à mon insu, et partit tête haute rejoindre le hall et la salle de télé. Depuis, il insista pour me rencontrer, chaque jour que je venais au travail, dans ce pavillon. Je lui devais bien ça. Que s'était-il passé ? Avais-je créé là un trait d'esprit ? Sans doute pas. Convenons d'abord que le soulagement que l'humour engendre se produisit de part et d'autre, mais pas pour les mêmes raisons. Ce n'est que dans la mesure où cette réplique (au sens fort du terme) entraîna immédiatement une cessation de l'angoisse et de la prostration que j'en vins à la considérer comme une trouvaille. Mais qui avait trouvé qui, qu'est-ce que j'aurais trouvé là, ou, plus exactement qu'est-ce qui m'aurait trouvé en ce point ? Le patient assurément, ce M. F. que je vis ensuite de longues années, jusqu'à ce qu'il soit placé ailleurs, un peu plus dans la vraie vie, comme on dit si facilement. Il m'avait choisi en tant qu'interlocuteur à venir, à partir du moment où ma voix avait donné une certaine forme de réversion aux images morcelées du corps. Du moins est-ce là l'hypothèse que je fais, la demande que j'attribue à ce patient. Par mon « trait d'esprit », je mets en fonction une réponse à une demande que j'imagine chez lui. Le corps devient alors un morceau de phrase, un « signifiant » articulé à ma réplique. Immédiatement. Il n'y a pas ce relais entre sens propre et sens figuré, ce relais sérieux, ce relais dû à l'inertie du bon sens. À la place de ces conventions qui lestent le flux de nos échanges névrotiques, ou, si l'on préfère le dire ainsi, de nos bavardages de chaque jour, un trait d'inconscient, à ciel ouvert provoque et confirme une rencontre de corps.

Il faut insister ici. Ce trait d'esprit « involontaire », mais motivé, dont vous, lecteurs, assistez à la patiente dissection, est du registre de la communication orale. Il est porté par la voix. C'est bien ma voix qui prend en charge et redonne au sujet un bout de réel de corps, c'est bien le réel de ma voix, son aspect physique, son autorité soudaine, sa façon de couper court en anticipant une recollation, qui se fait support d'un message.

Ceci est d'importance pour un psychanalyste, et même si le reste de l'article portera sur des situations plus fréquentes dans notre métier (le fameux cadre du divan et du fauteuil), on n'aura garde d'oublier que les moments d'humour dans les cures, leurs moments poétiques aussi, sont portés par la voix, dans ce canal étonnant de l'émission sonore, d'autant plus remarquable que le regard n'est pas le vecteur privilégié de la rencontre entre la réalité physique de l'analyste et celle de son patient. Il n'est pas encore question d'humour, mais du pouvoir de la parole lorsqu'elle fabrique une signification nouvelle, qu'elle s'ouvre sur un nouveau rapport entre trois réalités qui sont au cœur de notre travail quotidien : les mots, le corps, le moi.

Humour et interprétation

L'humour a donc à voir avec un acte essentiel du travail du psychanalyste qui est l'interprétation – ce haut moment où le psychanalyste prend acte de ce qui est dit en séance. L'idée que nous nous faisons ordinairement de ce qu'est une interprétation est relativement simple : elle renvoie à l'élucidation d'une énigme, à la résolution d'un problème, au déchiffrement d'une forêt de symboles. L'interprétation explique et donne du sens. Tenons-nous là le sens de l'interprétation en psychanalyse ? Non, assurément non. Et, j'en reviens ici à la préoccupation centrale de cet article, si nous situons de façon inappropriée ce qu'est l'interprétation en psychanalyse, nous ne comprendrons rien à la dimension de l'humour en psychanalyse. L'interprétation en psychanalyse ne prédit, ni ne délivre de sens ultime. Elle éclaire sous un jour nouveau la prise du sujet dans un discours, dans des paroles, dans des symptômes.

L'humour en psychanalyse devient ici un problème essentiel. Il ne s'agit pas ici pour le psychanalyste, en situation, de faire preuve de bel esprit, ou, pire encore, d'ironie ou de belle âme. L'humour n'épingle pas l'autre. Son modèle n'est donc pas à rechercher dans un certain dandysme de la prouesse oratoire, du dernier mot. Le modèle de l'humour porte un nom dans la théorie freudienne. Il se nomme « mot d'esprit ». Ce « mot d'esprit » est à accueillir comme une trouvaille, il peut tout à fait être le fait du patient en psychanalyse. Et c'est souvent mieux ainsi.

LE MOT D'ESPRIT

Le mot d'esprit est un évènement d'ordre interpersonnel mais qui ouvre sur le social et sur le culturel. Il est un évènement de parole. Pourquoi Freud s'est-il attaché à entendre cet évènement de discours ? Comment a-t-il su rendre compte de l'activité psychique qui donne naissance à ce processus qu'est le mot d'esprit ? Il faut tout de suite ici prévenir le lecteur. Cette pointe qu'est le mot (ou le trait) d'esprit est à situer dans un espace qui est celui de la cure, l'espace du transfert. En dégageant la nature symptomatique du trait d'esprit, Freud dégage d'abord la fonction défensive de l'humour. L'essence de l'humour réside dans sa fonction de nous épargner les affects pénibles. Mise à distance des émotions. L'hypothèse est encore peu hardie. Elle permet toutefois à Freud de rendre compte non uniquement de l'effet de l'humour, mais des logiques de son fonctionnement. Le psychanalyste s'est intéressé aux processus mobilisés par l'humour, faisant de cette activité le témoignage de la possibilité d'un fonctionnement sain de la psyché. Dès 1905, dans son livre *Le mot d'esprit et ses rapports avec l'inconscient*, Freud décrit la structure du mot d'esprit sur le modèle du rêve. Déplacement et condensation de représentations mettent en évidence, en les détournant, les règles de la fonction du langage. Ces mécanismes permettent à une vérité de faire signe, de se dire de façon masquée. On se souviendra ici de l'anecdote sans doute la plus célèbre que contient le livre de Freud. C'est celui que l'écrivain Heine attribue à son personnage, buraliste de loterie et chirurgien pédicure de Hambourg, Hirsch Hyacinthe, qui, en présence de l'écrivain, met en avant l'excellence de ses relations avec le baron de Rothschild : « J'étais assis à côté de Salomon Rothschild et il me traitait d'égal à égal, d'une façon toute *famillionnaire*[1]. » Prenant appui sur cet exemple, un mot d'esprit réduit à un néologisme qui comprime deux mots « familier » et « millionnaire », Freud dégage la pensée sous-jacente : « R. m'a traité tout familièrement, c'est-à-dire autant qu'il est possible à un millionnaire[2]. »

Un tel exemple peut se comprendre, pour celui qui cherche à objectiver la technique de l'humour, comme une démonstration de l'aspect économique, élégant de l'humour. Ce dernier s'empare des plus petites unités distinctives (les composantes phonématiques du signifiant) et crée ainsi une perturbation, une équivoque de la valeur signifiante de la phrase, lui faisant héberger, en contrebande, un énoncé d'un sens différent, voire antagoniste au sens attendu. Fort bien, et voilà pourquoi nous rions ? Peut-être, mais telle serait aussi la structure du *lapsus*, ce moment où, la langue fourchant, nous nous sentons dévoilés, mis à nu et exposés. On commet un *lapsus*, mais on fait un mot d'esprit. Or commettre un *lapsus*, ce n'est pas toujours drôle, d'autant plus qu'aujourd'hui tout le monde sait que le *lapsus* est freudien et donc révélateur. L'effet comique du *lapsus* fait partie du charme de nos vies quotidiennes, et nous aurons beau vouloir prétendre rester un locuteur sérieux, le *lapsus* commis par nous rend, momentanément, peu légitime notre prétention à vouloir parler en maitre.

MOT D'ESPRIT ET *LAPSUS*

Cela veut dire que si trait d'esprit et *lapsus* ont même structure, et s'il n'y a aucune prime de drôlerie ou de cocasserie à accorder à l'une plus qu'à l'autre de ces deux formations de l'inconscient, c'est bien la position du sujet qui diffère alors du *lapsus* au mot d'esprit. Dévoilé, dans un cas, dévoilant dans l'autre, propose Alain Didier Weill[3]. « Dévoilé » : oui, nous voilà par le *lapsus* réduit à ce qu'on vient de dire à notre insu, et c'est violent, parfois, d'être épinglé de la sorte.

1. Freud S. (1905), *Le mot d'esprit dans ses rapports avec l'inconscient*, Paris, Idées, Gallimard, 1930, p.25.
2. Freud S., *ibid.*, p. 29.
3. In *Les trois temps de la Loi*, Paris, Le Seuil, 1995.

On ne glisse plus entre les mots : on vient juste d'être assommé sous cette bourde inopportune. Mais « dévoilant »... qu'implique un tel mot, si ce n'est que le faiseur de traits d'esprit prend place dans un dispositif qui outrepasse les schémas de la communication ? L'événement « mot d'esprit » dit un amour inconscient porté à la langue. Le mot d'esprit se dit en présence d'un autre[4], mais il s'adresse aussi à une forme de troisième personne, qui n'est pas nécessairement une personne présente physiquement. Il serait plus adéquat de considérer cette troisième personne comme un autrui qui serait, sinon le langage lui-même, l'ensemble de ceux qui sont portés par un respect, voire un amour pour les pouvoirs poétiques de la parole.

Freud, logique avec sa méthode et fidèle aux enseignements qu'il recevait de sa clinique a osé briser les protocoles de la conversation ordinaire, entre patient et médecin, en instaurant la règle fondamentale, inaugurale des cures psychanalytiques et qui invite le patient à laisser couler les flots d'idées qui lui viennent, sans se soucier des contraintes de la logique, de la bienséance et de la véracité. La théorie du psychisme, que le psychanalyste a nommée « métapsychologie », et qu'il a édifiée à partir de l'analyse de la structure commune des rêves, des *lapsus* et des mots d'esprit, exigeait un dispositif libérant la parole des tyrannies du sens. Il se fait un lien circulaire et essentiel entre la théorie freudienne de l'humour et la théorie freudienne du dispositif psychanalytique, comme cure. À cela une raison. Elle tient dans la conviction pratique et doctrinale que la vérité du sujet se fera jour dans une brisure de langue, qu'elle s'immiscera par l'équivoque du *lapsus* ou du mot d'esprit entre la contrainte du sens et la présence de signifiants dont les significations énigmatiques furent autrefois refusées par la censure. Cette vérité suppose un dispositif qui la fasse déraisonner afin de la faire résonner.

La cure psychanalytique incite alors celui ou celle qui s'y soumet à prendre ses *lapsus* au sérieux, c'est-à-dire avec humour. L'interprétation sera ici à comprendre certes comme une technique, mais plus encore comme un acte qui ne fige pas le sujet sur un sens et sur un seul, mais dégage, comme problème et non comme faute morale, les affects et les passions contradictoires que trahissent les *lapsus* et qui donnent au symptôme sa consistance.

Les mots et les choses

Façon de contester alors que le langage soit le reflet de la réalité. Se défait l'idée d'une correspondance terme à terme – en miroir – entre les mots et les choses.

Il n'y a pas de garantie absolue du vrai, voilà qui est sérieusement drôle. Et il n'y a pas cette garantie, dans la mesure où ce que le

4. Il suffit de se prendre à témoin pour rigoler tout seul, mais enfin ça ne dure pas longtemps, heureusement.

symptôme (tout comme le mot d'esprit) masque le plus n'est pas un sens univoque, mais c'est que le sujet est la contradiction même. De là découle encore la nécessité que le psychanalyste ne soit pas en place d'idéal que l'on va rejoindre un beau jour comme le croit le naïf, mais qu'il offre un certain silence. Oui, pour le patient, le seul fait d'avoir à parler (c'est la seule chose que nous lui demandons), devant le possible silence d'un autre – silence qui n'est ni approbateur, ni quinaud – est ressenti comme une attente de vérité. Aux moments où le patient est confronté à cet enjeu et à cette mesure, la peur de perdre un peu trop de son moi est vive. Alors oui, il tente de s'assurer qu'il y a du répondant, du semblable... comme si cela vivait en paix des semblables! À ces moments, il voudrait bien que la relation de parole qui se noue dans une psychanalyse (ou dans une psychothérapie d'inspiration psychanalytique), soit du genre de celle que le cinéma américain véhicule à tour de bobines : une relation amicale et bonasse qu'agrémentent des flots de confidences de part et d'autre. On aura compris que, parlant d'humour en psychanalyse, je ne valorise pas le moins du moins du monde un humour qui résulterait d'une séduction réciproque, où l'on s'entendrait comme larrons en foire. Certes il peut arriver de rire avec certains de nos patients, mais de pleurer il ne faudrait sans doute pas, tout de même. Bien sûr il est préférable pour les patients qui ont beaucoup d'états d'âme de faire rencontre de psychanalystes d'esprit.

Vient ici une anecdote, ou sans doute plus : un moment d'invention de l'écoute analytique. La curiosité de Freud, son avidité, sa demande de savoir, tout cela l'amenait parfois à bavarder avec ses patients. Il s'est trouvé une jeune femme, fort névrosée mais fermement décidée à ne pas s'en laisser conter, Emmy von N. Un jour, elle se trouva fort excédée par le bavardage de Freud. Il témoigne : « Je lui donne jusqu'à demain pour s'en souvenir. Elle me dit alors d'un ton bourru qu'il ne faut pas lui demander toujours d'où provient ceci ou cela, mais la laisser raconter ce qu'elle a à dire. J'y consens. » On remarque qu'en rabrouant Freud, Emma dessine la place transférentielle non saturée par l'autoréférence de l'analyste. Elle désigne aussi le désir de l'analyste, comme désir d'une curiosité ardente. Mais il ne suffit point d'être intimé de se taire, pour que s'ouvrent les oreilles et qu'elles flottent. Et de ce qu'il ait ouvert ses oreilles au point de consentir permit à Freud d'inventer la responsabilité de l'analyste : supporter un transfert. Freud était un homme d'esprit. Autant le souligner pour conclure, tant il est vrai que les conventions mondaines des psychanalystes manquent parfois cruellement d'humour.

Vous riez, oui, mais pourquoi ?

MARIANNE CANTOROVICH
PROFESSEUR DES UNIVERSITÉS
IUT PARIS V-RENÉ DESCARTES

Frontière du Sénégal et du Mali, pays des Bedik et des Bassari.
Les femmes m'avaient proposé de les accompagner pour chercher l'eau de la journée. Nous sommes parties, les unes derrière les autres, sur l'étroit sentier. Elles, en pagne, pieds nus, la calebasse sur la tête, moi, short et tennis, les mains dans les poches.
Longue marche. À l'arrivée, un marigot couvert d'une croûte d'herbes et d'insectes. Elles ont écarté, trouvé l'eau et rempli les calebasses. Pour rentrer, l'air de rien, elles m'ont poussée, tirée, obligée à poser une calebasse pleine d'eau sur la tête. Un pas, deux pas, impossible... J'étais trempée de la tête aux pieds ! Elles ont ri, mais ri... à ne plus pouvoir respirer. Moi, aussi.

Les grandes femmes noires, au cou bien allongé pour tenir les calebasses en équilibre sur leurs têtes, riaient de la femme blanche dont elles avaient prévu l'incompétence physique face à ce geste. Ce geste du quotidien qu'elles devinaient ne pas être le mien. Elles riaient du renversement de pouvoirs, elles qui avaient vu la même femme au volant d'une jeep, la veille.

Elles riaient parce qu'elles avaient remis à niveau les deux plateaux de la balance entre la Noire et la Blanche, le temps d'une douche impromptue.

Quant à moi, je riais de la situation dans laquelle elles m'avaient mise. Mon image d'Occidentale en visite s'effondrait, ma maladresse me désignait comme une femme inadaptée à leur mode de vie.

Cependant, elles instauraient une complicité entre nous, qui comblait la distance, désacralisait la femme venue d'un monde inconnu et un peu effrayant.

Je devenais quelqu'un dont on pouvait se moquer et cette attitude, loin de m'exclure, m'incluait dans le groupe qu'elles formaient.

Le rire-ensemble était une acceptation mutuelle de nos différences.

Analyser le rire

Pourquoi raconter une telle anecdote dans un cours, à l'université ? Parce que ces rires sont remplis de sens et méritent d'être analysés.

Enseigner la Sociologie générale à des étudiants en première année d'IUT, qui deviendront documentalistes, bibliothécaires, publicitaires ou chargés de communication, amène le professeur à faire des choix dans les contenus et dans les moyens pédagogiques. Il faut décider de ce qui leur servira le plus dans leurs futurs métiers.

J'ai pensé que la sociologie leur serait utile si je leur apprenais que, dans toute analyse de société, il fallait apprendre à se méfier de ce qui, au premier abord, peut sembler aller de soi. Tout comportement, toute façon de penser s'interroge et peut trouver une explication, à la fois individuelle et collective. Cette approche m'a toujours paru formatrice pour des jeunes, surtout quand il s'agit de s'interroger sur les comportements et les pensées de gens comme eux, vivant dans une société dans laquelle ils baignent depuis une vingtaine d'années.

Je conçois l'enseignement de la sociologie comme un moyen de montrer que la réalité sociale ne se lit pas à livre ouvert, et qu'il est intéressant de chercher l'explication cachée derrière ce que G. Bachelard appelait « la fausse transparence du réel ». Pour cela, il est nécessaire de prendre du recul par rapport à ce qui semble aller de soi.

Or se désimpliquer par rapport aux certitudes de ses vingt ans n'est pas de tout repos pour les étudiants, c'est un exercice difficile. Du point de vue de l'enseignant, c'est un exercice qui fait mûrir les étudiants, et les aide à se préparer à la vie professionnelle. C'est une aventure pour les uns et pour les autres, et elle vaut la peine d'être tentée !

On peut faire passer cet enseignement par la lecture des grands auteurs, travailler Durkheim, Mauss, et quelques autres. C'est ce qui se fait le plus souvent pour les futurs sociologues. On peut aussi choisir des faits sociaux particuliers dans notre société et dans d'autres, pour amener les étudiants, sur le vif, à acquérir cette attitude nouvelle pour eux.

Depuis quelques années, j'ai choisi de travailler sur l'humour et le rire. À s'interroger sur le rire, on s'aperçoit qu'on ne rit pas dans n'importe quelle circonstance, qu'on ne rit pas de tout et qu'on ne rit pas avec tout le monde.

Dans nos sociétés occidentales, rire, faire rire, avoir de l'humour, être joyeux, apparait, depuis un certain temps déjà, comme une des caractéristiques de la jeunesse. Comme si le rire et l'humour montraient qu'être jeune, c'est être insouciant, léger, énergique, voire irresponsable. Les théories de Rousseau sur l'innocence de l'enfance ne sont pas loin : on dira d'un vieux monsieur, s'il continue à rire à son âge, «qu'il est resté jeune»; on dira d'un jeune homme, «qu'il est vieux avant l'âge», s'il n'a aucun humour.

Les étudiants ont découvert assez rapidement dans les interviews, que l'étude du rire et de l'humour était plus complexe qu'ils ne l'imaginaient. Ils ont réalisé par exemple :

– que l'on rit de choses différentes d'une génération à l'autre;

– que le rire peut réunir comme il peut exclure;

– qu'il y a un humour lié à l'appartenance de classe;

– que les traits d'humour diffèrent d'un métier à l'autre;

– que les métiers à risques comme ceux de la santé, la police ou les pompiers, sont ceux où l'on rit des plus grands tabous;

– que l'humour des femmes n'est pas tout à fait celui des hommes;

– que rire de la religion, du sexe, de la santé, du racisme ou de la politique ne se partage pas avec tout le monde.

Dans le travail sur le terrain les étudiants ont été confrontés à la méthodologie de l'enquête en sociologie, en même temps qu'ils travaillaient sur le thème du rire.

De l'anecdote à la réflexion sociologique

Dans le cours de sociologie générale, c'est à partir d'anecdotes que se menait la réflexion.

> Frontière du Sénégal et du Mali, pays des Bedik et des Bassari
> Ce matin-là, les femmes pilaient le mil pour les repas de la journée. Trois femmes tapaient en cadence, pilons levés et abaissés en rythme, pour ne pas se heurter au fond du mortier, coudes collés au corps, pour l'efficacité.
> Nous étions là, les femmes blanches, à regarder ces gestes qui n'étaient pas les nôtres.
> Nous les voyions se redresser par moments pour détendre leurs dos courbatus et douloureux. Nous leur avons proposé de les masser pour les soulager, avec de la pommade apportée de France.
> Et nous voilà dans un contact physique inattendu et intime rempli de remarques et de rires.

Rires de confiance, de gène, de complicité. Quelle que soit la société, toucher et être touché ne va pas de soi : il y a des règles à respecter qui diffèrent d'une société à l'autre.

Ici, à nouveau, les deux sociétés étaient confrontées. Notre savoir-vivre n'était sûrement pas le même, nous ne savions pas très bien, ni les unes ni les autres, quels systèmes de valeurs de l'autre société nous transgressions. Ce qui a pris le dessus, c'est que nous nous reconnaissions mutuellement comme femmes et que cette reconnaissance du même sexe nous permettait de dépasser le tabou de toucher et d'être touchées par des étrangères.

Nous devenions soignantes et soignées. Les rires mettaient au premier plan ces statuts et ces rôles-là, laissant dans l'ombre tous les autres.

Ces rires étaient aussi des rires de la complicité des femmes face au travail domestique pénible et usant. Les unes savaient le faire et les autres savaient le reconnaitre. Les rires l'exprimaient mieux que des mots.

Ce petit évènement a pris une nouvelle tournure quand, pendant le massage, est arrivé un groupe d'hommes. Les rires ont redoublé et changé de sens, car les hommes ont demandé à être massés à leur tour... et nous avons refusé !

Notre refus n'a pas été compris comme un rejet mais comme un refus d'entrer dans l'intimité des hommes. Si, dans notre société comme dans la leur, le toucher entre femmes est codifié, le toucher entre hommes et femmes l'est encore plus. L'érotisation de la situation devenait manifeste. Nous le savions tous et de ce fait la proposition des hommes avait un sens provocateur et humoristique. Nos rires disaient clairement que nous savions tous être devant l'un des tabous fondamentaux : l'interdit sexuel. Proposer publiquement de le briser en se touchant était comme raconter une blague « salée ».
Notre rire commun remettait tout en place.

De tels rires, petits moments intenses extraits de la vie quotidienne, sont de très riches supports pour une prise de recul et l'apprentissage de notions sociologiques, comme par exemple :

– le rôle de l'environnement : chez les Bedik et les Bassari, l'eau est précieuse, il faut aller la chercher à des kilomètres du village ; l'enseignant peut montrer le rôle de l'environnement dans la relation que les femmes Bedik et Bassari ont avec le monde qui les entoure ; les étudiants sont amenés à prendre conscience de la différence qui existe avec la femme qui tourne un robinet dans sa cuisine, d'où sort une eau coulant à flots, propre, traitée, buvable directement ; ils comprennent l'importance des éléments naturels dans le comportement et réalisent que vivre dans des conditions différentes des nôtres génère un système de valeurs différent ; ils prennent en même temps conscience des valeurs qui gouvernent leur propre société ;

– le fait que chaque société produise des techniques différentes, complexes et efficaces : conduire une jeep est une opération qui demande une technique particulière, porter une calebasse sur la tête sur des kilomètres sans renverser ce qu'elle contient est une opération différente mais complexe aussi, bien que les instruments soient moins sophistiqués ; l'enseignant amène les étudiants à mesurer à quel point chaque technique est adaptée à la société qui l'a produite, à son histoire et à son évolution scientifique ;

– le fait que les rythmes du changement social soient différents d'une société à l'autre : dans l'une des sociétés, les femmes peuvent cuisiner sur une plaque de vitro-céramique, mais ne peuvent pas marcher sans précaution sur les étroits sentiers de la brousse pleins de dangers qu'elles ne connaissent pas ; dans l'autre société, elles vont chercher l'eau dans un marigot et pilent le mil dans des mortiers, depuis des centaines d'années ; le monde change, mais pas au même rythme d'une société à l'autre ; ces comparaisons sont autant de prises de conscience, pour les étudiants, des limites du pouvoir de la technique face à la complexité des modes de vie de sociétés si éloignées de la leur ;

– le fait que, malgré les différences, les hommes se ressemblent : au détour d'une banale histoire de rire, l'enseignant fait apparaitre des universaux ; il constate bien sûr que les relations homme-femme sont codifiées de façon différente suivant les sociétés et qu'il existe des modèles de comportement extrêmement variés pour exprimer la séduction, le désir, la sexualité ; mais dans tous les cas, dans toutes les sociétés, il montre que les relations entre sexes sont un enjeu fondamental, qu'elles occupent toujours une place importante et qu'elles donnent matière à bien des drames et à bien des rires.

Du rire politique à la sociologie générale

La Havane, Cuba, 1999.
Un colloque international sur la pédagogie dans l'enseignement technologique supérieur. Je présentais une communication sur la relation entre rire et sociologie devant un auditoire composé, ce jour- là, essentiellement de Cubains et de Français. J'ai été amenée à montrer qu'il semblait y avoir des sujets transversaux qui faisaient rire dans toutes les sociétés, comme les blagues sur les belles-mères. J'ai raconté devant un public ravi, des blagues sur les belles-mères françaises et d'autres sur les belles-mères cubaines. Tout l'auditoire riait.
Et puis, pour compléter mon propos, j'ai voulu montrer qu'il existait d'autres blagues, politiques, celles-là, qui ne recueillaient pas un tel consensus dans le rire. J'ai raconté une blague sur une maladresse d'un président de la république française… les seuls rieurs étaient les Cubains. La blague suivante mettait Messieurs Clinton et Castro en scène à propos d'un dialogue sur l'enclave américaine de Guantanamo… seul l'auditoire français a apprécié, cependant que les Cubains faisaient triste mine.

Cette anecdote m'a permis de montrer aux étudiants une autre facette du rire : le rire politique. Des auteurs ont travaillé sur ce rire-là d'un point de vue psychologique, littéraire, historique et politique. Pour le sociologue, il est intéressant de montrer qu'il existe un rire porteur de systèmes de valeurs qui expriment une appartenance idéologique. De ce fait, il peut marquer l'adhésion à un groupe ou au contraire sa mise à distance. Le rire peut être utile ou dangereux, voire mortel, dans certains cas.

À travers tous ces exemples force est de constater que bien des situations sociales provoquent le rire et l'humour. Le terrain est très riche et fructueux. Les étudiants observent un fait banal qui leur semble n'appeler aucune interprétation particulière et l'enseignant les entraine vers des interprétations multiples où ils sont obligés d'apprendre des notions nouvelles pour pouvoir les utiliser dans leurs analyses.

Les étudiants partent du constat qu'il n'y a pas un rire mais toutes sortes de rires, que nous pouvons rire ensemble mais pas forcément de la même chose. Au bout du chemin, ils découvrent des concepts sociologiques de base.

C'est un beau parcours pédagogique pour aller de la pratique à la théorie.

L'humour comme le tango : une pensée triste qui se danse…

Louis Porcher
PROFESSEUR HONORAIRE
À L'UNIVERSITÉ PARIS III SORBONNE-NOUVELLE

Que l'humour relève de chacune des sensibilités culturelles ne mérite même pas, sans doute, d'être discuté. Il y a, par exemple, parmi les variantes classiques, l'humour britannique, ou l'humour juif new-yorkais (incarné de manière emblématique par Woody Allen). Pareillement, à l'intérieur d'un seul pays, l'humour rural et l'humour ouvrier ne sont confondus par personne.

On pourrait citer à l'infini, notamment les distinctions raides qui séparent l'humour adolescent de celui des vieux. Bref, il ne serait pas absurde de penser que chaque forme d'humour possède sa propre définition groupale et que, d'une certaine façon, il s'agit d'une affaire entre pairs, donc fermée aux étrangers et, par conséquent, impossible à communiquer. Un marqueur social, en somme, qui ne se partage pas.

Dès lors, enseigner une langue étrangère à l'aide de l'humour constituerait une acrobatie sans efficacité. D'un autre côté, si l'on accorde à la compréhension l'importance qu'elle mérite (et que bien des didacticiens ignorent), percevoir l'humour de quelqu'un qui n'appartient pas à votre communauté (en particulier culturelle et linguistique) incarne l'accomplissement même de la maitrise dans une langue non première.

En tant que tel, l'humour formerait cette aporie d'être à la fois nécessaire et inadéquat. La fin et le moyen ne se confondraient pas et l'erreur prime consisterait à les confondre : penser aller vers l'humour par l'humour ouvrirait une voie résolument sans issue, une impasse semblable à celles, multiples, qu'a ouvertes la didactique. Une pédagogie de nantis, qui n'ont pas besoin d'enseignement, une de plus.

L'humour : un « universel singulier »

Je ne sais pas comment relever le défi, si c'en est un. Je me contenterai ici de définir l'humour comme « un universel singulier », c'est-à-dire comme un ingrédient qui produit partout les mêmes effets mais à chaque fois selon des modalités singulières (par lesquelles d'ailleurs les natifs se reconnaissent entre eux) et, par conséquent, fixe l'étrangeté de l'étranger, celle qui relègue celui-ci aux confins de l'appartenance[1].

Un problème strictement méthodologique se pose ici : comment évalue-t-on la compétence à l'humour étranger ? Dans une culture maternelle elle-même, il y a des rebelles à l'humour, les célébrissimes « sans humour », qui prennent tout au sérieux ou au premier degré. Alors, comment en irait-il autrement quand on se trouve jeté parmi des locuteurs qui ne possèdent pas la même culture maternelle ?

L'humour est d'abord une mise à distance (donc une exclusion et une distinction) et, en premier lieu, une prise de distance par rapport à soi-même. En cette matière, une personne qui manie l'humour est toujours, par définition, un être double, qui sourit de lui-même en même temps qu'il esquisse une mise en question de l'étranger. Peu importerait, au fond, que le non-semblable ne comprenne pas.

Être incompris peut en effet constituer un but social, une source de légitimation, une manière de se poser, à ses propres yeux, comme supérieur à l'autre, comme autre de l'autre. Remarque capitale certainement, si elle est fondée, parce qu'elle souligne à quel point, comme l'a définitivement montré la phénoménologie, un sujet propre ne saurait exister seul : il a besoin d'autres sujets pour être lui-même et réciproquement.

Dès lors l'altérité se trouve à la fois fondée et, en même temps, fondatrice. Par l'humour je suis un *ego* qui suscite un *alter*, mais de manière symétrique, l'*alter* considéré devient lui-même un *ego*. L'intersubjectivité, constitutive de toute classe de langue, découvre ici qu'on ne peut pas l'éluder et que, dans ces conditions, l'interculturel est seulement une condition générale de toute entreprise pédagogique.

Reste cependant que cet échange constituant ne saurait demeurer statique, faute de quoi chaque sujet demeurerait, fondamentalement, un sujet isolé, coupé de l'autre et qui chercherait (en vain) à ne se construire qu'en excluant l'altérité dont il est pourtant, aussi, le produit. Des monologues juxtaposés remplaceraient le dialogue. C'est hélas ce qui se passe souvent : le dialogisme fondateur reste une proclamation vertueuse.

L'humour indique ainsi que, dans son unité plurielle, fonctionne un deuxième élément : le partage. L'humoriste ne peut pas agir

1. Louis Porcher : *Manières de classe*, Hatier-Didier 1987, 128 pages.

seul. Il a besoin d'un interlocuteur, complice ou victime. Ainsi se trouve-t-il situé dans la dynamique même de la vie d'un groupe d'apprenants, même si, dans son quant-à-soi, il lui est loisible de ne considérer que les *happy few* à propos desquels l'échange est toujours déjà joué.

Là gisent à la fois la richesse et le danger d'une utilisation didactique de l'humour : si le partage ne fonctionne pas, ne demeurent que des entités séparées, qui, éventuellement de manière volontaire, décident de ne communiquer, en langue étrangère, que sur un plan strictement instrumental, purement utilitaire, sans se préoccuper de l'énonciation elle-même (en ne retenant, en somme, que la « transparence » dont parle magnifiquement Recanati).

Comment atteindre l'assurance, en effet, que telle population apprenante est en mesure, culturellement et/ou linguistiquement, de percevoir l'humour d'un énoncé étranger, d'une situation étrangère, d'un *habitus* différent ? De quels moyens disposerait l'enseignant pour mesurer comment est perçue telle proposition humoristique ? Le risque d'un pur psittacisme de l'enseignant loge exactement en cet endroit.

Enseignement et humour

Rien ne garantit, par conséquent, les vertus didactiques démocratisantes d'une pratique de l'humour en cours. Quel humour ? Comment l'enseignant pourrait-il offrir la certitude qu'il est bien détenteur de la signification même de l'humour ? À quoi verrait-il que ce sont ses élèves qui ne parviennent pas au décryptage adéquat du message ? Comment rectifierait-il (à la Bachelard) une éventuelle erreur du récepteur ?

Or, nul ne devrait plus l'ignorer, l'isolement de l'enseignant par incapacité (ou, aussi gravement, non-souci) de ses interlocuteurs-apprenants, fournit le plus pénalisant des déficits pédagogiques. Celui qui croit que les élèves comprennent nécessairement ce qu'il émet de bonne foi est un imposteur ou un professeur incompétent. L'humour, hélas, se résume parfois à un monologue que son producteur dévide comme un magnétophone.

Intervient alors la dimension la plus obscure (et cependant traitée le plus souvent comme le comble de la banalité) de l'humour : c'est qu'il est censé distribuer la conversation *cum grano salis*, faire sourire, afficher un détachement léger à l'égard de ce dont il parle. C'est pourquoi on le confond fréquemment avec l'ironie, l'histoire drôle, la plaisanterie, voire le rire lui-même qu'il serait censé amener sur les lèvres.

Or, on ne fabrique pas de l'humour à propos des mêmes objets, ni en suivant les mêmes démarches, en fonction des appartenances culturelles. L'exercer en classe suppose donc que l'on connaisse sa propre centration (indissolublement, chez tout un chacun : ethnocentrisme, sociocentrisme, égocentrisme) et, simultanément, celle des apprenants. L'enseignant n'est pas un artiste sur une scène qui cherche à se faire applaudir.

Il travaille en partenariat et vise à aider les apprenants à progresser dans la voie qu'ils souhaitent eux. Les travaux sur l'auto-apprentissage, y compris les miens, montrent que l'enseignant ne peut pas fixer seul les objectifs, établir seul les démarches, distribuer seul les rectifications nécessaires. Il importe que l'apprenant soit impliqué personnellement, prenne part au processus, l'intériorise (« l'incorpore »).

L'humour, dans ces conditions, peut être adéquat à tel apprenant (ou à tel « style d'apprentissage ») et inapproprié à tel autre, correspondant à telle situation mais pas à telle autre, bien ancré dans telle séquence pédagogique, mais « à côté de la plaque » dans telle autre circonstance. Pis, il est en mesure de n'être pas perçu comme tel, ni par les élèves (on l'a déjà dit) ni par le professeur lui-même lorsqu'il en est victime.

Personnellement j'ai tendance à penser que, pédagogiquement, l'humour est lié à la générosité. Celle de l'enseignant intrinsèquement non-dogmatique (y compris et d'abord à son propre égard), celle des apprenants qui ne considèrent pas leur apprentissage comme une forcerie, une ingurgitation, une activité de part en part conduite par l'utilité immédiate. L'humour, à mes yeux, est une respiration, une sorte de brise.

C'est pourquoi il importe qu'il n'intervienne que chemin faisant, selon l'ordre des occasions et non pas suivant l'ordre des raisons (Descartes), qu'il se glisse opportunément, qu'il détende l'atmosphère, qu'il institue, même dans l'approximation, une connivence, une complicité, entre les deux partenaires de l'acte éducatif. S'il devenait systématique, décidé à l'avance, pré-calibré, passage obligé, il deviendrait aussitôt contre-productif.

Exactement dans cette mesure, il est impératif de souligner ceci, qui, désormais, devrait aller de soi : l'humour, émis ou reçu, ne doit en aucun cas être évalué ou faire l'objet d'une notation. Il s'inscrit au mieux dans une appréciation subjective et silencieuse (soit du professeur lui-même, soit de la part des élèves). Le stigmatiser ou le féliciter serait à coup sûr le détruire, une forme de contradiction dans les termes, une auto-suppression.

Ainsi il me parait probable qu'une perspective comparatiste est celle qui lui convient le mieux parce qu'elle ne met pas en exergue un quelconque sentiment (même involontaire) de supériorité ou d'infériorité. L'humour se situe toujours à la limite du compréhensible et, donc hors de la culpabilité de quiconque. D'ailleurs, en langue maternelle, on ne compte pas les occurrences au cours desquelles un trait d'humour n'est pas partagé.

On croirait peut-être que cet élément de classe devient du coup un simple ornement, qui ne serait dépositaire d'aucune vertu d'enseignement/apprentissage. Faux, certes, sauf à propos de cet inexistant essentiel de la didactique des langues : l'apprenant en général comme il y aurait l'homme en général et le discours en général. Ce fantôme est certainement indestructible : il nous faut donc faire avec, sans illusion.

L'humour contre le dogme

L'humour, si l'on consent à l'entourer de toutes ces prudences épistémologiques indispensables, est l'ennemi d'une pédagogie dogmatique et l'allié d'un enseignement simple, non incarcéré dans des programmes préétablis et non isolé dans une camisole méthodologique qui s'imposerait à tous, en tout lieu et à tout moment. Il constitue une espèce d'effraction, de surgissement dans la tristesse de la dictature (didactique).

Sans doute est-ce pour cette raison que, à mes yeux, il participe davantage d'un enseignement à la carte, choisi, que d'une démarche fermement guidée par un objectif préalable qui s'imposerait à l'enseignant comme aux apprenants. Je ne le vois pas opérer dans le contexte corseté qui est trop souvent celui des institutions hiérarchiques où l'efficacité est à chaque instant mesurée (d'ailleurs par des instruments eux-mêmes absurdes par leur rigidité même, sous l'œil froid d'un ordinateur).

Peut-être entrons-nous dans l'ère d'une élimination progressive de l'humour du monde de l'ingénierie éducative, ce bluff de technocrate qui fonctionne à l'autosatisfaction. À mesure que les langues sont traitées comme des marchandises (même quand les impétrants n'en ont pas conscience), elles échappent à l'intrusion de procédés comme ceux de l'humour qui ne s'inscrivent, en chiffres précis, dans aucune efficacité mesurable.

En revanche, pour ceux, enseignants et apprenants, qui subsistent toujours même s'ils vont en diminuant (ce que, par ailleurs, je ne crois pas du tout), dont le souci est d'apprivoiser une langue étrangère plutôt que de l'enfourner, l'humour fournit un chemin particulièrement ensoleillé, agréable, le long duquel il est encore permis de se promener et qui, finalement, conduit vers l'objectif puisque la promenade fait partie du point d'arrivée.

Dans ces conditions, bien entendu, les comptables qui gouvernent la réflexion didactique s'efforcent de ridiculiser (et, donc, comme toujours d'éradiquer) l'humour qu'ils accuseront de manquer de rentabilité. Comme l'écrit somptueusement Saint-John Perse : « Et puis vinrent les hommes d'échange et de négoce », ceux qui ont perdu de vue l'essentiel et s'efforcent d'oublier leur vie au point d'oublier que leur seule richesse est eux-mêmes.

Il faut joyeusement s'en consoler. Il n'y a pas là une grosse perte. Le plaisir d'apprendre et celui d'enseigner ne mourront pas malgré la ténacité et la belliquosité de ceux qui ne jurent que par la réussite (celle-ci se confondant, pour eux, avec l'argent et leur propre gloire, même minuscule). Les rêveurs précèdent toujours les techniciens, les mécaniciens n'éliminent jamais les danseuses. Il est capital de ne pas avoir peur, de vivre sa propre vie, de ne pas oublier celle-ci pour conquérir un impossible enfer sur la terre même.

L'humour, ou les quatre piliers de la sagesse

Jean-Marie Pradier
DIRECTEUR DU LABORATOIRE D'ETHNO-SCÉNOLOGIE
MAISON DES SCIENCES DE L'HOMME, UNIVERSITÉ PARIS VIII

L'alpha privatif pulvérise le chef – *archos*. Reste parfois l'éternité, un être sans commencement, libre de toute contrainte comme le signifiait parfois le substantif grec *anarchos*. Le théâtre contemporain est en décadence, écrit Antonin Artaud, parce qu'il a perdu le sentiment, d'un côté, du sérieux et de l'autre du rire :

> Parce qu'il a perdu d'autre part le sens de l'humour vrai et du pouvoir de dissociation physique et anarchique du rire.
> Parce qu'il a rompu avec l'esprit d'anarchie profonde qui est à la base de toute poésie[1].

Poésie, humour et anarchie. La trinité doit fonder ce théâtre dont la vigueur ne laisserait pas les évènements le dépasser de leur foulée triomphante. La question ne se pose pas de faire venir sur la scène et directement des idées métaphysiques, « mais de créer des sortes de tentations, d'appels d'air autour de ces idées. Et l'humour avec son anarchie, la poésie avec son symbolisme et ses images, donnent comme une première notion des moyens de canaliser la tentation de ces idées ».

Le secret du théâtre, estime Artaud, est d'être « poésie humoristique », sur les pas de certains poèmes surréalistes réussis, ou du premier film des Marx Brothers qu'il a vu : *Animal Crackers*. Une « chose extraordinaire », écrit-il, dont la qualité poétique « pourrait répondre à la définition de l'humour, si ce mot n'avait depuis longtemps perdu son sens de libération intégrale, de déchirement de toute réalité dans l'esprit[2] ». La vision du poète place l'humour sur l'Olympe des utopies et des identités floues. Au concret de la scène il réserva une tragédie, *Les Cenci*, pleine de bruit et de fureur, de sang et de cruauté, de blasphème et de frissons où seuls les assassins et les pères infâmes ont le rire aux lèvres. Représentée au Théâtre des Folies-Wagram pendant dix-sept jours à partir du 6 mai 1935, l'œuvre fut un échec qui désespéra son auteur.

Cependant, en convoquant l'humour au théâtre, Artaud avait brisé par le discours un trait de notre culture qui octroie au tragique un titre de haute noblesse. Déjà, Aristote n'avait accordé à la comédie qu'une mention fluette. Lorsque les historiens romains visitèrent les restes d'Athènes, ils furent surpris de ne trouver dans la pierre des

1. Antonin Artaud : « Le théâtre et son double », *Œuvres complètes*, IV, Gallimard, 1964, p. 51.
2. Antonin Artaud : « Les frères Marx », note publiée dans la *Nouvelle Revue Française*, n° 200, 1er janvier 1932 dans la chronique : « Le cinéma », sous le titre « Les frères Marx au cinéma du Panthéon ». Repris in *Œuvres complètes*, IV, Gallimard, 1964, p. 165.

monuments qu'une infime trace des dramaturges comiques, à la différence des poètes tragiques dont cependant il nous reste si peu. Quant à la France, si l'on en croit Corneille, elle dut attendre des génies comme le sien pour assister à la rencontre tardive de la finesse et du rire. Il souligne le caractère exceptionnel du fait dans l'*Examen de Mélite*, sa première comédie : « ... On n'avait jamais vu jusque-là que la comédie fît rire sans personnages ridicules, tels que les valets bouffons, les parasites, les capitans, les docteurs, etc. » Encore aujourd'hui l'humour parait consenti aux genres dramatiques mineurs – vaudeville et boulevard. Molière l'avait déploré : sur l'échelle de la renommée, les comiques se tiennent aux barreaux du bas. André Breton, dans son *Anthologie de l'humour noir*, cite un avis similaire paru dans *Le Figaro* : « La France n'a jamais manqué d'écrivains humoristes, mais ils y sont moins appréciés que partout ailleurs. » Certes, Victor Hugo à propos de Molière, Paul Léautaud pour Jacques Copeau montant *La Jalousie du Barbouillé*, ont trouvé dans la farce des vertus plus mordantes que dans le drame. Toutefois Alfred Jarry sommeille plus dans les manuels de littérature qu'il ne s'agite sur les plateaux. Il suffit de se rendre dans les salles où se donne à voir le « grand art » pour constater qu'il se mesure encore à l'aune du sublime et de l'austérité.

Le plus étrange dans l'affaire est que la fortune du mot « humour » vient du théâtre, tout comme le poncif de la pensée et de la langue qui fait irrésistiblement accoler au mot l'adjectif « anglais ». De là, les brassées de malentendus et de contresens historiques qui se sont entassés sur lui au point d'étouffer une truculente histoire qui nous vient des temps anciens lorsque les disciples grecs d'Esculape s'efforçaient de comprendre la logique de nos bizarreries.

Les ergots de Voltaire

Depuis Voltaire au moins, l'humour ne peut être qu'anglais et, selon Valéry, intraduisible. « S'il ne l'était pas, les Français ne l'emploieraient pas. Mais ils l'emploient précisément à cause de l'indéterminé qu'ils y mettent [...][3] » Victor Hugo dans *Les Misérables* avait proposé une interprétation restée dans le vague en distinguant « cette chose française qu'on appelle l'entrain » de « cette chose anglaise qu'on appelle l'humour ». Les romanciers ne se privent pas de mentionner la nationalité de l'objet, André Maurois bien sûr, longtemps porte-parole de l'esprit d'outre-Manche, mais aussi Aragon dans sa description d'un Président du Conseil qui n'est pas un imbécile, mais « manque irrémédiablement de ce que nos amis d'outre-Manche appellent le sens de l'humour » (*Les Beaux Quartiers*, II, VII). L'auteur des *Silences du colonel Bramble* assurait quant à lui par la voix de son personnage que si nos deux nations ne se font pas la même idée de la liberté c'est que pour

3. Paul Valéry *in* la revue *Aventure*, novembre 1921.

les Anglais « les droits imprescriptibles de l'homme sont le droit à l'humour, le droit aux sports et le droit d'aînesse ».

Gaulois dressé sur ses ergots, Voltaire s'était insurgé contre cette flatteuse attribution qu'il estimait être le fruit d'une usurpation. Dans une lettre à d'Olivet en date du 20 août 1761, il manifeste un bel élan nationaliste et la méconnaissance de l'histoire : « Ils (les Anglais) ont un terme pour signifier cette plaisanterie, ce vrai comique, cette gaieté, cette urbanité, ces saillies qui échappent à un homme sans qu'il s'en doute ; et ils rendent cette idée par le mot humeur, humour [...]; et ils croient qu'ils ont seuls cette humeur [...] Cependant c'est un ancien mot de notre langue, employé en ce sens dans plusieurs comédies de Corneille. » Le ton est encore plus incisif dans l'article de l'*Encyclopédie* qu'il consacre aux langues : « Les Anglais ont pris leur humour, qui signifie chez eux plaisanterie naturelle, de notre mot humeur employé en ce sens dans les premières comédies de Corneille [...]. » Il est vrai que l'on trouve chez le dramaturge du Grand Siècle mention de l'humeur, notamment dans une réplique d'une comédie qui, attentivement lue, fournit une clef point négligeable : « Cet homme a de l'humeur – C'est un vieux domestique qui, comme vous voyez, n'est pas mélancolique » (*Suite du Menteur* – 815).

EN PASSANT PAR HIPPOCRATE

Les Anglais n'avaient pas attendu Corneille pour lui dérober l'humeur et la nationaliser en humour. La réplique de comédie porte l'empreinte d'une vieille histoire. Tout commence au moment où la doctrine de Galien (129-env. 201), transmise par les Arabes à travers Avicenne édifie la base de la médecine médiévale. L'illustre médecin de Pergame a repris, affiné et précisé la théorie des humeurs de l'école hippocratique. L'observation des divers liquides qui s'écoulent du corps a conduit à imaginer un milieu interne dans lequel en circuleraient divers types. En latin, le mot « liquide » se traduit par *humor* ou *umor*. Dès le XIIe siècle, en France, circule dans les textes de vulgarisation le mot *humur* qui par la suite est devenu « humeur ». L'humidité et ses associés linguistiques ont gardé le sens des origines. L'humeur *stricto sensu* s'en est allée des territoires savants pour ne garder que les conséquences psychologiques de la théorie physiologique et désigner l'effet des déterminants biologiques sur le caractère et le tempérament. Au temps d'Hippocrate (460 env.-env. 370 av. J.-C.) les discussions allaient bon train quant au nombre de liquides vitaux fondamentaux. Galien pour sa part en retient quatre : le sang, le flegme, la bile noire et la bile jaune. Les différents tempéraments (sanguin, flegmatique, mélancolique et flegmatique) s'expliquent par la prédominance dans l'individu de l'une des quatre humeurs, pour nous encore présentes au quotidien dans leur version grecque ou latine. Proche du latin *sanguis* dont il vient, le sang qui inonde la face des sanguins est d'une rougeur évidente. Le *phlegma* grec – le flegme dont nous dotons les Anglais – est notre pituite (la *pituita* latine), mucosité sécrétée par la membrane pituitaire. Quand nous nous déclarons d'une humeur noire, nous reprenons une formule très ancienne qui voyait dans l'excès de *melag kholia* (bile noire, en Grec) la source de l'hypocondrie ou mélancolie, tandis que le colérique (ou atrabilaire) surabonde de *khôlê* (la bile, adoptée par les latins en *cholera*) ou flux de bile.

La théorie humorale, encore vivante jusqu'à la fin du XVIIIe siècle, considère que la santé de l'âme comme celle du corps réside dans l'équilibre des humeurs et des qualités physiques qui les accompagnent : chaud, froid, sec, humide. La maladie est l'effet de troubles provoqués sur les humeurs par les quatre éléments (eau, feu, air, terre) et les qualités physiques. Galien ajoute à ces facteurs l'action de la Lune, dont la disposition exerce une influence sur la disposition des humeurs. Le développement de l'astrologie a flanqué l'astre lunaire de quelques étoiles que l'on retrouve dans le discours des personnages shakespeariens tentés de démêler le fil de leurs destins.

Le renouveau de la science médicale au XVIe siècle suscita en Angleterre un engouement exceptionnel pour les ouvrages de vulgarisation des théories humorales qui commençaient à pulluler en Europe. Les auteurs de comédie dont la fonction traditionnelle, selon les canons du temps, consistait à exposer les conduites irrationnelles ou immorales pour les corriger trouvèrent dans la diffusion des analyses et des commentaires plus ou moins savants une profusion de cas cliniques et les outils pour les disséquer[4]. La réalité qui intéresse un Ben Jonson (1572-1637) est précisément l'incroyable diversité des caractères qu'il convient de débusquer et de décrire par dialogues, tableaux et situations. L'une de ses plus célèbres comédies produite en 1599 – *Every Man in his Humour* («À chacun son humeur») – peut être considérée comme une leçon d'anatomie dont l'auteur expose la méthode au début de l'œuvre. Il convient de distinguer, nous dit Ben Jonson, le tempérament naturel, profondément vrai, des comportements spectaculaires affectés, construits, adoptés pour se singulariser. Son point de vue sera repris par de nombreux contemporains et successeurs, dont William Congreve, le plus brillants des auteurs de la comédie de la Restauration. Dans sa lettre *Concerning Humour in Comedy*, publiée en 1696 par John Dennis, il reprend la distinction entre le vrai caractère – *true humour* – et l'affectation. Beaucoup d'hommes, déclare Jonson, sont à ce point dominés par le caractère spectaculaire d'une qualité, que celle-ci semble absorber leur individualité. Ce phénomène correspond à ce que l'on peut appeler à juste titre *a humour*, alors que les manières du paraitre sont des leurres moins intéressants car empruntés à la mode.

Ces études de psychologie médicale qui constituent le corpus de «la philosophie naturelle» devinrent autant de mines d'or pour les dramaturges qui n'hésitent pas à les piller. La plus célèbre est sans

4. Jean-Marie Pradier : *La scène et la fabrique des corps : Éthnoscénologie du spectacle vivant en Occident*, (Ve siècle av. J.-C – XVIIIe siècle), Presses Universitaires de Bordeaux, coll. «Corps de l'Esprit», 1997.

contredit *The Anatomy of Melancholy*, due à la plume d'un clergyman célibataire de l'église d'Angleterre, directeur d'études et bibliothécaire pendant quarante ans à Oxford College : Robert Burton (1577-1640)[5]. Le traité a les proportions grandioses d'un monument. Il occupe une place fondatrice dans la culture anglaise et a fasciné des esprits aussi différents que Thomas Fuller, Sterne, Coleridge, Tieck, Byron, Keats, Lamb et Engels. Auteur d'une comédie latine qui se moque des charlatans – *Philosophaster* (1606) le faux philosophe – l'homme d'Église érudit et volontiers sarcastique publia une première version de ses réflexions en 1621, l'année où le juriste John Ford se risque pour la première fois à présenter une pièce écrite en collaboration avec Rowley et Dekker – *The Witch of Edmonton*. Robert Burton signe « Democritus Junior », successeur du vieux Démocrite d'Abdère, décrit par la légende comme « le philosophe qui rit », serein et tolérant observateur de l'humanité :

> Je me propose et m'efforce dans le discours suivant, de disséquer [*anatomize*] cette humeur qu'est la mélancolie, en ses parties et ses espèces, qu'elle soit habitude ou maladie chronique, et ceci, philosophiquement et médicalement, afin d'en montrer les causes, les symptômes, les traitements et ce dont il convient de se garder.

Burton ajoute que, mélancolique lui-même, il connait la matière de son travail ! Aveu sans risque pour son image, puisque le *Problème xxx*, attribué à Aristote, faisait de ce trait l'une des caractéristiques du génie. Les citations entassées, au nombre de 13 333, tirées de 1 598 auteurs – que Burton prétend avoir ramassées sur divers tas de fumiers, « les excréments des auteurs, les babioles et les niaiseries, tout cela déversé en désordre, sans art, sans jugement... » ont constitué l'air que divers dramaturges ont inspiré puis à leur tour expiré dans des textes incarnés par des acteurs aujourd'hui poussière, comme peuvent l'être les allusions à des états morbides dont le sens nous échappe aujourd'hui.

UN CORPS PALPITANT

Ainsi, la notion d'humour repose initialement sur l'idée d'une structure profonde de la personnalité, distincte de la structure de surface qui attire l'attention. Son fondement théorique est médical ou plutôt charnel. Le corps humoral de la clinique hippocratique revue par les Arabes est d'une chaleur changeante, il suinte, sue, exhale des odeurs et les liquides de la passion, du rut et des émotions. Tout palpitant il se laisse effleurer, caresser, comme le fait Othello palpant la main de Desdémone pour déchiffrer les sentiments qu'elle éprouve. Rien de français dans cette physiologie dramatique d'une extrême précision. La dérivation de l'humour jonsonien vers sa signification moderne passe par l'épanouissement de la comédie anglaise, – la comédie des humeurs –, que l'on oppose à la comédie romanesque si brillante de Shakespeare. La première émerveille par l'excellence satirique de ses portraits, l'invention de nouvelles catégories d'*humours* (au sens anglais), la richesse et la diversité des personnages. En 1690, Sir William

5. Robert Burton : *Anatomie de la Mélancolie (The Anatomy of Melancholy)*, traduit de l'anglais par Bernard Hoepffner et Catherine Goffaux, préface de Jean Starobinski, postface de Jackie Pigeaud, coll. « Domaine étranger », Corti, 2000.

Temple, bon connaisseur de l'Europe, est le premier à proclamer la supériorité de « l'humour anglais », propre d'une nation riche, libre, vivant sous un ciel instable et sur une terre féconde. On connait la fortune de cette assertion répandue dans les esprits insulaires et du continent. L'humour est aux Anglais ce que le cartésianisme est aux Français : un trait national mythique. Une qualité virtuelle attachée à l'identité nationale. L'un des immatériaux de la construction culturelle qui permet à une société de se distinguer des autres, de prendre des repères, de donner du sens au quotidien et de défendre les valeurs qui lui paraissent essentielles.

À partir de cette époque, a pris force une littérature dramatique comique anglaise considérée comme supérieure à ce qui s'écrivait ailleurs, et une défense et illustration de l'humour compris comme « excentricité » qui ont irrigué la vie de la nation y compris dans les moments les plus périlleux de son histoire. Depuis la fin du XVIIe siècle, lorsque s'établit la tradition Whig de la Glorieuse Révolution de 1688, les auteurs les plus sagaces notent que l'héritage humoriste se place dans la confluence de l'insularité, du sens des libertés, de l'individualisme, du refus du centralisme, de la prospérité économique et du gout des marchands pour la libre entreprise. Parti des sources de la spéculation humorale, radieusement moqueur dans la comédie, l'humour s'est intellectualisé progressivement, tandis que la science médicale perdait son aura populaire : le *wit* (l'esprit), a éclipsé l'*humour* originel.

Le drame de John Ford n'est pas comique au sens où nous l'entendons aujourd'hui. Il est « humouristique », si l'on me pardonne cette tournure, dans la mesure où le scalpel dramatique fouille l'entrelacs des caractères sans pour autant dévitaliser les personnages. Sperme, sang et sueur sont au rendez-vous aussi bien que les grands tourments, l'inceste et la jalousie, l'amour, le crime et la haine. Au contraire de ce qui survient dans le comique français dont Molière est le parangon officiel, les excentriques occupent la scène théâtrale et sociale anglaise au point que l'étranger a tôt fait de discerner une qualité identitaire dans cette constante. Balzac : « Il y a dans la société anglaise beaucoup de fous que l'on n'enferme point et nommés excentriques[6]. » Molière substantialise ses héros, dont les constituants proprement personnels sont concentrés en une figure dramatique dont la dépersonnalisation a été prise par certains critiques tel Paul Léautaud pour une valeur archétypale. L'excentrique est centrifuge par nature, à l'écart de toute moyenne ou substance. L'avatar contemporain de l'humour conserve de la sorte des liens avec son passé, en ce qu'il manifeste le plus subtil d'une individualité, et révèle le singulier dans le pluriel des communautés.

PORNOGRAPHIC MYSTICISM

Sans doute est-ce dans l'association dramatisée de la psychologie du fantasme et de la physiologie des passions que le théâtre élisabéthain – ainsi nommé sans grand souci de périodisation – s'avère

6. Balzac, *Les Martyrs ignorés*, in *Œuvres diverses*, t. III, Éditions Louis Conard, 1940, p. 132.

proche des temps lointains. La comédie dont nous nous prétendons les héritiers a été engendrée en Grèce par ce que Mary Calender appelle le *Pornographic Mysticism*, alliance de l'ébriété mystique et érotique. Le mot lui-même dérive de *Cômos* qui d'une façon générale désignait un cortège de gens plus ou moins ivres déambulant ou festoyant avec force cris, rires et canaillerie lors des fêtes religieuses et en particulier les Dionysies. Les érudits ont débattu longuement sur l'évolution des formes du *cômos*, et les ambiguïtés du terme dont les Grecs du IVe siècle, écrit P. Ghiron-Bistagne, avaient une idée assez confuse comme le prouvent les multiples emplois du mot[7]. Quelques images empruntées aux cratères peints, qui rapportent les scènes du culte offert au dieu, suffisent à mon propos. Défilés solennels, hommes et animaux porteurs de majestueux phallus, danseurs et musiciens, bouc et vin, offrandes; tintamarre festif et orgiaque saluant le passage rituel, satyres, danseurs rembourrés, femmes nues faisant l'acrobate devant Dionysos, danseuses en tunique courte. La fête se poursuit dans les alentours, mêlant la dévotion et les réjouissances. Toute la Grèce est là à se réjouir, note Aristophane. Rien d'étonnant à ce que la farce et le burlesque, les dialogues parodiques, les imitations bouffonnes, les plaisanteries lestes et les mimes voluptueux des deux sexes participent aux réjouissances. Avec le temps ces spectacles de rue et de place publique se sont organisés, au point d'émerger en un genre dont le génie est d'avoir su parfois associer la langue populaire et la haute poésie, la grande envolée et la priapée.

Au sens où nous l'entendons aujourd'hui, l'humour se tient à côté du spectaculaire. Le devient-il qu'il se métamorphose en comique. Peu consensuel dans la mesure où il suppose la connivence, la scène lui convient mal. Georges Duhamel : « L'humour se distingue du comique véritable, qui vise d'abord à provoquer le rire, qui comporte un style, une langue, un vocabulaire, et qui voisine difficilement avec le dramatique. L'humour se distingue de la simple gaieté qui est une disposition plus ou moins fugitive de l'âme et qui n'a pas de force détectrice en psychologie. L'humour consiste dans certaines variations de l'éclairage qui permettent de découvrir l'objet sous tous ses aspects, certains de ces aspects pouvant se trouver contradictoires et, par ce fait même, révélateurs. Il y a, dans l'humour véritable, une pudeur, une réserve, une contention que n'observe pas le franc comique [...] Le comique est résolu dès l'abord à rire. L'humour ne rit pas toujours et, quand il le fait, c'est qu'il n'y peut manquer[8]. »

Exploration des champs

L'étude généalogique de l'humour et de ses transformations successives au cours de l'histoire conduit à s'interroger sur le rire et les inventions de la langue pour le décliner. Ce que le mot désigne rusti-

7. Paulette Ghiron-Bistagne : *Recherches sur les acteurs dans la Grèce Antique*, Les Belles Lettres, 1976. Voir en particulier pp. 206-264.

8. Georges Duhamel, *La Défense des lettres*, III, 21e édition, Mercure de France, 1937.

quement est un comportement réactionnel qui œuvre au cœur du corps et à la pointe de l'âme. Il bouillonne parfois, secoue l'individu et les foules en cascade, impose un tempo saccadé, altère bruyamment la respiration, fait couler les larmes, ouvre la bouche, tire les zygomatiques, soulage, enivre, euphorise, dilate et nous rapproche du soleil bien qu'à l'occasion il fasse pisser sans retenue tous sphincters relâchés. L'espèce en jouit de la tête aux pieds, plus ou moins modérément, selon des règles de composition et d'usage codifiées. Au même titre que les grandes émotions, le rire se situe à la croisée du déterminisme génétique le plus brut, et de l'élaboration culturelle la plus complexe. Pure viande à l'occasion – tout en muscle et tout en nerfs, éclats de voix et gestes – il peut aussi bien se tenir sur un fil : celui du langage. Il devient alors pure parole ou pure écriture. Œuf dont on ne sait quel poussin peut briser la coquille ; férocité, gentillesse, sottise ou intelligence peuvent en sortir sans prévenir.

Le génie humain a jardiné à partir de cette fatalité organique une multitude de territoires dont les dictionnaires nationaux dressent des cartes d'une extrême variété. On y découvre des touffes, des bosquets et des massifs de mots souvent proches les uns des autres, distants à l'occasion. Leur carte en français est vivement coloriée : on y trouve les noms de dérision, ironie, sourire, comique, farce, raillerie, saillie, impertinence, risée, plaisanterie, narquoiserie, cocasserie, brocard, gouaillerie, moquerie, persiflage, esprit, satire, sarcasme, épigramme, flèche, lardon, lazzi, malice, hilarité, rigolade, ricanement, fantaisie, gaieté, verve, humour. Cela pique : avec la flèche, le trait d'esprit, le lardon – joli mot du XVᵉ siècle qui, au XVIIᵉ et au XVIIIᵉ siècle, avait donné son nom à une petite gazette publiée en Hollande et circulant clandestinement en France.

Chacun de ces termes apporte une nuance, un trait, une inflexion sémantique, une émotion particulière, une opinion, une appréciation, un jugement qui permettent d'approcher au plus près la nature de l'objet dont l'identité flottante est en grande partie déterminée par celui ou celle qui le perçoit. En ce sens, on peut prétendre que ce qui les différencie est moins de l'ordre de l'essence que de l'existence. Une flèche douce à l'épiderme d'un pachyderme sera cruelle à la peau d'une bachelette. La richesse du vocabulaire est là pour préciser. Encore convient-il d'aiguiser l'oreille, l'œil et la langue de qui établit le verdict et prend le temps de juger car sous les plumes rapides se perdent les nuances. Ainsi dans un article consacré à Jacques Kaisersmetz, instituteur mis en examen pour « viols et agressions sexuelles sur mineurs de moins de 15 ans par personne ayant autorité », le journaliste fait un usage déconcertant du terme « humour » au vu du contexte : « De sa prison il a écrit une lettre à la rédaction du *Journal du Centre*, signée "J. Kaisersmetz, séronégatif" et dans laquelle il tentait de se disculper avec une étrange morgue et un humour bien déplacé » (*Le Monde* du 13 juin 2001). Le mot « ironie », ou « raillerie » à moins que ce ne soit « sarcasme » ne convenait-il pas mieux pour caractériser l'attitude d'un délinquant décrit par les témoins comme arrogant, sûr de lui-même, agressif et dénué de tout sentiment de culpabilité ? Mais au fait, est-il possible de s'entendre quand la délicatesse qui est censée départager le genre humour du genre burlesque, par exemple, est une variable aléatoire dont la loi varie selon de multiples grandeurs éminemment instables : les codes sociaux et culturels, la personnalité, et que sais-je...

Le mardi 12 juin 2001, le grand amphithéâtre de la Sorbonne s'est pris à philosopher sur le rire. Professeur d'histoire moderne à l'université de Cambridge, Quentin Skinner avait été invité par l'École des hautes études en sciences sociales (EHESS) à prononcer la 23e conférence Marc-Bloch. Je retiens de son exposé l'extrême variété des opinions proférées à l'égard du rire, et une citation de Lord Chesterfield. Aristocrate courtois, bon orateur et distingué cet homme des Lumières laissa à la postérité un recueil de lettres destinées à parfaire l'éducation de son fils naturel, Philip Stanhope, né de sa rencontre à La Haye avec Mademoiselle du Bouchet. Véritable manuel de sagesse mondaine les *Lord Chesterfield's Letters to his son, and Others* (1774) illustrent la devise du New College, à Oxford : « *Manners make the man* » (les bonnes manières font l'homme). Que dit-il du rire ?

> « ... il n'est rien de si grossier, de si mal élevé, que le rire audible de sorte que le rire est quelque chose au-dessus de quoi les gens sensés et bien nés doivent s'élever ».

Jugement qui permet *a contrario* de définir l'humour comme une esthétique des *aristoi* (les meilleurs). De fait, rien n'est plus laid et peu ragoûtant que le spectacle de brutes avinées, épaisses, puantes, répugnantes, désagréables, prétentieuses, vulgaires, lourdes qui se tapent sur les cuisses en éventrant un souffreteux ou en écrasant un enfant dans son landau, hilares à perdre souffle à la vue d'une vieille dame qui se brise les hanches en glissant sur une crotte de chien tandis qu'un loubard de banlieue s'enfuit après lui avoir volé son sac à main. Ce rire – commenterait le Comte – est « vil et malséant, surtout en raison du bruit désagréable qu'il fait et de la déformation choquante du visage qu'il entraîne quand nous y succombons ».

UNE GRANDEUR PLATONICIENNE ET CORTICALE

Je maintiens avec Jules Renard, André Gide, Suarès, Max Jacob, Émile Henriot et une kyrielle d'auteurs que l'humour *stricto sensu* est un mouvement de l'intelligence. Mieux, un exercice spirituel. Né dans le monde des idées et non des sensations – bien qu'il puisse en produire – l'humour doit la vie à la fourmilière de neurones installés en dernier à la surface de notre cerveau, au cours de l'évolution, et qui enlacent leurs terminaisons pour s'échanger des informations, les brasser, les analyser et inventer. Ce sont les entrelacs intersynaptiques qui font de l'humour et l'on sait que leur densité n'est pas le fruit de la fatalité mais de l'exercice et des apprentissages. Précisons que l'intelligence ne se réduit pas à un savoir-faire d'expert-comptable. Je l'étends au comportement : à l'éthique. L'humour n'est pas le sens du ridicule : il va bien au-delà. L'humour est la jouissance exquise et légère de l'évènement par l'esprit. André Suarès : « Rien n'est plus désintéressé que le véritable humour. L'humour ne va pas sans une libre critique de soi-même[9]. »

Un dictateur assassin qui répondrait à ses juges et aux victimes par des rafales de contrepèteries révèlerait non pas un sens aigu de l'humour, mais plutôt un esprit sarcastique du verbe grec *sarkazein* : « mordre la chair et ronger l'os », comme font les chiens. Le sarcasme est une figure de l'insulte ; une « barbarie » pour Péguy. Il convient à la cruauté, alors que l'humour est le propre de la civilité. Il n'est pas difficile de faire de l'esprit quand on est méchant, affirme Tristan Bernard. Être méchant avec civilité en revanche relève de l'art comme le montre cette impertinence d'André Breton sur l'auteur du *Sang d'un Poète* : « Un cocktail, des Cocteau[10] ». L'ironie ? Pas d'ironie ! conseille Max Jacob à un jeune poète : « Elle vous dessèche et dessèche la victime ; l'humour est bien différent ; c'est une étincelle qui voile les émotions, répond sans répondre, ne blesse pas et amuse. »

HUMOUR ET MAUX D'ESPRIT

L'humour est une pratique élitiste et démocratique. Élitiste, elle présuppose une combinaison de qualités morales et intellectuelles qui ne s'acquièrent que par une patiente et régulière ascèse. La subtilité de ses codes le rend aisément indéchiffrable au non-initié. Marqueur identitaire, elle révèle mieux qu'un interrogatoire. Il existe des humours solitaires (*private joke*), familiaux, claniques, tribaux, nationaux mais jamais nationalistes tant cette dernière attitude tolère mal la légèreté indulgente. Égalitaire, l'humour ne se reçoit ni à la naissance, ni par héritage. Procuré par imitation, il devient poncif. Emprunté à autrui ou au répertoire, il souligne le conformisme de qui l'exprime. Lâché étourdiment, il chute dans le burlesque. Marqué par la passion, la colère, l'envie, il glisse vers le sarcasme.

Les maux d'esprit et de corps, individuels et collectifs, se tempèrent et se soignent par l'humour. Freud l'a écrit et pratiqué à l'occasion. L'apprentissage de cet art devrait figurer au rang des matières scolaires obligatoires, non pour bredouiller des florilèges, mais pratiquer le trapèze mental, l'acrobatie, le jonglage et l'hédonisme. Les élèves s'exerceraient au sourire de soi, à la distanciation, au plaisir et à la paix. Bref, au bonheur.

9. André Suarès, *Valeurs*, in *Forme*, VII, p. 269.
10. À lire 1600 citations, impertinences *in* Pierre Drachline, *Le grand livre de la méchanceté*, coll. « Le sens de l'humour », Le Cherche Midi, 2001.

Rire en Allemagne et en France

JEAN-CLAUDE GARDES
UNIVERSITÉ DE BRETAGNE OCCIDENTALE

Dans son introduction à sa traduction des *Aventures et mésaventures du baron de Münchhausen*, œuvre qu'il tenait à rendre populaire en France en dépit de sa « forte saveur germanique », Théophile Gautier fils affirme d'emblée que « le génie des peuples se révèle surtout dans la plaisanterie », que le comique porte nettement le cachet de l'individualité ethnographique[1]. Théophile Gautier fils, comme bien d'autres, avait alors bien conscience, après avoir traduit l'ouvrage d'August Bürger, que le comique a quelques difficultés à passer les frontières linguistiques et ethniques. Aujourd'hui encore, les aventures du baron de Münchhausen, comme celles du Struwwelpeter ou de Max et Moritz, si prisées de la jeunesse allemande, ne sont connues que d'une infime minorité de jeunes Français.

L'humour, la satire, le rire[2], sont incontestablement des attitudes fondées sur des codes sociaux, des normes communicationnelles différentes selon les cultures dans lesquelles elles prennent naissance. Même si l'idée d'une essence des rires nationaux parait suspecte, il est donc bon de s'interroger sur la spécificité de certaines manifestations du rire, ainsi que sur la difficulté de bien des humoristes allemands à jouir d'un quelconque crédit en France. L'Allemagne et la France, dont les destins se sont pourtant si souvent croisés, demeurent pour une large part imperméables au rire du voisin. Leur ethnocentrisme culturel marqué, surtout dans le cas de la France, ne peut suffire à expliquer cette incompréhension.

À vrai dire, ces divergences d'attitude face au comique semblent bien reposer d'une part sur un questionnement existentiel différent, d'autre part sur une perception contrastée de ce que peuvent être l'autorité, la censure ou les tabous.

La question des seuils de tolérance

Lors d'une interview qu'il nous avait accordée en 1984, l'un des grands dessinateurs allemands des cinquante dernières années,

1. August Bürger, *Aventures et Mésaventures du baron de Münchhausen*, Classiques étrangers, Paris 1996, pp. 9-10.
2. Nous partons du principe que l'humour et la satire ont toujours pour objectif, pas obligatoirement primordial, de susciter le rire, ou tout du moins le sourire.

Chlodwig Poth, nous confiait que la férocité et l'agressivité des dessins d'*Hara-Kiri* lui paraissaient impensables en Allemagne, que le public ne suivrait pas[3]. À vrai dire, tout amateur de satire politique allemande et française peut corroborer ces propos, qui valent non seulement pour l'époque contemporaine, mais aussi pour toute l'histoire de la satire imagée.

L'ALLEMAGNE ET LA SATIRE

Même si l'on ne peut souscrire sans sourciller aux propos de Wollschon qui déclarait catégoriquement en 1981 dans la revue humoristique et satirique ouest-allemande *Pardon* : « Ein Deutscher hat keinen Humor/Er lacht nur auf dem Dienstweg[4] », il apparait clairement que les attaques les plus virulentes des organes satiriques et humoristiques allemands les plus radicaux paraissent bien mesurées, comparées à celles de leurs homologues français, et ceci quelle que soit l'époque. Certes, on trouvera toujours quelques exceptions infirmant cette affirmation, notamment durant les années vingt et le début des années trente de ce siècle, lorsqu'on vit émerger dans l'Allemagne humiliée par le traité de Versailles une satire imagée d'extrême droite et d'extrême gauche fort incisive, dont les représentants les plus importants tels Kurt Tucholsky, Georg Grosz ou Helmut Herzfeld (alias John Heartfield), sont des artistes encore largement reconnus de nos jours. Mais cette virulence passagère ne s'explique que par un contexte politique et social particulier, extrêmement tendu, la République de Weimar n'étant jamais parvenue à imposer son système démocratique à l'ensemble de la population.

L'exception ne fait que confirmer la règle. Du reste, même durant cette période, bien des auteurs allemands demeurèrent fidèles à un humour peu politisé, ainsi Ringelnatz, Morgenstern... (*cf. infra*).

Une simple comparaison du ton auquel recourent les satiristes et les caricaturistes de la Belle Époque suffit à prouver à quel point les journalistes et dessinateurs français font preuve d'une agressivité bien supérieure à celle de leurs confrères allemands. Ainsi, les dessins de Jossot ou de Valloton (d'origine suisse) sur la cruauté des colonialistes surpassent-ils en violence les tableaux de Heine ou Paul de plusieurs coudées. Le lecteur français sera surpris d'apprendre qu'il fut sans cesse reproché à des journaux comme les organes socialistes *Der Süddeutsche Postillon, Der Wahre Jacob* ou le célèbre *Simplicissimus* d'adopter une attitude antinationale et de faire le jeu des adversaires en soulignant les faiblesses du régime impérial.

On ne peut que souscrire aux propos de R. Dietrich et W. Fekl qui soutiennent dans leur étude sur les rapports franco-allemands à travers la caricature (1945-1987) :

> Il ne faut pas oublier que la caricature française a traditionnellement plus souvent recours, et ce même dans les conflits franco-français, aux extrêmes, à l'exagération et à la distorsion que son homologue allemande[5].

3. *Cf.* « Chlodwig Poth – Un grand observateur satirique de notre temps », in *Allemagnes d'Aujourd'hui*, n° 90, oct.-déc. 1984, pp. 126-141.
4. *Pardon*, n° 2, 1981, p. 6 : « Un Allemand n'a pas d'humour/Il rit en suivant la voie hiérarchique ».
5. Dietrich, Reinhard/Fekl, Walther, *Komische Nachbarn – Deutsch-Französische Beziehungen im Spiegel der Karikatur 1945-1985*, Goethe-Institut, Paris, 1988, p. 4.

Il est symptomatique à cet égard que la presse allemande ne compte aujourd'hui aucun équivalent du *Canard enchaîné*, sans parler même de *Charlie Hebdo*, dans lequel les journalistes ne s'imposent aucune véritable censure et laissent libre cours à leur imagination débordante, brisant ainsi tous les tabous. Quelle virulence graphique et textuelle dans quelques-unes des « couvertures auxquelles vous avez échappé » qui traitent des attentats sur le World Trade Center et de la riposte américaine ! Ainsi, dans « Opération-Épilation totale », Cabu imagine-t-il un soldat américain fier de présenter son trophée : une tête de taliban ; dans « Décodons les discours de Ben Laden... avec l'École Berlitz », Charb, Luz n'hésitent pas à déchiqueter hommes et enfants pour ridiculiser Ben Laden ou les bombardements américains. Les satires des revues mensuelles *Titanic* ou *Eulenspiegel*[6] jouent sur un registre bien différent. Les dessins généralement descriptifs d'*Eulenspiegel* sur les évènements de New York[7], le message sibyllin des couvertures de cette revue (11/01) et de *Titanic* (10/01) – différents hommes politiques occidentaux connus se transforment en mollahs pour garantir leur sécurité ; une première page entièrement noire portant le commentaire écrit en blanc : « Cent raisons d'aimer (justement maintenant) l'Amérique » – ne manifestent pas un esprit incisif marqué.

En généralisant de façon quelque peu abusive, on peut affirmer que la plupart des artistes s'en tiennent encore aujourd'hui à l'idée que Hans Traxler[8] émettait à la fin des années 1970 : « Aujourd'hui, il est rare d'attaquer de front un adversaire[9] ». Ils préfèrent retenir des détails secondaires, inventer des situations grotesques que de s'en prendre violemment aux faits et personnes qu'ils dénoncent.

Pour beaucoup d'entre eux, contrairement à ce qu'énonçait K . Tucholsky durant la République de Weimar, la satire n'a pas tous les droits. Elle doit s'imposer des limites, variables, non codifiées, mais néanmoins bien réelles. Ce sont les limites du droit du citoyen, qui diffèrent incontestablement selon les pays et les cultures. Sans vouloir entrer ici dans une étude socio-politique ou ethno-psychologique poussée, il apparait clairement à toute personne baignant dans le bi-culturel que le principe d'autorité se décline différemment en Allemagne et en France. On se souvient des réactions vives qu'avaient suscitées en France les *Berufsverbote* (« Interdictions professionnelles ») au début des années 1970 ainsi que certaines lois antiterroristes. L'autorité, l'État en l'occurrence, est en Allemagne une entité bien « réelle », une entité qui mérite respect pour le bien de tous et pour la sécurité de laquelle il semble logique d'exclure toute personne pensant autrement. La France ne connait pas ce « Verfassungspatriotismus », révélateur d'une certaine forme de cohésion sociale, et laisse de toute évidence plus facilement s'exprimer des conceptions extrémistes dont l'objectif peut pourtant être de renverser l'ordre établi.

6. La revue est-allemande *Eulenspiegel* a été fondée en 1954, succédant à *Frischer Wind*, créée peu après la fin de la Seconde Guerre mondiale. Le mensuel *Titanic* a vu le jour en novembre 1979 à Francfort/Main, ville où était édité encore l'organe satirique le plus influent de l'après-guerre en RFA, *Pardon*.

7. Il est symptomatique que la revue n'ait pas tenu à réagir rapidement et à modifier le contenu de son numéro d'octobre. La couverture de ce numéro nous présente un Gerhard Schröder en travesti reprenant la pose bien connue de Marlene Dietrich dans l'*Ange Bleu*. Le principal document relatif à la crise est un dessin présentant une terre réduite à un croissant, toute la partie occidentale du monde ayant été anéantie par une bombe ; la légende est des plus laconiques : « Le monde a changé ».

8. Hans Traxler fait partie des grands dessinateurs ouest-allemands des dernières décennies. Il a publié dans *Pardon*, puis a contribué à la création de *Titanic*.

9. *Pardon*, n° 10, 1978, p. 70 : « Heute schlägt man nur noch selten frontal auf einen Gegner los ».

ÉROTISME, OBSCÉNITÉ ET PORNOGRAPHIE

Cette virulence graphique (ou textuelle) se manifeste parfois, et même souvent dans le cas de *Charlie Hebdo*, par le recours à un arsenal fourni d'images scatologiques ou érotiques. Dans un article récent paru dans *Ridiculosa*, « Zu erotisch-sexuellen und skatologischen Themen und Motiven in pamphletär-karikaturalen Medien Frankreichs seit dem Absolutismus »[10], Peter Ronge, à l'appui de quelques exemples saisissants, prouve avec quelle constance les satiristes français les plus incisifs ont développé depuis l'absolutisme une culture graphique spécifique qui laisse une large place à la scatologie et la sexualité. Dans aucun autre pays de sa connaissance, le seuil de tolérance n'est selon lui comparable[11]. Selon Peter Ronge, cette tradition est si liée à la France que certains satiristes non français tel Willem (d'origine néerlandaise) ont tenu à exercer leurs activités professionnelles en France.

Même utilisés dans un contexte non politique, la scatologie, l'érotisme et la pornographie ne donnent pas lieu à la même acception de la part des publics allemand et français[12]. Dans son étude sur la réception de Reiser en Allemagne, Karl-Heinz Dammer fournit quelques exemples concrets des difficultés juridiques auxquelles s'expos(ai)ent les personnes soucieuses de faire connaitre l'œuvre de cet artiste en Allemagne. Les censeurs, qui ne retiennent de ses dessins que leur obscénité, se montrent parfois impitoyables. Karl-Heinz Dammer rappelle par ailleurs les réactions indignées[13] que suscita en 1980 l'une des premières couvertures de *Titanic*, « Ah, enfin, les femmes redeviennent normales » (Weiber), dans laquelle une femme aux seins nus se prosterne dévotement devant un homme dont elle lèche les chaussures !

L'érotisme, l'obscénité, la pornographie font incontestablement partie des tabous les plus résistants en Allemagne, même si certaines évolutions sont largement perceptibles. On nous objectera que les dessins de Reiser sont loin de recueillir l'assentiment de tous en France ; certes, mais il n'en demeure pas moins, comme le constate à juste titre Karl-Heinz Dammer[14], que l'humour bête et méchant teinté de scatologie et de pornographie fait partie malgré tout en France des modes d'expression satiriques légitimes.

AUTRES TABOUS ALLEMANDS

On pourrait transposer sans peine ces réflexions sur ce tabou de l'érotisme et de l'obscénité à d'autres tabous. Le seuil de tolérance diffère également sur d'autres sujets. Ainsi le dessinateur Robert Gernhardt évoque-t-il dans son ouvrage *Was gibt's denn da zu lachen ?* l'incompréhension totale engendrée par une de ses vignettes dans laquelle il fait dire à un rond-de-cuir s'adressant à une personne de couleur sous les rires non dissimulés de ses collègues : « Mais oui, Monsieur Bimbo, nous avons un travail pour vous – comme travailleur au noir[15]. »

10. Pp. 153-166, in *Ridiculosa 7* (« Le rire des nations – Das Lachen der Völker »), Brest 2000. (*Ridiculosa* est la revue annuelle publiée par l'EIRIS – Équipe Interdisciplinaire de Recherche sur l'Image Satirique). (« Les thèmes et les sujets sexuels et scatologiques dans les pamphlets et la caricature en France depuis l'absolutisme »).

11. Dans son article « Die Rezeption Jean Marc Reisers in Deutschland », in *Ridiculosa 7*, p. 181, Karl-Heinz Dammer souligne à juste titre que traiter Chirac de « bite à lunettes » (*cf.* la couverture de *Charlie Hebdo*) serait impensable aujourd'hui encore en Allemagne.

12. Sur ce sujet, *cf.* notamment les articles d'Hèlène Duccini dans le prochain numéro de *Ridiculosa* consacré aux « Procédés de déconstruction de l'adversaire ».

13. Dans un article, il fut question de mentalité d'esclavagistes, digne du Troisième Reich, la charge ironique et satirique n'étant nullement perçue comme telle. *Cf.* sur ce sujet Gernhardt, Robert, *Was gibt's denn da zu lachen ?*, Haffmanns Verlag, Zürich 1988, pp. 437-439.

14. « Die Rezeption... », *op. cit.*, p . 184.

15. *Was gibt's denn da zu lachen ?*, *o.c.*, pp. 441-442.

Le constat de ces différences pose problème. Comment expliquer ces différences culturelles ? Sans doute conviendrait-il de s'interroger longuement sur l'influence de la religion, sur l'austérité et l'iconoclasme d'un large pan du protestantisme et du puritanisme. Mais, en l'état actuel de la recherche, il semble difficile d'apporter des éléments décisifs de réflexion.

Plus simplement, on peut se référer aux conceptions dominantes de l'humour, de la satire et du comique.

Le comique significatif et le comique absolu

Lorsqu'on compare, comme le fait K.H. Dammer dans l'excellent article précité, les définitions du mot « humour » et de son équivalent allemand « Humor » dans les grands dictionnaires, les divergences d'appréciation sont manifestes. Le *Petit Robert* définit l'humour comme une « forme d'esprit qui consite à présenter la réalité de manière à en dégager les aspects plaisants et insolites », le « Duden », l'homologue allemand du *Petit Robert*, comme le « talent d'une personne à faire face avec sagesse et sérénité aux imperfections du monde et des hommes, aux difficultés et aux infortunes de la vie quotidienne[16] ».

LA FRANCE, L'HUMOUR ET LA SATIRE

Il apparait clairement que la forme d'esprit qu'est l'humour a pour objectif en France de présenter et de dévoiler la réalité. De cette définition découle sans aucun doute la difficulté des Français à délimiter avec précision les champs de l'humour et de la satire, notions souvent employées sans distinction. Ainsi l'excellente revue éditée par l'association CORHUM s'intitule-t-elle *Humoresques*, alors même que bien des articles traitent de satire politique. En allemand, les deux concepts sont utilisés avec beaucoup plus de prudence, la notion d'humour étant étroitement liée à la capacité de l'être humain qui souffre du décalage entre le réel et l'idéal à se dégager de la réalité trop imparfaite en cherchant dans l'accentuation, l'amplification et l'hyperbole un exutoire, une forme de rédemption.

S'appuyant sur les ouvrages d'Otto Best et de Hans-Dieter Gelfert[17], K. H. Dammer tente d'expliquer que la théorie actuelle de l'humour en Allemagne a ses racines dans l'œuvre de Jean-Paul, que les définitions de ce dernier sont l'expression d'un état d'âme d'une bourgeoisie certes économiquement influente, mais qui n'a jamais réussi à abolir l'absolutisme et à s'affirmer en politique. L'humour a bien dans cette optique l'objectif de permettre à l'individu d'affirmer une certaine supériorité, mais uniquement sur un plan personnel. C'est ainsi que le spécialiste d'esthétique Friedrich Theodor Vischer en vient à qualifier

15. (suite) À vrai dire, le jeu de mots est quelque peu différent en allemand : « als Schwarzfahrer » = comme passager clandestin (conducteur au noir).
16. « Gabe eines Menschen, der Unzulänglichkeit der Welt und der Menschen, den Schwierigkeiten und Mibgeschicken des Alltags mit heiterer Gelassenheit zu begegnen ».
17. *Volk ohne Witz – über ein deutsches Defizit* (Frankfurt 1993) et *Max und Monty. Kleine Geschichte des deutschen und englischen Humors* (München 1998).

les humoristes de sages métaphysiciens et que Sigmund Freud affirme avec force que l'humour ne nécessite aucun lien, aucun contact avec les autres membres de la société, qu'il « est la moins exigeante de toutes les formes de comique », qu'il « se réalise [...] en une seule personne[18] ».

Ainsi s'explique, du moins en partie, cet aspect « bon enfant » de l'humour allemand, trait qui n'a pas disparu selon Gelfert lorsque la satire politique a commencé à voir le jour en Allemagne lors des révolutions de 1848. K.H. Dammer suppose en se référant aux travaux de Norbert Elias que le processus de civilisation, politique et social, plus affirmé en France qu'en Allemagne a permis à l'« humour » (satire ?) de se développer plus facilement en France où les fondements de cette civilisation ne pouvaient être réellement remis en question. De là découle également selon lui la plus grande acceptation de la sexualité dans le dessin et le texte : « Une fois les instincts agressifs et sexuels de l'individu domptés, la rupture fantasmatique des tabous de la civilisation ne représente plus de danger, d'autant plus qu'il procure à l'individu un exutoire jouissif[19]. »

L'HUMOUR ALLEMAND : UN COMIQUE ABSOLU

L'humour allemand, moins directement politisé, aime se délecter de situations insolites inventées. Les dessinateurs et les humoristes laissent libre cours à leur imagination débridée qui les entraine souvent dans la voie du grotesque, voire du non-sens. Le ressort du comique sera alors un pur jeu de mots, un pur gag graphique qui se suffit à lui-même, qui n'est pas tendancieux, au sens freudien du terme. L'humour est alors un jeu de l'esprit qui affirme ainsi, non pas sa supériorité sur un autre esprit humain, mais en quelque sorte sur la nature. En Allemagne, les grands humoristes que furent Busch, Morgenstern, Ringelnatz, Karl Valentin ou plus près de nous les grands représentants de la « Nouvelle École de Francfort »[20] nous poussent dans un monde recomposé qui a ses propres lois. Leur œuvre est alors plus création qu'imitation et ressortit davantage au comique qualifié par Baudelaire d'« absolu » qu'au comique qu'il nomme « significatif ». Bien souvent, nous ne sommes plus dans le monde de la logique, de la raison. Les mondes nouveaux créés par ces artistes n'ont pour seul but que d'exister et de créer un effet de surprise, et par là, bien souvent, de susciter le rire ou le sourire ; le rire étant provoqué, comme le précise fort bien Kant dans *La Critique de la Faculté de juger* par la perception subite et inattendue en une personne, un objet, une situation, d'une absurdité ou d'une contradiction, d'un désaccord entre les représentations simultanées, abstraite ou concrète[21]. Ainsi Robert Gernhardt, un des grands dessinateurs de la « Nouvelle École de Francfort », nous présente-t-il dans une série de quatre vignettes Monsieur Wiede-

18. *Cf.* Vischer, Friedrich Theodor, *Die Metaphysik des Schönen*, München 1922, p. 491 et Freud, Sigmund, *Der Witz und seine Beziehung zum Unbewußten*, Frankfurt 1971 (« Der Humor ist die genügsamste unter den Arten des Humors ; sein Vorgagn vollzieht sich [...] in einer einzigen Person »).

19. « Die Rezeption... », *op. cit.*, p. 182 : « Sind die aggressiven und sexuellen Triebe des Individuums hinlänglich gebändigt, so geht vom phantasierten Bruch der zivilisatorischen Tabus keine Gefahr mehr aus, zumal er dem Individuum lustvolle Entlastung verschafft ».

20. Sur cette « Nouvelle École de Francfort » (qui n'a aucun lien réel de parenté avec l'École de Francfort), *cf.* nos articles « Trois dessinateurs de la Nouvelle École de Francfort : F.W. Bernstein, R. Gernhardt et F.K. Waechter », in *Allemagne d'Aujourd'hui*, n° 133, juillet-sept. 1995, pp. 139-149, et « Les ressorts de l'humour graphique de Robert Gernhardt », in *Cahiers de Corhum-Crih*, n° 5 , pp. 37-50, (« L'humour graphique »). Je reprends dans les lignes qui suivent plusieurs propos tenus dans ces articles.

21. Je reprends ici les termes d'Éric Smadja qui inclut les thèses kantiennes dans les théories intellectualistes, mann qui, rencontrant Dieu, ne s'étonne nullement et se demande uniquement pourquoi Dieu ne peut se payer un taxi[22].

Faut-il pour cela traiter les Allemands de rêveurs comme le font par exemple Théophile Gautier fils, qui parle de « cerveaux pleins d'abstractions, de rêves ou de fumée »[23], ou Baudelaire, qui affirme que « la rêveuse Germanie » donne « d'excellents échantillons de comique absolu[24] » ? Cela n'est pas sûr. Il nous semble que le rire suscité par le comique absolu se rapproche d'un rire qui n'est pas celui des cyniques, mais celui de Démocrite, c'est-à-dire d'un rire qui « s'applique à la vanité des occupations et des inquiétudes humaines » et est aussi et surtout « une critique radicale de la connaissance, l'expression d'un scepticisme absolu[25] ». Ce rire est alors révélateur des peurs existentielles d'un peuple.

On nous rétorquera que la France a connu elle aussi une pléiade d'artistes qui se sont délectés des jubilations de l'absurde et du saugrenu, que des dessinateurs comme Topor se sont élevés contre toute localisation (notamment anglo-saxonne) du non-sens[26].

Mais tout est affaire de fréquence et il nous semble bien que Baudelaire a raison lorsqu'il affirme qu'en France, « pays de pensée et de démonstration claires, où l'art vise naturellement et directement à l'utilité, le comique est généralement significatif[27] ».

La mondialisation grandissant, les échanges interculturels se multipliant, les langages s'appauvrissant, on observera peut-être des pratiques de plus en plus similaires. Il n'en demeure pas moins qu'aujourd'hui encore le grotesque des *Aventures du baron de Münchhausen* ou le comique parfois absolu d'un Loriot sont mal perçus par les jeunes Français alors que le comique significatif, provocateur et féroce d'un Coluche ou d'un Laurent Gerra nous parait inconcevable sous cette forme en Allemagne.

cf. Le Rire, PUF, « Que sais-je ? », Paris 1993, p. 29. Kant écrit dans sa *Kritik der Urteilskraft* (p. 222 dans l'édition de 1995 de la Könnemann Verlagsanstalt) : « Das Lachen ist ein Affect aus der plötzlichen Verwandlung einer gespannten Erwartung in nichts ».

22. Ces dessins sont reproduits dans *Les satiriques de l'Allemagne d'Aujourd'hui – Robert Gernhardt*, Arkana Verlag, Göttingen 1995, pp. 10-11.

23. August Bürger, *Aventures et…, op. cit.* p. 10.

24. Baudelaire, Charles, « De l'essence du rire et généralement du comique dans les arts plastiques », in *Critique d'art – suivi de Critique musicale*, Gallimard, « Folio », Paris, 1992, p. 198.

25. Minois, Georges, *Histoire du rire et de la dérision*, Fayard, Paris, 2000, p. 50.

26. *Cf.* Paroles II : « El mundo al revés – Entretien avec Roland Topor », dans le numéro spécial consacré à *L'Humour – Un état d'esprit* de la revue *Autrement*, Éditions Autrement, Série Mutations n° 131, Paris, 1992, p. 94.

27. Baudelaire, Charles, « De l'essence… », *op. cit.* p. 197.

Dessin d'humour et enseignement du français langue étrangère

André Guyon
UNIVERSITÉ DE BRETAGNE OCCIDENTALE – BREST

Humour et Enseignement sont sur un bateau… Leurs relations ne sont pas simples. Humour est d'abord bienvenu : il passe un frisson de jeu sur la galère de la connaissance, l'atmosphère se détend, la communication s'établit. Mais Humour éveille vite le soupçon. Qui est-il ? un subalterne appelé au secours quand le maitre perd pied ? un amuseur qui camoufle les défaillances et les déficiences ? un intrus au pays du savoir ?

Sur le bateau FLE, il en est autrement. Ici l'humour peut devenir matière, activité, vecteur d'enseignement.

Matière d'enseignement, et de l'espèce la plus haute : introduire au rire d'une autre culture ! Rien de meilleur, rien de plus difficile : c'est introduire à l'esprit même, communiquer la double satisfaction de l'intelligence et de la joie.

Nous y réfléchirons à partir du dessin d'humour, matériau plus concret, plus complexe, plus préoccupant que le simple mot d'esprit. Il permet une analyse précise des éléments qui entrent dans la communication humoriste. Nous reviendrons en particulier sur les dessins parus dans *Le Monde* depuis quatre ans[1]. On y vérifie la nature de l'humour[2] : composer, à partir d'une réalité présente, un jeu d'imagination inattendu ; créer une perspective décalée, induire un regard sur la réalité. Faisant ressortir les traits originaux, les contradictions, les étrangetés, l'humour impose à la réalité un travestissement, d'abord énigmatique, mais à la réflexion approprié, juste et signifiant. Il en appelle, de multiples manières, à l'intelligence : devant la réalisation humoriste, il faut comprendre qu'il y a construction, jeu, allusion, implication, signification. L'on rit du masque, on rit du dévoilement.

1. Les références renverront aux numéros de ce journal.
2. « L'image est d'ailleurs le véhicule de l'humour. » Aragon, *Traité du style*.

La spécificité du dessin d'humour

Ce type de dessin montre aussi en quoi la communication humoriste est une activité. Chacun en fait l'expérience, la perception de l'humour est toujours un itinéraire : d'une demi-seconde, de cinq minutes ou de plusieurs journées, il enchaine toujours le temps de la perplexité et le temps du dévoilement, il part de la représentation hermétique, d'abord non signifiante, pour atteindre l'intuition d'un sens.

Dans cet itinéraire, chacun en fait aussi l'expérience, l'explication d'autrui est parfois nécessaire, et l'initiation n'enlève rien au plaisir de l'intelligence reçue et du rire partagé.

Ce travail d'identification s'impose encore plus face aux dessins d'une autre culture. Par sa situation même, l'étranger est un candidat naturel à l'humour ; ce n'est pas sans raison que Montesquieu emprunte le regard de deux Persans : l'humoriste adopte un regard étranger et interrogateur, pour créer recul et jugement par rapport aux faits non critiqués.

Ainsi, faisant appel à une réflexion qui associe jeu et intelligence, justifiant l'explication et même l'intervention d'un autre savoir, favorisant le partage et le commentaire, le dessin d'humour offre un support à l'activité pédagogique.

FORMES DE DESSINS ET TYPES DE TEXTES

C'est par nature une composition qui affronte à une devinette, et peut atteindre une grande complexité. Elle a diverses formes qui correspondent aux divers types de textes :

– forme descriptive du portrait fantaisiste ou caricatural ;

– forme narrative de l'histoire drôle, en une ou plusieurs scènes ;

– forme explicative ; Calligaro, Cardon, Leiter, Ronald Searle représentent des idées abstraites (comme « amitié »[3], « démocratie »[4], « démonstration »[5], « pouvoir »[6]), le *Bestiaire* d'André François et Vincent Pachès introduit au sens figuré des mots (« lapin »[7], « oie »[8], « papillon »[9]) ; Guillaume Dégé, dans ses *Tournures utiles*, interprète en images des expressions toutes faites[10] ; ce travail de traduction concerne bien le FLE ;

– forme poétique du dessin qui déstabilise et communique une intuition fine (c'est le domaine de Brito, Renato Calligaro ou de Guy Billout) ;

– forme argumentative du dessin qui insinue un commentaire, impose une question, induit un jugement, une critique, une prise de parti (dessins quotidiens de Pancho, Pessin, Plantu, Serguei dans *Le Monde*).

Nous nous intéresserons surtout à cette dernière catégorie.

3. Cardon, 28/5/96.
4. Calligaro, 9/12/98.
5. Leiter, 22/11/96.
6. Searle, 12/4/96.
7. 2/3/00.
8. 27/4/00.
9. 6/6/00.
10. Ex. : « ne pas mâcher ses mots » (9/10/99).
11. Plantu, 2/6/99.

Elle recourt en général à unc fiction qui met en perspective la réalité visée. L'élément de fiction – descriptif ou narratif – compose un espace, attribue un rôle imaginaire à un personnage réel, crée une action. Le déguisement est fondamental : faire fraterniser Jacques Chirac en salopette et Lionel Jospin en frac mondain[11], c'est mettre en scène les paradoxes de la « cohabitation » à la française ; les envoyer en vacances, l'un en chanteur rock, l'autre en jeune des banlieues[12], c'est dénoncer la politique-spectacle ; habiller le professeur de mathématiques en moniteur de karaté[13], c'est illustrer par l'absurde la dégradation des conditions de l'enseignement secondaire.

Communication par l'humour et pédagogie du FLE

La communication par l'humour allie six opérations qui concernent la pédagogie du FLE :

– identifier le référent contemporain (les personnages, les lieux, les symboles) ;

– identifier l'élément d'encodage, ce « déguisement » qui attribue un rôle au personnage évoqué ;

– percevoir la distance, burlesque ou révoltante, entre le rôle fictif et la situation du personnage réel ;

– évaluer la pertinence de l'encodage (l'effet de métaphore énonce la vérité dissimulée derrière les discours et les faits d'actualité).

Mais aussi :

– exprimer les interrogations, les souvenirs, le savoir réveillés par le référent évoqué ;

– exprimer la résonance du dessin, reformuler, développer le jugement suggéré.

Alors le dessin d'humour devient vecteur de connaissance.

Exemple

Qu'on examine le dessin de Serguei qui, le 26 août 1998, illustre l'article de Jean Menanteau, « La France dont rêvent les chargés de mission de la Datar ».

12. Pancho, 6/7/99.
13. Id., 10/2/01.

Dans la perspective du FLE, un itinéraire en quatre étapes est nécessaire à l'interprétation.

1. On identifie d'abord deux symboles de la France : le personnage central de Marianne, l'hexagone, silhouette géographique, symbole usuel.

2. On perçoit ensuite une fiction : l'hexagone est monté en psyché ; Marianne souriante a le pied droit déjà entré dans le miroir pour suivre un lapin dont la mallette porte le nom DATAR (ce sigle demande de compléter la première opération et d'identifier une institution, la Délégation à l'Aménagement du Territoire et à l'Action Régionale).

3. La mémoire identifie ensuite un horizon culturel : le dessin de Serguei « déguise » Marianne en Alice et condense la donnée initiale d'*Alice au pays des merveilles* (poursuite du lapin) et d'*À travers le miroir* (voyage dans un pays où l'on entre par le miroir).

4. Reste à reconnaitre et à expliquer un problème français : l'« appel à utopies » lancé à la France par la DATAR.

Entrer dans le rêve de soi-même ! Beau symbole de cette entrée dans l'imaginaire que réclame l'humour.

Le dessin de Serguei rend sensible ce fait : l'intelligence exigée par l'humour suppose, outre la connaissance des symboles, un horizon et un fond communs de culture – ici la connaissance de l'œuvre de Lewis Carroll, qui s'avère ainsi partie intégrante de l'imaginaire français.

Dessin d'humour et culture

Le dessin d'humour met en relation la connaissance du présent et la connaissance des profondeurs et des repères interprétatifs d'un groupe. Il est le vecteur d'une culture, l'indicateur de la culture vivante, qui intervient dans la communication et le discours, de la culture réelle qui permet l'échange, l'intelligence, le jugement sur le présent. Le dessin d'humour peut donc s'intégrer à la pédagogie du FLE comme révélateur de la culture française, aux deux sens du mot « culture » : il permet d'identifier et la France d'aujourd'hui et les éléments collectifs de mémoire, de connaissance, d'expérience qui servent à encoder le présent et à lui donner du sens.

LA CULTURE COMPORTEMENTALE

Il introduit à la culture au sens sociologique, à cet ensemble de comportements qui structurent l'entité « France », créent un imaginaire commun et un sentiment d'appartenance. Dans notre enquête, nous avons vu le dessin d'humour faire appel aux objets familiers caractéristiques (le billet de banque, la maison) ; aux activités formatrices (l'école[14], les jeux[15], des rengaines, des comptines[16]) ; faire allusion à des usages sociaux[17] ; composer un vrai Musée Grévin de types sociaux[18].

L'IMAGINAIRE

Des dessins mettent en scène des expressions consacrées (« se jeter dans la gueule du loup »[19], « changer son fusil d'épaule »[20], « être dans ses petits souliers »[21], « compter les moutons »[22], « tenir la chandelle »[23]), ils mettent au contact de la langue familière et ouvrent autant de portes de l'imaginaire français.

L'auto-représentation

Cet imaginaire comporte un puzzle d'images caractéristiques des pays et des villes qui constituent la France. Le dessin d'humour est une introduction ludique à cette auto-représentation. Çà et là, une coiffe en forme de papillon, la cigogne, le chou, le porc, renvoient à la même Alsace. Dans la chronique gastronomique du *Monde*, les dessins de Desclozeaux évoquent ainsi les diverses provinces françaises : la silhouette de Notre-Dame-de-la-Garde, une barque pointue..., et voilà Marseille[24] ! Marseille en introduction au voyage gourmand qu'offre une trilogie policière de Jean-Claude Izzo : un bouquet de culture dans un dessin ! Signalons le tour des villes françaises que Pessin a proposé à l'occasion des élections munic ipales de 2001[25]. Et Paris a ses lieux caractéristiques (Tour Eiffel, Hôtel de Ville, métro) qui se prêtent à une jonglerie de mises en scène.

14. Ainsi le style des problèmes de maths (Pessin, 9/3/01, Plantu, 16/3/00), la forme traditionnelle des diplômes (Pancho, 19/4/00).
15. Jeux divers relevés : bilboquet, chaise musicale, cubes, découpage, jeu des 7 familles, jeu d'oie, Monopoly, petit train, quatre coins, saute-moutons....
16. « Am stram gram » (Paul Cox, 27/3/98) ; « Je te tiens par la barbichette », à propos du passé... « trotskiste » de Lionel Jospin (Plantu, 15/6/01) ; *Douce France*, de Trenet pour des conflits politiques internes (id., 4/12/97)
17. Pique-nique en bord de route dans l'attente du Tour de France (Nicolas Vial, 11/7/98).
18. Plantu, 22/10/98.
19. Pessin, 20/3/98.
20. Plantu, 8/2/01.
21. Id., 23/1/01.
22. Pancho, 7/3/01.
23. Serguei, 15/11/99.
24. Desclozeaux, 4/7/01.
25. En particulier Bordeaux, Brest, Lyon, Neuilly, Orléans, Saint-Denis.

Destiné à représenter et commenter les réalités présentes, le dessin d'humour introduit donc à la culture vivante qui tisse quotidiennement la collectivité « France ».

La référence au passé

Mais l'interprétation humoriste passe par un jeu métaphorique qui transpose le présent dans une représentation venue du passé : l'analogie, à elle seule, indique un sens et ouvre d'autres portes sur la culture et l'imaginaire français..

Interviennent ainsi les allusions historiques, qui désignent les souvenirs vivants qui structurent la représentation de la vie sociale et politique. Certaines périodes hantent davantage la mémoire française : l'enfermement dans les conflits renvoie au Moyen Âge. On évoque la Monarchie absolue pour stigmatiser un gouvernement autoritaire, aristocratique, mondain, futile, la Révolution pour dénoncer l'excès des violences symboliques entre partis et tendances. Dans le passé, deux figures semblent plus spécialement populaires : Jeanne d'Arc, image de résistance aux prétentions et aux pouvoirs étrangers ; le général de Gaulle, autre image de toute revendication d'indépendance.

Une autre mémoire apparait également qui révèle les codes religieux, mythiques ou littéraires qui structurent l'imaginaire particulier, la sensibilité collective et l'échange social.

Apparait la forte imprégnation chrétienne. Les grands épisodes de la vie du Christ permettent de chiffrer et de déchiffrer espoirs, tragédies et comédies de la vie publique. Survit à la pratique, sortie d'usage, la représentation de la confession (pour désigner en général des aveux hypocrites, visant un impact fallacieux sur le public, tandis que la confidence du divan psychanalytique met en scène les préoccupations et troubles réels attribués à un homme public) : c'est comme un état rémanent d'irradiation subsistant longtemps après la période de rayonnement actif.

Sont aussi profondément incrustés dans l'imaginaire français les univers biblique et antique. La représentation du Créateur, le couple d'Adam et Ève, les figures de Moïse ou Samson, la tour de Babel et l'arche de Noé, peuvent incarner les grands épisodes, épiques ou tragiques, de la vie politique ; le labyrinthe, le cheval de Troie, le talon d'Achille, permettent de dire les embarras, les pièges, les imprévus douloureux de la vie publique. La légende d'Europe rythme les épisodes de la communauté européenne, tandis que les figures de César ou de Néron mettent au pilori les parades des tyrans.

Contes, fables et littérature

Mais l'univers le plus savoureux, le plus propice à la communication pédagogique promue par l'enseignement du FLE, est offert par les allusions aux contes. Sur fond de souvenirs d'enfance, l'effet de surprise, d'interrogation et donc d'humour est plus grand. On y trouve aussi un précieux vecteur de communication entre imaginaires étrangers.

Un grand chapitre regrouperait les *allusions aux contes de Perrault* : à travers *La Belle au bois dormant, Cendrillon, Le Chaperon rouge, Barbe-bleue, Le Petit Poucet*, sont relus les dangers et les scandales de la vie publique.

L'imaginaire français, moins familier des *Mille et Une nuits* (seule l'histoire d'Aladin et de la lampe merveilleuse est objet de variations), est bien ouvert à la culture européenne : Pinocchio sert souvent à dénoncer les trop nombreux et parfois mutuels mensonges des hommes publics; le joueur de flûte de Hameln revêt la défroque de leaders divers; l'histoire de Blanche-Neige et des sept nains est fructueuse en motifs : miroir magique[26], pomme empoisonnée[27]. À signaler, les illustrations de Benoît Jacques au supplément *Initiatives* du 12 mai 1998 : les divers épisodes de *Blanche-Neige* composent la parabole désillusionnée des politiques de rémunération et de leurs faux-semblants; Blanche-Neige devient contre-maître, et son histoire feuilleton syndical.

Aux figures des contes, associons celles des *Fables*, spécialement de La Fontaine : corbeau et renard, lièvre et tortue, geai paré des plumes du paon illustrent des phases diverses de la compétition politique. Signalons plus spécialement l'entreprise de Lionel Koechlin, qui, de septembre 1998 à juillet 2000, a illustré dans *Le Monde* au moins trente et une fables de La Fontaine[28], toujours pour évoquer les problèmes de la société contemporaine : à propos de *La grenouille qui veut se faire aussi grosse que le bœuf*, des étudiantes roumaines ont bien identifié la dénonciation du dopage; à propos de *La cigale et la fourmi*, les mendiants du métro... Et commentaires de fuser.

À l'imaginaire des contes, s'intègrent les héros littéraires devenus légendaires : Don Quichotte ou Hamlet, très souvent; Robin des bois, Robinson, Gulliver... Plus proches de nous, attendrissant souvent l'étudiant étranger, Cyrano de Bergerac, le Petit Prince; ou, pour d'autres émotions, Arsène Lupin, Sherlock Holmes, Hercule Poirot, Maigret, Colombo.

À cet Élysée des héros populaires, la culture moderne mêle des personnages de bande dessinée (Astérix, Bécassine, les Dalton, Tintin) et les héros de film (Charlot, Tarzan, Zorro, King Kong, Frankenstein, James Bond).

Arrivés ainsi aux portes de la littérature, nous pouvons encore rencontrer dans le dessin d'humour des figures de prestige universel – écrivains comme Rabelais, Molière, Rousseau, Balzac, Sand, Hugo, Rimbaud, Malraux, Barthes, Saint-John Perse, peintres comme Delacroix, Toulouse-Lautrec, Van Gogh, Picasso, Chagall, Magritte, chanteurs comme Trenet ou Ferré.

*

* *

26. Plantu, 25/9/99.
27. Ronald Searle, 15/5/95.
28. *Cf.* tableau p. 79.

C'est une véritable encyclopédie de la culture française, illustrée et activée, que peut se composer, au hasard de la presse, le professeur de FLE. Le dessin d'humour est un outil pédagogique séduisant, un test irrésistible, un défi savoureux à chercher, découvrir, réfléchir. Il introduit à un véritable savoir : il initie aux codes culturels, aptes à mille variations : « boîte à sardines », « cochon-tirelire » permettent d'articuler des messages très variés. La célèbre vague dérivée de l'estampe d'Hokusaï entre dans de multiples compositions (dont le sens intègre toujours le dynamisme de l'original). Chaque élément culturel est susceptible d'une analyse sémique. Ne s'évacue jamais tel sème fondamental ou différentiel, l'emploi d'un thème n'est jamais laissé au hasard : les figures de Maigret, de Colombo, de Sherlock Holmes ne sont pas interchangeables.

Cette rigueur fait donc qu'il y a une langue du dessin d'humour. Langue susceptible de deux enrichissements. D'abord par le jeu du palimpseste : un thème stéréotypé peut subir des transformations qui l'adaptent aux situations variées, tout en restant fidèles au schème initial et à sa signification. Le contenant « panier du petit Chaperon rouge » peut devenir urne électorale[29], boîte à film[30], toujours pour dire les risques d'une situation. Le symbole de la menace imminente, l'épée de Damoclès, devient, toujours suspendue sur une tête, fourchette audessus d'un bœuf de boucherie[31], « souris » d'ordinateur (pour dire les menaces pesant sur l'informatique)[32], plume de stylo (pour dire la tension engendrée par le courrier des téléspectateurs)[33]. D'abord très énigmatique, l'image nouvelle demande qu'on identifie l'image source. Par ailleurs le palimpseste devient jeu de condensation quand il ouvre un motif à des significations nouvelles en l'associant à des motifs qui lui sont étrangers : ainsi cette publicité qui, à un Napoléon présenté de dos[34], lequel, du haut de la colonne Vendôme, voit Swatch s'installer à ses pieds, prête un cri parodiant celui que Shakespeare attribue à Richard III : « Mon Empire pour une échelle ! »[35]...

Le dessin d'humour séduit par sa rigueur et son invention. On y gagne un autre regard sur la « culture » ; ce n'est pas un « bagage », c'est un code interprétatif nécessaire pour éclairer l'imprévisible présent et communiquer avec les contemporains ; c'est un ferment créatif qui permet d'inventer l'expression neuve et pertinente : la verve des dessinateurs laisse souvent admiratif. Le dessin d'humour stimule aussi le désir de culture : on entrevoit que chaque figure de l'univers culturel dit quelque chose d'unique et doit donc être préservée, proposée, recherchée. Pour dire l'esprit suicidaire qui peut atteindre l'action d'hommes publics, il nous faut Samson ébranlant les colonnes du temple[36] ; et comment dire les rêves donnés aux peuples sans la file des mages derrière leur étoile[37] ? Pour identifier, pour articuler nos émotions et nos jugements, il nous faut, comme au dessin d'humour, tous les contes, toutes les fables, tous les récits qui ont marqué l'imaginaire collectif.

29. Serguei, 27/1/98.
30. Philippe Petit-Roulet, 06/04/2000.
31. Desclozeaux, 10/01/2001.
32. Plantu, 13/6/01.
33. Pessin, 22/04/1990.
34. Silhouette à identifier...
35. 27/6/2000.
36. Pancho, 06/02/2000.
37. Serguei, 05/01/1999, 24/12/2000 ; Plantu, 29/10/99, 16/12/1999.

Les fables de *La Fontaine* illustrées par Lionel Kœchlin

Référence	Titre	Hypothèse de sens	Date de parution
I, 1	*La cigale et la fourmi*	Mendicité dans le métro	03/09/1998
I,2	*Le corbeau et le renard*	Publicité télévisée	10/09/1998
I, 3	*La grenouille qui veut se faire aussi grosse que le bœuf*	Dopage sportif	01/10/1998
I, 5	*Le loup et le chien*	RMI	27/06/2000
I, 6	*La génisse, la chèvre et la brebis*	Sommets et mondialisation	27/03/1999
I, 7	*Le rat de ville et le rat des champs*	Pollution de la nourriture	25/09/1999
I, 8	*L'hirondelle et les petits oiseaux*	Aveuglement des classes dirigeantes	02/10/1999
I, 11	*Le loup et l'agneau*	Pédophilie	23/04/1999
I, 14	*Le renard et la cigogne*	Problèmes des 35 heures	26/10/1999
I, 10	*La mort et le bûcheron*	Le bruit contre la mort	08/07/2000
I, 20	*Le coq et la perle*	Le dédain du livre	29/04/2000
I, 22	*Le chêne et le roseau*	Fragilité de la pensée unique	01/07/1999
II, 4	*Les deux taureaux et une grenouille*	Méfaits de l'embargo	15/01/1999
III, 2	*Le loup devenu berger*	Annexion de Jeanne d'Arc par des extrémistes	23/01/1999
III, 7	*Le loup et la cigogne*	Délocalisation d'usines	04/03/2000
III, 10	*Le renard et les raisins*	Désertification et famine	25/05/2000
III, 17	*La belette entrée dans un grenier*	Lutte contre les profits illégitimes	25/06/1999
V, 2	*Le pot de terre et le pot de fer*	Dangers des associations d'entreprises	20/04/2000
V, 3	*Le petit poisson et le pêcheur*	Pollution de la nature	20/03/1999
V, 9	*Le laboureur et ses enfants*	Exode rural vers la fonction publique	01/02/2000
V, 12	*Les médecins*	Aléas de la sécurité sociale	20/10/1999
V, 13	*La poule aux œufs d'or*	Spéculation	09/02/2000
VI, 10	*Le lièvre et la tortue*	Accidents de la route	31/10/1998
VI, 16	*Le chien qui lâche sa proie pour l'ombre*	Conquête de l'espace	17/04/1999
VII, 1	*Les animaux malades de la peste*	Fin de l'impunité des puissants	03/12/1998
VII, 4	*Le héron*	Le fastfood dans la grande ville vide	16/02/1999
VII, 9	*Le coche et la mouche*	Éliminer les bavards !	12/11/1999
VII, 10	*La laitière et le pot au lait*	Menaces sur la retraite	01/06/2000
VIII, 2	*Le savetier et le financier*	Les excités de la gâchette	09/05/2000
VIII, 8	*Le rat et l'huître*	Trafics	04/09/1999
VIII, 11	*Le cochon, la chèvre et le mouton*	Refoulements aux frontières	05/02/1999

Lire l'humour brésilien

ELIANA BUENO-RIBEIRO
CNED – VANVES

Humour universel et humour brésilien

> New York, année 2020. Un petit garçon et son père se promènent dans le sud de Manhattan. Le papa, l'air rêveur, dit comme s'il se parlait à lui-même : « Comme passe le temps ! Quand on pense qu'ici se levaient jadis les Twin Towers ! ». En l'entendant, le petit lui demande : « Papa, les Twin Towers, c'était quoi ? », « Mon enfant, répond le père, les Twin Towers étaient deux énormes tours qui ont été détruites par les Arabes. » Le petit garde le silence un moment et demande : « Dis, papa, les Arabes, c'était qui ? »

Cette blague, dont on se gardera de commenter le gout, a circulé sur l'Internet. Cet humour s'appuie sur la peur à la fois des attentats terroristes et des réactions américaines, peur que cette blague aurait pour fonction d'exorciser. Voilà un exemple, on ne pourrait plus actuel, d'une blague « universelle » car, comme chacun sait, l'humour est une question de contexte, social, culturel et linguistique. Sans une connaissance de ce contexte, il est difficile de saisir l'humour. Il est même le dernier rempart qui se dresse devant l'autre et rire ensemble est la meilleure preuve d'intégration culturelle. L'histoire citée ne pose pas de problème de compréhension, de même que l'impact des blagues juives new-yorkaises de Woody Allen dépasse le seul public américain, ne serait-ce que parce que les médias nous ont familiarisés (au Brésil comme en France) avec les valeurs sur lesquelles elles se fondent.

En revanche, quand il s'agit d'un humour né dans des sociétés moins connues, ou seulement connues à partir de stéréotypes, comme c'est le cas pour la société brésilienne, la situation est entièrement différente. Qu'en est-il de ce récit humoristique typiquement brésilien, lui aussi consécutif à l'attentat du 11 septembre 2001 ?

> Quelques documents ultra-secrets des Services de Recherches Spécialisées de la Police Fédérale Brésilienne, tout récemment livrés au public, affirment que Ben Laden avait programmé un attentat terroriste aérien au Brésil. Sa haine des grandes fêtes, considérées comme un des symboles de la globalisation de la joie, lui avait fait choisir comme cible la ville de Rio de Janeiro, et, plus précisément, l'image du Christ Rédempteur, symbole de la religion des infidèles. En conséquence, deux de ses meilleurs kamikazes sont partis au Brésil. Heureusement leur mission n'a pas pu aboutir, a conclu le rapport de la Police Fédérale envoyé au président du Brésil, au président des États-Unis et au Pape.

Voici donc le récit des évènements conformément à ce rapport :
Les terroristes sont arrivés à l'Aéroport International Tom Jobim, en provenance de Turquie le dimanche à 21 h 47. Leurs bagages avaient été égarés et, après plus de huit heures entre différents comptoirs pour enregistrer une réclamation, ils se sont vus conseiller de revenir le lendemain. À la sortie de l'aéroport, ils ont pris un taxi. Le chauffeur, s'apercevant qu'ils étaient étrangers, a fait d'innombrables détours dans la ville, pour finalement les abandonner dans un endroit isolé de la banlieue « chaude » pour que des complices leur volent leurs dollars. Grâce à leur entraînement dans les cavernes d'Afghanistan et dans les camps de Somalie, les deux terroristes réussissent à se tirer d'affaire et à arriver à un hôtel de Copacabana le lundi, à 9 h 30. Ils décident de louer une voiture pour se rendre à l'aéroport, afin de s'emparer d'un avion et d'accomplir leur mission. Mais ils sont pris dans un embouteillage monstre, provoqué par une manifestation d'étudiants et de professeurs en grève. Ils restent bloqués pendant des heures et se font voler leurs montres par des gamins des rues qui attaquent en groupes, ce que l'on appelle à Rio l'« arrastão ». Ils se décident alors à s'arrêter au centre ville pour échanger leurs derniers dollars dans une boutique de change. Ils y reçoivent de faux billets, grossièrement imités. Arrivés à l'aéroport, ils le trouvent bloqué par une autre manifestation. La police arrive et matraque tout le monde, y compris nos deux terroristes. À 22 h 30, affamés et en piteux état, ils vont manger quelque chose au restaurant de l'aéroport. Ils commandent une viande locale et une citronnade. Suite à une grave intoxication due à la viande avariée, ils ne sont ressortis de l'hôpital public qu'à 17 h 20 le dimanche suivant. En prime ils avaient attrapé le virus du choléra, présent dans l'eau de la citronnade. À leur sortie de l'hôpital, les supporters du Flamengo, l'équipe de football la plus populaire de la ville, les confondent avec des supporters d'une équipe adverse et les prennent en chasse. Le lundi matin, les terroristes volent un bateau de plaisance dans la baie de Guanabara et fuient le Brésil. D'après des sources sérieuses, ils auraient considéré que détruire Rio de Janeiro serait plutôt une œuvre de charité et auraient décidé de concentrer leurs attaques sur les États-Unis où les risques sont moins grands.

Comment comprendre cette blague créée et mise en circulation par des Brésiliens ? S'agit-il du constat, par ses propres enfants, de l'incurie qui règne dans ce pays ; d'une dénonciation de l'état du pays, vécu comme celui de l'anarchie ; d'une révolte des citoyens contre cette situation ? Ou, au contraire, cette petite histoire ne voudrait-elle pas justement montrer les Brésiliens comme des gens astucieux qui, éprouvés par les adversités quotidiennes, sont devenus presque indestructibles (comme certains insectes qui dans un milieu hostile non seulement survivent mais prolifèrent) ? Par ailleurs, concernant sa tonalité, avons-nous là une blague auto-dépréciative ou au contraire auto-appréciative ?

Ceux qui connaissent des traits fondamentaux de ce qu'on peut se risquer à appeler la culture brésilienne savent que la bonne réponse est celle qui réunit toutes les options données. En effet, on pourrait avancer qu'une des valeurs les plus prisées au Brésil est celle qui, dans un registre quelque peu dépréciatif, quelque peu appréciatif (tout dépend du contexte), s'appellerait la débrouille, et dans un autre, plus élevé, l'esprit d'initiative. On pourrait ajouter que le sentiment de vivre dans un intervalle de différence (formule devenue classique au Brésil pour exprimer la sensation d'être proche et en même temps distinct du monde occidental de l'hémisphère Nord), d'avoir à construire son identité par rapport à d'autres nations plus prestigieuses, n'a pas attendu les théories universitaires pour se répandre dans la rue. Et surtout qu'au Brésil on pratique la litote bien plus souvent qu'on ne le pense.

Humour et littérature brésilienne

Si cela est vrai pour la compréhension des blagues, cela l'est aussi pour la lecture des textes littéraires, comme ceux des romans brésiliens où l'humour joue un rôle fondamental mais parfois tout en nuance. Étant donné que la littérature brésilienne du XXe siècle puise beaucoup dans la langue parlée, il faut très fréquemment se représenter les situations de parole pour saisir la tonalité du récit, ce qui n'est pas toujours évident à ceux qui n'appartiennent pas à ce qu'on appelle ici la communauté culturelle, même si ceux-ci manient bien la langue portugaise dans son registre cultivé. Par ailleurs, les stéréotypes culturels très présents dans le cas du Brésil dirigent les lectures tout en figeant quelques sens préétablis. Ainsi, même si la littérature brésilienne compte en France quelques bons traducteurs, les nuances de l'humour ne sont pas toujours saisies, à moins qu'il ne s'agisse de Jorge Amado (et encore), et la lecture de certaines œuvres par des étudiants français de portugais bute sur cette composante.

Les réflexions suivantes m'ont été inspirées par les problèmes de réception, par des étudiants français, de deux œuvres brésiliennes mises dernièrement au programme des concours de l'Éducation nationale (CAPES et agrégation), le premier doté d'un vaste appareil critique tantôt brésilien, tantôt français, le second, à l'exception de repères critiques et autobiographiques, vierge de toute interprétation. Il s'agit d'*Enfance*, de Graciliano Ramos[1] et de *Le colonel et le loup-garou*, de José Cândido de Carvalho[2]. Dans le premier cas, la lecture a été parasitée par l'attente d'un récit d'une vie de souffrances, attente d'ailleurs confortée par la tradition critique de cet auteur. La compréhension du second, sur lequel la critique brésilienne ne s'est encore guère penchée, s'est heurtée non seulement à l'absence de connaissances relatives au contexte de l'œuvre mais aussi à l'expectative d'une profondeur du récit qui, justement, n'existait pas.

L'HUMOUR LITTÉRAIRE BRÉSILIEN : *ENFANCE*

Publié au Brésil en 1945, *Enfance* raconte les souvenirs d'un enfant du Nord-Est brésilien, région tristement célèbre pour la pauvreté de son petit peuple. N'appartenant pas aux grandes familles de la région, homme de gauche ayant été emprisonné dans les années 1930 pour ses œuvres et ses attitudes politiques, son auteur, l'un des plus prestigieux écrivains brésiliens, est considéré par la majorité des critiques,

1. Graciliano Ramos, *Enfance*, traduit du portugais par G. Gougenheim, Paris, Gallimard, 1956 (*Infância*, Rio de Janeiro, José Olympio, 1945).

2. José Cândido de Carvalho, *Le colonel et le loup-garou*, traduit du brésilien par José Carlos Gonzales. Paris, Gallimard, 1978 (*O coronel e o lobisomem*, Rio de Janeiro, José Olympio, 1964).

comme un écrivain sévère voire dur, dont le style de narration réfléchirait forcément la noirceur de la matière narrée. Ainsi, même dans l'imaginaire des lecteurs du sud du Brésil, il ne pourrait retenir de son enfance qu'avanies et douleurs.

Le noyau central de ce récit est l'apprentissage de la langue écrite et du langage du monde dans ses différences. En effet, on pourrait le décrire comme étant structuré autour d'une ligne imaginaire allant du moment où l'enfant peut faire la distinction sujet/objet jusqu'à celui de la découverte de l'amour à la lisière de l'adolescence. Ainsi, son premier chapitre s'appelle « Nuages » et le dernier « Laura ». On peut y voir, dans un décor provincial, les figures parentales, les efforts de l'enfant pour les comprendre et, surtout, pour les comprendre ensemble, ainsi que le tissage des relations que l'enfant entreprend dans son entourage jusqu'à se construire une vision personnelle du monde et à se faire des amis et des ennemis.

Certes, ses souvenirs ne sont pas toujours drôles, comme ne le sont pas toujours les souvenirs d'enfance en général. Comme chacun sait, l'enfance n'est une saison enchantée que dans les vers de quelques poètes romantiques. Néanmoins, une lecture justement non préparée de ces mémoires d'enfance laisserait voir aussi d'autres tonalités que celles concernant la tristesse et l'amertume, et d'autres fils thématiques que ceux qui ont trait à la souffrance.

Dans le chapitre intitulé « La lecture », par exemple, il s'agit des efforts de l'enfant pour accéder à la lecture, entre le désir de plaire à son père et la peur que celui-ci lui inspire. Le sujet est lourd et le récit de l'auteur foisonne de détails pénibles sur la pédagogie de la région et de l'époque. Cependant, par endroits, on peut apercevoir un sourire de l'auteur qui relativise tout, comme s'il nous rappelait qu'il s'agit du passé et que tout cela, en dernière instance, a donné matière à un récit. Pour ce faire, il a recours à plusieurs moyens, comme, par exemple, l'opposition entre le raisonnement de l'enfant et celui de son père à propos des vertus de la lecture, ce qui, étant donné le fait qu'ils se situent dans des niveaux de langue différents, est censé provoquer le sourire :

> Mon père essaya d'exciter ma curiosité en faisant valoir avec énergie ces lignes imprimées, défectueuses, déplaisantes. Il affirma que les personnes qui étaient familiarisées avec elles disposaient d'armes terribles. Cela m'apparut absurde : ces traits insignifiants n'avaient pas l'aspect redoutable des armes. J'entendis ses louanges sans y croire.

Il termine le chapitre en nous racontant comment, finalement, il avait appris à combiner les lettres et les syllabes et comment il essayait de comprendre un autre niveau de langue :

> Je ne lisais pas couramment, mais en haletant péniblement, j'arrivais à ânonner les sages conseils : « La paresse est la clef de la pauvreté. » – « Qui n'écoute pas les conseils réussit rarement. » – « Parle peu et bien : on t'estimera ».

Cette dernière phrase contient en portugais un trait d'humour que le traducteur français n'a pas pu reproduire lorsqu'il traduit le portugais « ter-te-ão por alguém » par le français : « on t'estimera ». En effet, ces conseils vraiment trop judicieux étaient donnés aux enfants dans un niveau de langue écrite très élevé : futur de l'indicatif et pronom personnel en position intermédiaire : « Fala pouco e bem : Ter-te-ão por alguém » (Parle peu et bien : on te prendra pour quelqu'un). Or, en portugais, plusieurs anthroponymes se terminent en ão : João, Gedeão ou Sebastião. L'enfant prend alors l'expression « Ter-te-ão » pour un prénom et l'énoncé devient donc dépourvu de sens à ses yeux. Il déclare : « Ce Testimera, pour moi, était un homme et je ne pus savoir ce qu'il faisait à la dernière page de l'abécédaire. »

Le chapitre qui s'intitule « Le Baron de Macaubas » pousse encore plus loin la dérision des souffrances de l'apprentissage de la lecture. Il s'agit là du commentaire sur un des manuels scolaires les plus réputés de l'époque :

> Un grand volume sombre, sous un cartonnage austère. Sur les pages fines, les lettres fourmillaient, innombrables, minuscules, et les illustrations ressortaient sur un papier brillant comme la trace d'une limace ou de la morve desséchée.
> J'en commençai la lecture de mon propre chef. Et aussitôt je butai sur l'histoire d'un enfant paresseux qui, en allant à l'école, s'attardait à converser avec les petits oiseaux et recevait d'eux de sages avis et de bons conseils.
> « Petit oiseau, veux-tu jouer avec moi ? »
> En voilà une question ! me disais-je. Et le petit oiseau occupé à construire son nid s'exprimait d'une façon encore plus surprenante. C'était un oiseau sage et peu modeste qui se proclamait laborieux avec excès et guidait le petit vagabond dans le chemin du devoir.

On pourrait citer encore le chapitre « Samuel Smiles », qui traite de la prononciation du mot anglais « Smiles », prononciation dont la communauté entière ignore la forme correcte. Ou « Un intermède » qui a trait à une crise de ferveur religieuse chez l'enfant. Ou encore les chapitres « La fin du monde », « L'enfer » et « Cécité », qui comportent des notes humoristiques sur la construction même de la figure maternelle en contrepoint de leurs sombres thèmes centraux. Très peu de ces éléments ont été compris par les étudiants français persuadés d'avoir affaire à un roman engagé, réaliste, à la fois témoignage et dénonciation de l'enfance malheureuse. S'attend-on à rire en lisant *L'Enfant* de Vallès ?

L'HUMOUR LITTÉRAIRE BRÉSILIEN : *LE COLONEL ET LE LOUP-GAROU*

Le colonel et le loup-garou a connu un vif succès au Brésil, tant dans le grand public que chez la critique depuis sa parution en 1964. Ce roman a comme figure centrale un riche propriétaire terrien qui se présente comme capitaine de l'ancienne Garde Nationale du Brésil, à une époque où cette corporation avait déjà disparu. Mêlant mythes et histoires locales, en l'occurrence le nord de la province de Rio de Janeiro, il raconte ses prouesses et ses aventures, particulièrement celles qui ont trait à ses rapports avec un couple de citadins, dont il croit que la femme n'attend qu'une occasion pour lui tomber dans les bras. Mais, comme le soupçonne très vite le lecteur, le couple le dépouille et il se voit contraint de se réfugier dans sa propriété rurale où vient le débusquer encore le collecteur des impôts fonciers. Cette dernière adversité l'achève, son cœur lâche. Immédiatement, il se sent léger, aérien, pur de toute inquiétude et, comme il continue de nous le narrer, sur la monture que lui donne saint Georges lui-même, il s'apprête à combattre le démon.

La toile de fond est sombre. C'est la peinture d'une société en décadence à travers un lieu et un personnage emblématiques, à savoir la région nord de l'État de Rio de Janeiro, ancienne région de la culture de la canne à sucre, et le « colonel », qui, de son temps, en avait été une importante personnalité. Néanmoins, l'auteur nous fait connaitre au tout début du texte, par l'intermédiaire de son protagoniste, son intention de présenter les faits d'une façon burlesque, la vie étant déjà par elle-même suffisamment triste. Son colonel évoluera donc dans une atmosphère ludique et comique, qui, cependant, n'exclut pas la vision du réel. La narration mélange les humains et des créatures de toutes sortes, tels que des sirènes, des crocodiles fantastiques ou des loups-garous. Dans le langage employé se côtoient langue standard, termes régionaux et même néologismes : l'auteur greffe des textes venus de la littérature orale sur un modèle romanesque, tout en le modifiant. Tout cela, ainsi que la fin du roman dans laquelle le personnage raconte non seulement sa propre mort mais aussi ce qu'il fait dans l'au-delà, montre clairement la tonalité humoristique du récit. Et pourtant, cette tonalité n'a pas toujours été perçue.

Il est vrai que, pour ceux qui n'ont pas une bonne connaissance de la culture brésilienne, ce texte présente de grandes difficultés, étant donnée la quantité d'informations nécessaires pour le comprendre même au premier degré. Mais, même une fois ces difficultés lexicales et culturelles écartées, la compréhension du texte continue à poser problème. Si l'on garde à l'esprit le modèle réaliste du roman du XIXe siècle, le texte en question perd une partie de son sens. Si l'on insiste sur des approches psychanalytiques, si on cherche à y voir un sujet en quête de vérité qui bute contre la réalité, on évacue, bien évidemment, toute possibilité de comprendre l'humour de cette œuvre. En effet, on est ici en présence d'un texte élaboré pour jongler avec la littérature orale, paradoxalement régionale et universelle, et avec les codes romanesques. Le personnage central emprunte des traits de ces différents genres, ainsi que le récit lui-même, pour traverser un sujet difficile comme la décadence d'une région économique. L'humour est là pour faire comprendre que l'on peut toujours s'en sortir. Faute de l'avoir compris, une grande partie des étudiants se sont livrés à de fausses interprétations, particulièrement en ce qui concerne la fin du roman qui les a particulièrement déroutés.

C'est justement par les ressources humoristiques mises en œuvre que ces deux textes illustrent une façon très répandue dans la littérature brésilienne (ou tout simplement au Brésil) de traiter les sujets délicats, voire pénibles. Chacun à sa manière, ils évoquent les douleurs tout en niant que celles-ci l'emportent sur la volonté humaine, ils jouent avec la réalité tout en essayant de la dominer par l'intermédiaire des mots. Chacun à sa façon, ces deux textes présentent des hommes qui, faute d'autres armes contre l'adversité, font toujours preuve d'astuce, en se dérobant continuellement à l'ordre préétabli, en cherchant toujours à se forger leur propre destin. Ce sentiment de pouvoir vaincre toutes les difficultés se traduit aussi bien dans l'espace littéraire que dans les histoires drôles.

Une école de traduction : les jeux de mots

JACQUELINE HENRY
INSTITUT DU MONDE ANGLOPHONE, PARIS III

Lorsque je me suis attelée, il y a une dizaine d'années, à l'étude de la traduction des jeux de mots, qui a fait l'objet de ma thèse[1], plusieurs personnes à qui j'ai parlé de ce projet m'ont ri au nez devant un sujet qui leur paraissait « bien petit ». Et pourtant, il m'a fallu plusieurs années pour faire un tour sans nul doute encore incomplet de la question, qui n'était donc peut-être pas si limitée que cela. En fait, du côté des traducteurs, tous savent que la traduction de jeux de mots est une des difficultés incontournables du métier, quel que soit le domaine considéré. Car on trouve des jeux de mots en littérature – nous en verrons des exemples plus loin – mais aussi dans la presse, notamment dans les titres d'articles, dans la publicité, dans les textes et slogans politiques, et même dans des brochures techniques, dans lesquelles ils permettent, localement, d'alléger le propos et d'adresser un clin d'œil complice à l'utilisateur.

Si traduire un jeu de mots peut être une gageure, il s'agit aussi d'un exercice qui illustre bien la démarche générale du traducteur, réécrivain d'un texte dans une langue seconde. Dans cet article, je m'efforcerai de montrer à travers des exemples français comment on peut rechercher une solution traductionnelle satisfaisante, ce qui nous fera croiser sur notre chemin nombre des grands sujets de la traductologie comme la fidélité, l'adaptation, l'opposition langue/texte, le lexiculturel, l'implicite, etc.

Les catégories de jeux de mots

Pour commencer, et afin de faciliter quelque peu l'analyse des exemples qui vont suivre[2], je rappellerai brièvement quelles sont les principales catégories de jeux de mots (*cf.* Guiraud, 1976[3]) :

– les jeux par enchainement, parmi lesquels on trouve les enchainements par homophonie ou paronymie (« des messages, des mets sages, des massages »), par écho (« Tu parles, Charles »), par auto-

1. Henry, Jacqueline (1993), *La traduction des jeux de mots*, thèse de doctorat non publiée (consultable à la bibliothèque de l'ESIT-Paris III ; publication prévue pour septembre 2002 aux P.S.N.
2. Les textes intégraux figurent en annexe.
3. Guiraud, Pierre (1976), *Les jeux de mots*, Paris, PUF, Coll. Que Sais-je ?.

matisme («trois petits chats, chapeau de paille [...]», ou les charades à tiroirs;

– les jeux par inclusion, qui incluent l'anagramme («Avida Dollars/Salvador Dali»), le palindrome (mot ou phrase lisible de gauche à droite et de droite à gauche), la contrepèterie («folle à la messe/molle à la fesse»); s'inscrivent aussi dans cette catégorie l'acrostiche (qui consiste le plus souvent à cacher un nom dans les premières lettres des vers d'un poème) et sa variante «horizontale», le jeu sur un acronyme; on peut enfin citer le mot-valise, qui télescope deux mots («une foultitude de gens»);

– les jeux par substitution, qui constituent sans doute la catégorie la plus féconde en français, puisque c'est celle à laquelle appartiennent les calembours; rappelons brièvement que ceux-ci peuvent être sémiques (en portant par exemple sur un double sens ou une antonymie) ou phoniques (jeu sur le son, de l'identité à une ressemblance plus approximative – homophonie ou paronymie) ; ils peuvent aussi être *in praesentia* («Doux présent du présent») ou *in absentia* («faire le plein des sens»), et contenir ou non une allusion à une œuvre littéraire, un événement politique ou culturel, etc.

Exercices de style... et de traduction

Le premier exemple examiné[4] est extrait des *Exercices de style*, de Raymond Queneau[5]. Il s'agit plus précisément du texte intitulé «Distinguo», qui reprend bien entendu la trame narrative du récit de base des *Exercices* (intitulé «Notations»), en précisant systématiquement, dans chaque membre de phrase, quelle prétendue méprise le lecteur doit éviter. En fait, ces précisions sont un prétexte pour introduire dans ce court texte une multitude de jeux de mots divers qui créent les «distinguos» annoncés dans le titre.

JEUX DE MOTS UTILISÉS

Examinons, par exemple, le début de ce texte : «Dans un autobus (qu'il ne faut pas prendre pour un autre obus), je vis (pas avec une vis) un personnage (qui ne perd son âge) coiffé d'un chapeau (pas d'une peau de chat) cerné d'un fil tressé (et non de tril fessé). Il possédait (et non pot cédait) un long cou (et pas un loup con)». Les oppositions-distinguos rencontrées sont donc les suivantes :

– autobus/autre obus (calembour paronymique *in praesentia*);

– je vis/pas avec une vis (calembour paronymique *in praesentia*);

– Personnage/[ne] perd son âge (calembour paronymique *in praesentia*);

– chapeau/peau de chat (jeu de permutation phonémique);

4. Les textes étudiés sont cités en annexe à la fin de cet article.

5. Queneau, Raymond (1963), *Exercices de style*, Paris, Gallimard (éd. nouvelle).

– fil tressé/tril fessé (contrepèterie) ;
– possédait/pot cédait (calembour homophonique *in praesentia*) ;
– un long cou/loup con (contrepèterie).

Sur le plan formel, on remarquera que tous les calembours de ce passage sont du type *in praesentia*, puisque pour créer les distinguos, il faut que les deux termes de l'opposition soient cooccurrents. Nombre d'entre eux sont des calembours paronymiques, autrement dit reposent sur des ressemblances phoniques. Sur le plan sémantique, ces jeux verbaux créent des rapprochements surprenants (un autobus/un autre obus, un chapeau/une peau de chat), voire absurdes (fil tressé/tril fessé). Bien entendu, cet aspect saugrenu contribue à la production d'effets humoristiques dans le texte, effets qui ne manquent pas de faire sourire le lecteur quenellien et lui font accepter la répétition à quatre-vingt-dix-neuf reprises d'une même histoire assez triviale et, surtout, une visée globale des *Exercices de style* qui, elle, est tout à fait sérieuse : envisager quatre-vingt-dix-neuf variations sur un thème à l'aide d'un éventail de moyens rhétoriques, stylistiques, grammaticaux et autres.

DU FRANÇAIS À L'ITALIEN

Comment traduire un tel passage dans d'autres langues, puisque les jeux auxquels recourt Queneau sont intimement liés à des particularités de la langue française (comme la paronymie entre *autobus* et *autre obus*, ou le rapport de permutation entre *long cou* et *loup con*) ? Telle est la question qui vient sans doute le plus spontanément à l'esprit des non-traducteurs et à laquelle beaucoup répondent de façon péremptoire : on ne le peut pas, les jeux de mots résultent d'accidents de langue non reproductibles dans d'autres idiomes et sont, de ce fait, intraduisibles. Et pourtant, les *Exercices de style* ont été traduits dans différentes langues, et en particulier, pour parler de celles que je connais le mieux, en anglais et en italien. Voyons donc, par exemple, comment le traducteur italien des *Exercices* (qui n'est autre qu'un certain Umberto Eco[6]) a rendu ces deux premières phrases de « Distinguo » :

> Un bel di, sul torpedone (non la torre col pedone) scorsi (ma non preteriti) un tipo (non un carattere a stampa) ovvero un giovinotto (che non era un sette da poco cresciuto), munito (si, ma non scimunito) di un cappello incoronato (non incornato) da un gallone (non di birra), e con un lunghissimo collo (non postale).

Les jeux de mots précédemment cités deviennent donc :

– torpedone/torre col pedone (jeu paronymique avec inclusion) [littéralement : autocar/tour au piéton] ;

– scorsi/preteriti (jeu combinant d'une part l'homonymie entre le verbe *scorsi* [j'aperçus] et l'adjectif *scorsi* et, d'autre part, la synonymie entre l'adjectif *scorsi* et l'adjectif *preteriti* [qui signifient tous les deux *passés*] ;

6. Queneau, Raymond, *Esercizi di stile*, trad. italienne par Eco, Umberto (1983), Turin, Einaudi.

– un tipo/carattere a stampa (jeu polysémique sur *tipo* [un type] et *tipo* [un caractère d'imprimerie]) ;

– un giovinotto/che non era un sette (jeu combinant un calembour homophonique *in absentia* sur *giovinotto* [un petit jeune] et *giovin-otto* [jeune huit] et un jeu sémique sur l'opposition entre *otto* [huit] et *sette* [sept]).

– incoronato/incornato (calembour paronymique *in praesentia*) ; le registre sémantique de « incornato » (cornu) peut rappeler celui de « fessé » ;

– un gallone (calembour polysémique *in absentia sur gallone* [galon] et *gallone* [gallon, unité de mesure anglo-saxonne) ;

– un lunghissimo collo (non postale) : calembour polysémique *in absentia* sur *collo* (cou) et *collo* (colis).

Outre que chez Eco, on n'a plus qu'une phrase et non deux, on peut noter qu'*a priori*, les jeux exploités sont très différents, tant par la signification des mots sur lesquels ils reposent que par les types de jeux utilisés. Ainsi, Eco exploite nettement plus le filon des jeux sur le sens, et l'on ne retrouve aucune contrepèterie, jeu dont il explique, dans la préface de sa traduction, qu'il est techniquement reproductible en italien, mais fort peu utilisé dans cette langue. Les premières conclusions que l'on peut en tirer, c'est que si ce passage a pu être traduit en italien, contrairement à ce que prétendent les tenants de l'intraduisibilité des jeux de mots, c'est parce qu'Umberto Eco a exploité des « accidents » de sa propre langue. Autrement dit, il est fidèle non pas à la lettre du texte, mais à son sens. Comme dans n'importe quelle situation de traduction, il cherche à rendre non la langue de l'original, mais un texte : il reproduit bien l'histoire de l'homme dans l'autobus, et reprend la matrice formelle du texte, à savoir la série de constructions du type *x et non y* qui fonde l'exercice « Distinguo ». La visée du texte original est respectée, mais pour recréer un texte italien qui produise aussi les mêmes effets sur ses lecteurs italiens, Eco doit puiser dans les ressources offertes par sa propre langue (il produit d'ailleurs huit jeux de mots dans ce passage, contre sept dans l'original). Et au-delà de la reprise du récit et de la structure du texte, sa liberté est grande. Eco s'est d'ailleurs tellement piqué au jeu des *Exercices* que pour certains d'entre eux, il a proposé deux ou trois versions différentes.

DU FRANÇAIS À L'ANGLAIS

Pour ce qui est de l'anglais, je m'appuierai sur la traduction de Barbara Wright[7], traductrice de plusieurs œuvres de Queneau, mais aussi d'Alfred Jarry, Nathalie Sarraute ou Francis Ponge. Dans sa version, les deux phrases précitées de l'original deviennent :

> In an S bus (which is not to be confused with a trespass), I saw (not an eyesore) a chap (non a Bath one) wearing a dark soft hat (and not a hot daft sack), which hat was encircled by a plaited cord (and not by an applauded cat). One of his characteristics (and not his character's instincts) was a prim neck (and not a numb prick).

7. Queneau, Raymond, *Exercises in style*, trad. anglaise par Wright, Barbara (1958, 1981), New York, New Directions Books.

Les jeux exploités sont donc :

– S bus/trespass (calembour paronymique *in praesentia* sur *S bus* [bus S] et *trespass* [intrusion illicite]);

– I saw/eyesore (calembour paronymique in *praesentia* sur *I saw* [je vis] et le substantif *eyesore* [une horreur à voir]);

– a chap/not a Bath one (jeu de mots *in absentia*, les *Bath chaps* étant une spécialité charcutière du sud de l'Angleterre);

– a dark soft hat/a hot daft sack (jeu de permutations phonémiques : le d de dark, sombre, se retrouve dans daft [idiot], les consonnes finales de soft [mou], dans daft, le h de hat [chapeau], dans hot [chaud], etc.);

– a plaited cord/an applauded cat (jeu paronymique in *praesentia* avec un rapprochement sémantique saugrenu [un cordon tressé/un chat applaudi]);

– his characteristics/his character's instincts (calembour paronymique *in praesentia* sur le substantif *characteristics* [caractéristiques] et le groupe nominal *character's instincts* [instincts du personnage]);

– a prim neck (un cou raide)/a numb prick (une bite engourdie) : jeu de permutations phonémiques (le «pr» de *prim* [raide, guindé] reparait dans *prick* [bite], de même que la voyelle «i» de ce même *prim* et la finale «ck» de *neck* [cou], etc.).

Curieusement, alors que la parenté entre l'anglais et le français est moins étroite qu'entre l'italien et le français, cette traduction semble formellement plus proche de l'original que celle d'Eco. En effet, B. Wright maintient la division de ce passage en deux phrases et exploite des types de jeux de mots plus proches de ceux de l'original, comme des calembours paronymiques et des sortes de contrepèteries (jeux pratiqués dans le monde anglo-saxon, sous le nom de *spoonerisms*). On notera également que le «numb prick» rend habilement le registre sémantique du «tril fessé» et du «loup con» de l'original. Et le «S bus» initial? Comment expliquer qu'«autobus» devienne «S bus»? B. Wright se serait-elle permis de modifier le texte de Queneau pour pouvoir introduire ensuite le jeu paronymique avec «trespass»? Non, au contraire, elle respecte là un autre principe général de la traduction, qui est que l'on ne traduit pas les mots de l'original hors de tout contexte. Le texte singulier qu'est «Distinguo» s'inscrit dans l'ensemble des *Exercices de style*, et c'est le texte initial («Notations») qui indique que le véhicule concerné dans le récit est un autobus de la ligne «S». Autrement dit, B. Wright tire parti, pour trouver une solution à l'un des jeux de mots du texte, d'une des ressources de l'original lui-même. Elle s'appuie sur le contexte de l'œuvre – contexte verbal, les mots mêmes du texte, ou contexte cognitif, les éléments du récit – à savoir sur le «nom» de l'autobus que prend le narrateur des *Exercices*. C'est là, en général, un des outils majeurs à la disposition du traducteur, notamment devant un écueil comme un jeu de mots. Il peut en effet exploiter une autre appellation d'un objet ou d'une personne, ailleurs dans le texte, afin de fonder un jeu de mots qui, dans sa langue, s'insérera naturellement en reproduisant au mieux l'effet d'accroche, d'amusement ou autre de l'original.

Pour conclure sur cet exemple de Queneau, je dirai que, s'il est riche en jeux de mots, il n'est pas pour autant particulièrement difficile à traduire, parce que les contraintes ne sont pas extrêmement fortes : il suffit de reprendre le récit d'origine et de reproduire le modèle des *x et non y*. Les multiples jeux de mots du texte n'entretiennent pas d'autre rapport formel ou sémantique les uns avec les autres. Dans ces limites, le traducteur peut utiliser au mieux les ressources de sa langue pour recréer un texte second équivalent.

Prévert à l'épreuve de la traduction

Le deuxième exemple sur lequel je m'arrêterai renvoie à la poésie, puisqu'il s'agit du poème *Promenade de Picasso*[8] de Jacques Prévert. Il permet, en particulier, d'illustrer le lien naturel entre les jeux de mots et la poésie, de par l'exploitation « surintensive » qui est faite du langage. Autrement dit, dans les deux cas, les mots sont employés tout autant – voire davantage – pour leur face signifiante que pour leur signifié. Les sons eux-mêmes peuvent apporter au texte un supplément de sens, ou même en être le sens pertinent. Précisons par ailleurs que les jeux de mots sur lesquels nous allons nous pencher plus spécialement, issus de la « Promenade de Picasso », ne sont pas des exceptions dans les poèmes de J. Prévert[9].

JEUX DE MOTS UTILISÉS

Voici donc les jeux de mots de la *Promenade de Picasso* sur lesquels j'entends m'étendre plus longuement ici. Le premier se situe au vers 17 :

> [...] et la voilà qui tourne
> dans son assiette réelle
> sournoisement sur elle-même
> doucement sans bouger
> **et comme un duc de Guise qui se déguise en bec de gaz**
> parce qu'on veut malgré lui lui tirer le portrait
> **la pomme se déguise en beau fruit déguisé [...]**

Ce qui différencie les jeux verbaux présents dans ces lignes de ceux que nous avons vus chez Queneau, c'est leur insertion poétique, qui leur confère un rôle esthétique. En outre, si chez Queneau, ils illustrent le recours à des figures de langue (calembours, contrepèteries, etc.) et font sourire le lecteur par leur incongruité ou leur absurdité, ici ils provoquent peut-être davantage l'admiration, face à la virtuosité de l'auteur, que le rire ou le sourire. Avant de commenter plus avant ce « duc de Guise », citons le deuxième jeu de mots du poème (au vers 38) :

8. Prévert, Jacques (1949), *Paroles*, Paris, Gallimard.
9. On peut également citer, dans le recueil *La Pluie et le beau temps*, les calembours homophoniques « lundi/l'un dit, jeudi/je dis » et « samedi/ça me dit » du poème *Hôpital Silence*.

[...] Et la pomme en tournant évoque le pommier
le Paradis terrestre et Ève et puis Adam [...]
le serpent du Jeu de Paume le serment du Jus de Pomme
et le péché originel [...]

Bien entendu, toute tentative de traduction d'un poème suppose préalablement l'étude de son environnement dans l'œuvre de son auteur, voire dans son époque. Tout exercice de traduction de la *Promenade de Picasso* devrait donc préalablement passer par une évocation de l'œuvre de Prévert et une connaissance de *Paroles* qui ne peut se limiter à un seul poème. Et la traduction du poème lui-même appelle naturellement son analyse, pour en dégager les thèmes, les récurrences, les rythmes, les sonorités, bref, tout ce qui contribue à en créer le sens.

COMMENT TRADUIRE ?

A priori, jusqu'au vers 17, la traduction de ce poème ne semble pas poser de gros problème. Certes, il faut être attentif aux rythmes, aux leitmotive (*ronde/tours dans son sac/tourne, réelle/réalité/telle qu'elle est*), mais cela ne semble pas insurmontable. Quand surgissent ce « duc de Guise qui se déguise en bec de gaz » et « se déguise en beau fruit déguisé ». Comment un non-francophone peut-il envisager de rendre ce passage dans une autre langue alors que ce « duc de Guise » renvoie à une réalité culturelle strictement française (sans parler du « fruit déguisé », qui joue sur le sens propre de l'adjectif et, dans le même temps, sur son sens dans le cadre de l'expression figée « fruit déguisé »). On se heurte là – en apparence tout au moins – à la question du culturel en traduction. Que peut devenir le duc de Guise – il y en a eu plusieurs, bien réels, dans l'histoire de France – dans un poème transposé dans une autre langue ? Dans un autre type de texte, par exemple de nature historique, justement, le duc de Guise resterait presque inchangé, sur le modèle « duke of Guise », « duco di Guise », etc. Mais encore faut-il se demander quelle pertinence a la mention de ce personnage dans le poème de Prévert. La référence historique a-t-elle, ici, une quelconque valeur concrète ? Jusqu'à cette ligne, il a été question de la pomme, sur son assiette « réelle », que le « peintre de la réalité » veut peindre « telle qu'elle est » et qui, refusant de se laisser reproduire sur la toile, se met à dissimuler la réalité en se « déguisant ». Tel est le contenu du poème, contenu qui appelle le développement formel de ce paradigme de déguisement, et c'est là qu'entre « en jeu » le duc de Guise : ce n'est pas Henri ou François qui importe, mais le seul nom de Guise, qui se retrouve par inclusion dans la forme verbale « se déguise », laquelle appelle à son tour, en un jeu de mots « filé », l'allusion au « fruit déguisé », qui reprend habilement la notion de fruit (la pomme) et l'idée de dissimulation.

Au terme de cette analyse, on se rend compte que le problème qui se pose en traduction n'est pas celui de la référence à un élément culturel spécifiquement français, mais celui de la rime et du rythme : Guise/déguise, duc de Guise/bec de gaz (double série de trois monosyllabes, à laquelle s'ajoute la paronymie entre « Guise » et « gaz »). C'est là une illustration de l'aspect « surintensif » de l'utilisation du langage en poésie et dans les jeux de mots. Le contenu n'est pas forcément ce qui l'emporte au niveau du sens, lequel peut résider bien davantage dans la forme et les signifiants. De même, dans le cas du serpent du Jeu de Paume/serment du Jus de Pomme, ce n'est pas tant l'événement de 1789 qui importe que le double jeu phonique « serpent/serment » et « Jeu de Paume/Jus de Pomme » (dans lesquels, en revanche, le serpent et la pomme sont pertinents, vu la référence explicite au péché originel dans le poème et tout le récit autour de la pomme). C'est donc en priorité vers la restitution de ces astuces formelles autour de « déguiser », d'une part, et de « serpent » et « pomme », d'autre part, que devrait tendre toute traduction (ce qui n'est pas chose facile, j'en conviens). De ce point de vue, la traduction anglaise publiée de *Paroles*[10] me semble exagérément attachée aux signifiés plutôt qu'aux éléments qui font de ce texte un poème, surtout pour le vers 38, qui est rendu par : « the serpent of the Tennis Court and the Oath of Apple Juice ». On y retrouve le serpent et la pomme, mais il n'y a plus de jeux de mots. En anglais, par exemple, il faudrait chercher des mots qui fassent écho, phoniquement, à « snake » (ou « serpent ») et à « apple », et essayer de recréer une structure binaire (serpent du Jeu de Paume/serment du jus de pomme). Le vers 17, « and like a *Duc de Guise* who disguises himself as a gas duct », parait phoniquement plus réussi, « Duc » devant rimer avec « duct » et « Guise » (sans doute prononcé [gaiz]) avec « gas ». Pour le vers 19 (« la pomme se déguise en beau fruit déguisé »), à vos plumes, sachant que les éléments pertinents sont, dans la continuité du vers 17, la pomme et l'idée de déguisement/dissimulation.

Comment traduire Raymond Devos ?

Le troisième exemple que je traiterai est encore d'un autre genre, et renvoie sans hésiter à l'humour, puisqu'il s'agit d'un texte d'un des maitres français contemporains du genre, Raymond Devos. Il s'intitule « Sauver la face », et l'on peut le trouver dans le recueil intitulé *Matière à rire*[11]. Par souci de brièveté, je n'en citerai ici que quelques lignes qui illustrent particulièrement bien l'utilisation que Devos fait des jeux de mots :

> [chez le médecin]
> Quand il m'a dit cela, moi qui **me trouvais bien**, j'ai failli **me trouver mal !** J'ai dit :

10. Prévert, Jacques, *Paroles*, trad. anglaise par Ferlinghetti, Lawrence (1958), San Francisco, City Lights Books.
11. Devos, Raymond (1991), *Matière à rire – L'intégrale*, Paris, Plon.

– Oh! Eh! Non! Moi, je voudrais simplement que vous me remplaciez les organes usagés.
– Ça ne vaut pas le coup! Et puis quand je vous aurai greffé un rein ou transplanté le cœur d'un autre, ce n'est pas cela qui **vous fera une belle jambe.**
– Vous n'avez qu'à me greffer une autre jambe.
– Hé! c'est que **je n'en ai pas sous la main!** C'est qu'une jambe, **ça ne court pas les rues!**
– Si vous en voyez une qui **traîne par là!**
– Je vous la mettrai de côté. Mais je vous préviens... une jambe, **cela va vous coûter les yeux de la tête!**
– Tiens! Je croyais que la greffe, **c'était à l'œil!...**
– Ici, **tout ce qui est à l'œil est hors de prix!** Il y a combien de temps que vous vivez là-dedans, m'avez vous dit [...]?

DES JEUX SUR LE SENS DES MOTS

Dans cet extrait, on trouve une série de calembours sémiques, c'est-à-dire de jeux de mots fondés non plus sur les sons, comme dans les exemples de Prévert, mais sur les significations de mots ou d'expressions. Dans la plupart des cas, il s'agit de jeux d'opposition entre un sens propre et un sens figuré, ce dernier apparaissant dans une locution figée ayant trait à l'anatomie humaine. Ce recours à des figements, expressions « toutes faites » que nous employons tous couramment dans la langue familière, permet à Devos d'établir le contact avec son public. Si le personnage mis en scène est bien souvent « l'artiste », c'est-à-dire lui-même, c'est toujours dans ce qu'il a de plus ordinaire, de plus semblable à ceux qui viennent le voir et l'écouter. Dans le texte, en revanche, il souhaite créer des effets de décalage entre le propre et le figuré qui produisent le rire par le biais de la surprise et, une fois encore, de l'absurde. Comme il l'a lui-même déclaré dans une interview au journal *Le Monde* en 1991[12] :

> Je me suis aperçu que ce qu'on appelait le jeu de mots, c'est un jeu de l'esprit qui se sert des mots pour avancer et provoque le malentendu. Comment expliquer un malentendu par le truchement du texte si l'on n'a pas un mot qui veut dire plusieurs choses? Ce qui m'a frappé très vite, c'est que, grâce à un mot qui a un double sens, on introduit une erreur quelque part. Cette erreur, si on la dénonce, la vérité est tout de suite rétablie, et l'on retombe dans la raison. Mais si elle n'est pas dénoncée, le mot reste, il s'impose et il s'installe dans la vie. C'est ça l'absurde.

Bref, comme il le dit lui-même, pour comprendre ce texte et pouvoir le traduire, il faut tout d'abord chercher l'erreur. En l'occurrence, je les ai surlignées en gras dans le texte : de « je me trouvais bien » (c'est-à-dire en forme, sens propre), on passe à « j'ai failli me trouver mal » (c'est-à-dire m'évanouir, sens figuré); de « ce n'est pas cela qui vous fera une belle jambe » (c'est-à-dire qui vous avancera, vous servira à quelque chose, au sens figuré), on passe à « vous n'avez qu'à me greffer une autre jambe » (sens propre); « je n'en ai pas sous la main! » est, cette fois, un jeu *in absentia*, puisqu'une seule expression est explicite, mais qu'il faut entendre à la fois la locution figée explicite « avoir quelque chose sous la main » et le substantif « main » s'opposant impli-

12. « Devos tout entier », propos recueillis par Danièle Heymann, *Le Monde*, jeudi 31 octobre 1991.

citement à la jambe précédemment mentionnée ; « ça ne court pas les rues » joue là encore *in absentia* sur le figement (signifiant « ça n'est pas courant, pas facile à trouver ») et sur l'image au sens propre d'une jambe courant toute seule, où pointe l'absurde ; avec « une qui traîne par là », c'est le sens propre qui revient en surface (une jambe disponible) tandis que le figement est sous-entendu (« traîner la jambe »). Enfin, l'extrait cité se termine par des jeux sur des expressions liées à l'œil : « coûter les yeux de la tête » (coûter très cher, sens figuré) ; « à l'œil » (gratuit, sens figuré) ; « à l'œil » (sens propres créant un effet de contraste, de surprise, voire d'incompréhension après l'expression figurée précédente) ; « ce qui est à l'œil est hors de prix » (calembour *in absentia* sur « à l'œil » au sens propre et au sens figuré, « hors de prix », qui suscite une confusion en actualisant le sens figuré implicite). Comme on peut le voir, ce seul petit passage est riche en casse-tête pour qui voudrait le traduire. Il s'agit tout d'abord, en procédant de la macro à la micro-structure, de déterminer le principe en œuvre dans le texte (les alternances de sens propre et de sens figuré sur des termes d'anatomie qui visent à produire ce que Devos appelle des « malentendus »), de repérer les expressions à double sens en identifiant le sens manifeste et le sens sous-jacent[13] puis, pour la partie reverbalisation du processus traduisant, de s'efforcer de trouver des expressions anatomiques permettant de recréer le même type de jeux et de produire le même genre d'effets.

LA TRADUCTION : CORRESPONDANCE OU ÉQUIVALENCE ?

Le problème qui se pose, lorsque l'on en arrive à cette étape du processus, est celui de l'alternative correspondance/équivalence : la première cherche à restituer l'original au plus près de la lettre et des significations des mots, tandis que la seconde cherche à recréer le sens du texte, lequel réside aussi, au-delà des mots et expressions figurant dans l'original, dans sa visée et dans l'effet produit. Ici, comme l'a indiqué Devos dans la citation sus-mentionnée, il s'agit, pour faire rire le public, de créer des malentendus, des échanges absurdes – en l'occurrence autour d'expressions faisant allusion au corps humain. La perspective de la correspondance ramène très rapidement au problème de l'« accident de langue » évoqué à propos de l'exemple de Queneau. Ainsi, pour reprendre les locutions anatomiques employées par Devos, la correspondance (c'est-à-dire les solutions proposées par un dictionnaire bilingue) pourrait fonctionner, en anglais, pour « sous la main » : « at hand, near at hand » ; « coûter les yeux de la tête » : « to cost an arm and a leg » ; et peut-être pour « faire une belle jambe » : « it's as much use as a headache ». Ce ne sont pas là pas de simples transcodages mot à mot, mais des expressions anglaises qui ont le même signifié que les expressions françaises initiales en utilisant elles aussi des références au corps humain ; certes, ces références ne sont pas toujours rigoureu-

13. Des non-francophones peuvent s'aider d'ouvrages comme le *Dictionnaire des expressions et locutions* d'Alain Rey et Sophie Chantreau (Paris, Dictionnaire *Le Robert*, Coll. « Les usuels du Robert », 1997), tandis que les anglophones peuvent utilement consulter le glossaire bilingue qu'a publié la revue canadienne *Meta* (« De la tête aux pieds : images anatomiques du français et de l'anglais », par Henri Van Hoof, in *Meta*, Vol. 45, n° 2, juin 2000).

sement les mêmes, mais elles pourraient permettre de recréer un texte assez proche de celui de Devos. L'ennui, c'est que sur les sept locutions recensées dans l'extrait mentionné, cette co-référence au corps humain ne se retrouve que trois fois. Dans les quatre autres cas, l'expression correspondante en anglais ne recrée aucun jeu faisant naitre une ambiguïté. Ainsi, « se trouver mal » se dirait « to faint » ou « to pass out », et « ça ne court pas les rues » serait « it's hard to find », ou « it's pretty rare ». Là encore, la seule possibilité réelle de transposition linguistique de ce texte passe par l'appropriation du modèle, du principe fondamental du texte, assortie d'une distanciation vis-à-vis de sa lettre. Il faut le recréer, en langue seconde, avec les moyens propres à cette langue.

Dans un premier temps, un traducteur profane pourra trouver que c'est là un exercice plus difficile qu'une traduction « classique », permettant de « coller » davantage à l'expression de l'original. Mais en fait, cela lui offre une grande marge de liberté recréatrice et le plaisir de l'écriture. Dans le cas de ce texte de Devos, on peut penser que, pour cause d'anthropocentrisme, la plupart des langues comportent de multiples figements en rapport avec l'anatomie humaine et que, par conséquent, il doit être reproductible.

En résumé, les différentes leçons de traduction entrevues à travers ces trois exemples de traduction de jeux de mots sont les suivantes : on traduit du sens, et non des significations, ce qui inclut les rythmes, les jeux d'assonances et l'effet du texte sur ses lecteurs ; on traduit donc un texte, et non de la langue, ce qui signifie que l'on n'est pas assujetti aux signifiants de l'original ; enfin, la recréation en langue seconde nécessite, selon les cas, une adaptation plus ou moins poussée aux ressources linguistiques et extralinguistiques de la langue-culture de traduction, adaptation qui, selon moi, n'est pas une trahison de l'auteur ou de l'œuvre d'origine, mais fait partie intégrante du processus de traduction.

Annexe 1

Distinguo

Dans un autobus (qu'il ne faut pas prendre pour un autre obus), je vis (et non pas je vis) un personnage (qui ne perd son âge) coiffé d'un chapeau (pas d'une peau de chat) cerné d'un fil tressé (et non de tril fessé). Il possédait (et non pot cédait) un long cou (et pas un loup con). Comme la foule se bousculait (et non que la boule se fousculât), un nouveau voyageur (et non un veau nouillageur) déplaça le susdit (et non suça ledit plat). Cestuy râla (et non cette huître hala), mais voyant une place libre (et non ployant une vache ivre) s'y précipita (et non si près s'y piqua).

Plus tard je l'aperçus (non pas gel à peine su) devant la gare Saint-Lazare (et non là où l'hagard ceint le hasard) qui parlait avec un copain (il n'écopait pas d'un pralin) au sujet d'un bouton de son manteau (qu'il ne faut pas confondre avec le bout haut de son menton).

Raymond Queneau, *Exercices de style*, Paris, Gallimard, 1963.

Annexe 2

La promenade de Picasso

Sur une assiette bien ronde en porcelaine réelle
une pomme pose
Face à face avec elle
un peintre de la réalité
essaie vainement de peindre
la pomme telle qu'elle est
mais
elle ne se laisse pas faire
la pomme
elle a son mot à dire
et plusieurs tours dans son sac de pomme
la pomme
et la voilà qui tourne
dans son assiette réelle
sournoisement sur elle-même
doucement sans bouger
et comme un duc de Guise qui se déguise en bec de gaz

parce qu'on veut malgré lui lui tirer le portrait
la pomme se déguise en beau fruit déguisé
et c'est alors
que le peintre de la réalité
commence à réaliser
que toutes les apparences de la pomme sont contre lui
et
comme le malheureux indigent
comme le pauvre nécessiteux qui se trouve soudain à la
merci de n'importe quelle association bienfaisante
et charitable et redoutable de bienfaisance de
charité et de redoutabilité
le malheureux peintre de la réalité
se trouve soudain alors être la triste proie
d'une innombrable foule d'associations d'idées
Et la pomme en tournant évoque le pommier
le Paradis terrestre et Ève et puis Adam
l'arrosoir l'espalier Parmentier l'escalier
Le Canada les Hespérides la Normandie la Reinette et
l'Api
le serpent du Jeu de Paume le serment du Jus de Pomme
et le péché originel
et les origines de l'art
et la Suisse avec Guillaume Tell
et même Isaac Newton
plusieurs fois primé à l'Exposition de la Gravitation
Universelle
et le peintre étourdi perd de vue son modèle
et s'endort
C'est alors que Picasso
qui passait par là comme il passe partout
chaque jour comme chez lui
voit la pomme et l'assiette et le peintre endormi
Quelle idée de peindre une pomme
dit Picasso
et Picasso mange la pomme
et la pomme lui dit Merci
et Picasso casse l'assiette
et s'en va en souriant
et le peintre arraché à ses songes
comme une dent
se retrouve tout seul devant sa toile inachevée
avec au beau milieu de sa vaisselle brisée
les terrifiants pépins de la réalité.

Jacques Prévert, *Paroles*, Gallimard, 1946.

Annexe 3

Sauver la face

On a beau ne pas être des machines, on s'use! On s'use! De temps en temps, il faut se faire faire une petite révision générale. Moi, j'en viens !
Je suis allé voir un spécialiste des organes...
Quand il m'a vu arriver, il a fait :
– Ah!... Il y a longtemps que vous vivez là-dedans?
– Ça va faire quarante ans !... Et sans faire de réparations!
– Ça se voit!... A priori, il faudrait tout abattre !
– !...
– Quand il m'a dit cela, moi qui me trouvais bien, j'ai failli me trouver mal!
– J'ai dit :
– Oh! Eh! Non! Moi, je voudrais simplement que vous me remplaciez les organes usagés.
– Ça ne vaut pas le coup! Et puis quand je vous aurai greffé un rein ou transplanté le cœur d'un autre, ce n'est pas cela qui vous fera une belle jambe.
– Vous n'avez qu'à me greffer une autre jambe.
– Hé! c'est que je n'en ai pas sous la main! C'est qu'une jambe, ça ne court pas les rues!
– Si vous en voyez une qui traîne par là!
– Je vous la mettrai de côté. Mais je vous préviens... une jambe, cela va vous coûter les yeux de la tête!
– Tiens! Je croyais que la greffe, c'était à l'œil!... Ici, tout ce qui est à l'œil est hors de prix! Il y a combien de temps que vous vivez là-dedans, m'avez-vous dit?
– Quarante ans!
– Dans la même peau?
– Dans la même peau.
– Eh bien, il serait temps d'en changer.
– Si vous avez une peau de rechange...
– Vous n'avez pas de chance... En ce moment, je manque de peau! Et puis fermez un peu les yeux pour voir!... Est-ce que vous distinguez quelque chose à l'intérieur?
– Oui, je vois comme une petite lueur.
– Alors, tout espoir n'est pas perdu... Vous avez encore une vie intérieure!
– Et pour l'extérieur?
– À votre place, je continuerais de marcher comme cela, en essayant de ne rien perdre en route!... Et puis je me laisserais pousser la moustache.
– Vous croyez que cela sauverait la face?
– Non ! Mais cela en cacherait une partie!

Raymond Devos, *Matière à rire*, Orban, 1991 rééd.; Plon, 1993.

L'humour vu de Taiwan

LIU SHUN-I
UNIVERSITÉ NATIONALE CENTRALE, TAIWAN

Les blagues chinoises tirent leurs ressources de l'homophonie, de la polysémie, des références culturelles, de l'aspect illogique des choses. En cela, elles ne diffèrent pas fondamentalement des blagues françaises ou d'autres cultures, comme l'illustrent ces deux histoires drôles chinoises dont les ressorts comiques proviennent de l'absurde et de l'homophonie :

> Un paysan avait une longue route pour se rendre en ville faire ses courses. Fatigué et affamé après deux heures de marche, il entre dans un magasin de pains cuits à la vapeur. « Combien coute le pain à la vapeur ? » demande-t-il au patron. « Cinquante centimes », répond ce dernier. Le paysan prend un pain, l'avale, puis, ayant encore faim, en prend un autre et l'engloutit, mais la faim persiste. En l'espace de quelques minutes, il en mange quatre autres. Après avoir fini la moitié du septième, il se sent rassasié. Il se frappe alors la tête avec la moitié du dernier pain à la vapeur en se traitant d'idiot. « Pourquoi vous frappez-vous ? » demande le patron ahuri. Le paysan, plein de regrets, répond : « Parce que je suis vraiment bête. La moitié de ce pain m'a suffi pour ne plus avoir faim. Si j'avais commencé par celui-là au début, j'aurais fait des économies. »

> Un député (*yiyuan* en chinois) emmène son fils âgé de cinq ans au supermarché. Le petit, qui a soif, prend une bouteille de jus d'orange et s'apprête à l'ouvrir. Le père s'empresse d'aller à la caisse pour régler le prix de la bouteille, dix NT dollars (*New Taiwan dollars*), puis autorise l'enfant à boire son jus d'orange. La caissière, qui semble l'avoir déjà vu quelque part, lui dit : « *Yiyuan* ? » Sur ce, le député se met en colère et réplique : « Comment *yiyuan* (un NT dollar) ? Mais je vous ai déjà donné *shiyuan* (dix NT dollars). »

Ce qui distingue l'humour chinois de l'humour français, ce sont plutôt les caractéristiques intrinsèques de ces deux langues et cultures. Certains éléments de l'humour français ne peuvent être bien saisis à Taiwan que si l'on s'arme d'un bagage linguistique et culturel français (de même pour l'humour chinois à l'étranger). À Taiwan, ceux qui maitrisent le français et connaissent la culture française adorent l'humour français, parce qu'ils peuvent le comprendre en profondeur. Il m'est arrivé de traduire en chinois des histoires drôles françaises à des locuteurs n'ayant aucune connaissance de la langue et de la culture françaises. Ces derniers n'ont eu aucune réaction. Ce qui n'est pas le cas de certains de mes étudiants d'un niveau de français assez avancé, qui, après avoir écouté les histoires comiques que je leur ai racontées en français, ont éclaté de rire. Ce qui montre que certains aspects de l'humour français ne peuvent être traduits, particulièrement lorsque le ressort tient à la polysémie ou aux références culturelles.

Il n'y a, à Taiwan, pratiquement pas de sujet tabou en ce qui concerne les blagues, qui peuvent porter sur différents domaines, tels que les accents régionaux, les aventures extraconjugales, le sexe, la religion, la politique, etc. On peut voir, dans une émission télévisée très populaire, des acteurs commenter ironiquement l'actualité en se déguisant en personnalités politiques, telles que le président de la République, le Premier ministre, les chefs des partis d'opposition, des députés, etc., dont ils imitent de manière caricaturale les façons de parler, les expressions faciales, les attitudes corporelles et le style vestimentaire. Cette émission, l'équivalent en quelque sorte du fameux *Bébête show* ou des *Guignols de l'info*, a beaucoup de succès et prouve l'importance que les Chinois accordent à l'humour. C'est ainsi que, dans les universités taiwanaises, les professeurs appréciés des étudiants sont souvent ceux qui, en plus de leur compétence professionnelle, savent faire preuve de beaucoup d'humour. Les salles de classes étant souvent bondées à craquer, cet art permet de détendre l'atmosphère. D'après les sondages, avoir de l'humour est, pour la plupart des jeunes filles taiwanaises, une des qualités les plus importantes qu'elles souhaitent chez leur futur mari. Il n'est donc pas difficile d'imaginer la portée que peut avoir l'humour dans la société taiwanaise.

Mais l'humour ne s'exerce pas avec n'importe qui, n'importe où ni n'importe quand. Les blagues se pratiquent entre amis, collègues, camarades, etc., et permettent de mettre à l'aise, d'être plus décontracté, d'égayer l'ambiance. Le fait de se permettre de raconter des blagues sur un ami révèle souvent l'étroitesse des liens entre l'auteur et l'objet de la blague. En dehors de ce contexte, l'humour est pratiqué normalement par celui qui occupe une position supérieure. Par conséquent, l'humour de la part de celui qui se trouve dans une position inférieure semblerait déplacé, serait considéré comme un signe de frivolité, même d'irrespect. L'humour s'arrête où la hiérarchie commence.

L'*humour dans*
la classe de FLE

NELLY FEUERHAHN
JEAN-MICHEL ROBERT
ROBERT GALISSON
JUDITH STORA-SANDOR
THIERRY GLACHANT
GERALD HONIGSBLUM
INTERLUDE : FLORI SAMFIREAG-COINTESCU
ET DORIN SAMFIREAG-COINTESCU

Le comique d'Astérix

ou comment y perdre son latin pour rire dans les 24 scénarios de René Goscinny

NELLY FEUERHAHN
CNRS-CENTRE D'ETHNOLOGIE FRANÇAISE/MUSÉE NATIONAL DES ARTS ET TRADITIONS POPULAIRES

Pour un étranger, bien comprendre la bande dessinée Astérix témoigne d'une très bonne connaissance de la langue et de la culture françaises, non seulement de la culture érudite mais plus encore de la culture populaire. Astérix fait appel à des connaissances implicites acquises dans les échanges informels, à des expressions et des niveaux de langues absents des dictionnaires. Traduits dans plus de 100 langues ou dialectes, les albums comptent des millions de lecteurs. Un tel succès international est dû pour une grande part à l'émulation sans pareille de ses traducteurs pour trouver des équivalents aussi spirituels que ceux de l'original. La lecture d'Astérix représente donc un intérêt didactique certain pour l'enseignement du français à des étrangers.

Un chef-d'œuvre de virtuosité humoristique

Dès les premières pages apparaissent des procédés qui sont la marque des créateurs, le style graphique d'Albert Uderzo et les scénarios de René Goscinny. De 1959 à 1977, les 24 premiers albums d'*Astérix* sont le résultat d'une collaboration et d'une amitié sans faille que seule la mort du scénariste interrompit. Différentes recherches ont mis en évidence certains ressorts d'un comique très efficace : travestissement parodique des mythologies françaises (Stoll, 1978), humour polysémique pictural et verbal (Kauffmann, 1983, 1998), jeux d'anachronismes et de transpositions auto-ironiques (Feuerhahn, 1996, 1998). La créativité des pères d'*Astérix* a construit un univers de personnages psychologiquement structurés, engagés dans des récits astucieux auxquels sont combinés des effets et des gags d'une grande virtuosité humoristique.

Dans bien des cas, les jeux de mots reposent sur une distorsion entre le texte et l'image. Ainsi quand Vercingétorix dépose ses armes aux pieds de Jules César, évènement initial et prétexte à cette prodigieuse aventure, le dessin illustre le triomphe ambigu de l'empereur. La reddition réduite à sa formule littérale, Vercingétorix jette violemment les armes sur – et non aux – pieds du vainqueur (*Astérix le Gaulois*, 1, 5, 1, 2, puis *Le Bouclier Arverne*, 11, 5, 1, 1-2)[1]. Un jeu d'inversions subvertit les significations entre sens littéral et sens figuré ou symbolique. Le grand talent du scénariste consiste alors à intégrer cette confusion des valeurs dans la dynamique du récit. L'histoire d'*Astérix* repose en effet sur un défi, sur le refus de la morne vérité scolaire selon laquelle « nos ancêtres les Gaulois » ont été totalement vaincus par les Romains sous le règne de César. À ce récit fondateur de la société française, Goscinny oppose une fiction « prodigieuse » qui inverse et répare le cours de l'histoire. Dès lors, la dérision s'engage dans un scénario transposé à l'époque gallo-romaine se prêtant à de multiples anachronismes, comme celle des envahisseurs romains évoquent l'impérialisme américain des années 1960. Certes, Goscinny comme Uderzo se sont toujours défendus d'évoquer l'histoire politique, ils ont toujours insisté sur leur intention de ne faire que des histoires pour rire. Il n'empêche que leur inspiration dévoile de nombreux liens en filigrane avec leurs mémoires respectives. En outre, Goscinny voulait faire d'Astérix un anti-héros, d'où son nom inspiré d'astérisque ou petite étoile par contraste avec les superhéros et les *stars* hollywoodiennes triomphants à l'époque. Cette intention combinée à des traits auto-ironiques a produit des récits qui sont plus que de simples aventures pour les enfants. Sous l'histoire facétieuse se lit la vision ironique de Goscinny sur son époque et sur lui-même. Dès lors, l'intérêt des adultes pour ces lectures de mômes trouve tout son sens.

Dans le premier album, le sens littéral et le sens figuré se rencontrent d'abord en effets ponctuels et isolés, puis très vite pour alimenter un style orchestrant les anecdotes et les gags des récits suivants. Allusions historiques, jeux de double sens, créations fantaisistes et systématisées, le tout fondé sur un savoir de base très scolaire pris au pied de la lettre, les aventures d'*Astérix* proposent ainsi un univers comique plus cohérent qu'il n'y parait.

Une œuvre en évolution

Comme dans toute création d'envergure, la succession temporelle des publications traduit la maturation progressive des œuvres simultanément à celle des créateurs. Les cinq premiers albums (1961-1965) posent le cadre, les personnages et l'action. C'est une période de recherche puis d'affirmation, tant d'identité que de style. Les albums suivants conduisent le lecteur d'Égypte en Hispanie (1965-1969), mais

1. Les références indiquent le nom de l'album en clair, suivi de son numéro d'ordre dans la série, puis les numéros de la page, de la ligne et de la case mentionnée.

surtout les sentiments pénètrent l'action, les arguments et les batailles se psychologisent. Ensuite, sous le signe de la discorde et de la zizanie (1970-1974), crises et conflits mettent au premier plan des rivalités entre groupes. Des considérations sociologiques s'articulent aux motifs comiques. Enfin, les trois derniers albums (1975-1979) de la collaboration de Goscinny et Uderzo explorent l'incertaine liberté d'autres mondes et d'autres modes de vie.

ASTÉRIX ET LA TRADITION BURLESQUE

Le rire nait d'abord de motifs et de ressorts empruntés par la bande dessinée au fond classique du genre burlesque. Les coups pleuvent sans compter dans des combats extravagants qui sont le mode de régulation le plus primitif des conflits. Le comique de l'excès naïf et inoffensif domine. Puis l'action cède progressivement la place à des stratégies plus raffinées, elle se fait l'écho de problèmes de société. Cette évolution correspond à l'implication croissante du scénariste et du dessinateur dans des récits où ils transposent et infantilisent les enjeux complexes de leur succès. Ainsi s'exprime leur humour par et dans l'œuvre. Ces différents plans de significations procurent aux lecteurs un plaisir très subtil. En outre, Astérix se distingue d'autres récits par la pluralité des manifestations comiques. Non seulement, les registres sont variés – langagiers ou graphiques – mais ils s'adressent à des publics de tous âges et de compétences culturelles différentes. Au fil des albums, tout un univers en expansion s'est construit sur cet accord implicite des lecteurs avec l'imagination créatrice de Goscinny et Uderzo. L'histoire d'*Astérix*, c'est un peu une histoire de France pour rire de nous et des autres.

Au service du rire, certains motifs sont des classiques comme le contraste physique qui ajoute aux déformations, mais le comique des aventures d'Astérix est souvent attribué au langage, tant le spectacle des échanges verbaux est éblouissant : les héros parlent, et de surcroît mieux que nous, ils s'approprient toutes les possibilités des tournures langagières. L'invocation aux dieux (« Que Toutatis t'entende, Astérix... Que Toutatis t'entende ! (17, 26, 2, 2) ») est un mélange ludique de sonorités et d'archaïsme, d'autres jeux sont de pures inventions farfelues et anachroniques :

> Abraracourcix : – Oui... il semblerait qu'Amora[12], déesse de la moutarde, soit montée au nez des autres dieux...
> Obélix : – Tu la connais celle-là ?
> Astérix : – Ça doit être une déesse parallèle... il faudra faire une enquête (19, 7, 3, 2-3).

D'autres tournures composent à merveille une logique implacable avec les règles les plus orthodoxes de la conjugaison :

> – Retourne dans le village Obélix. Tu n'as pas à me suivre, je suis banni
> – Tu es banni ? Eh bien nous bannirons ensemble ! (13, 12, 1, 2).

2. Amora : marque de moutarde.

Les jeux de sens fusionnent avec les jeux de sons dans des formules fulgurantes :

– Est-ce clair esclave ?
– C'est dur à admettre maître (17, 24, 4, 2).

Les calembours ne sont pratiquement jamais gratuits, ils s'insèrent logiquement dans l'action :

« ... il ne faut jamais parler sèchement à un Numide (17, 20, 4, 1) », comme le confirmera une « guerre servile (17, 21, 1, 2) » succédant deux vignettes plus loin à l'annonce d'une révolte des esclaves.

HUMOUR ET LATIN

La trouvaille du latin comme source de jeu avec le langage ressemble encore dans le premier album à un sabir glané ici et là aux improvisations de la langue populaire. « Quès acco ? (1, 11, 2, 2) » s'interroge l'espion romain déguisé en Gaulois. La pureté de la langue parlée par les troupes romaines appelle toutes les réserves que le rire autorise. Certaines citations de César sont librement adaptées : « Les Gaulois sont venus, ils ont vu et ils ont emporté Caligula Minus ! (1, 14, 1, 2) ». D'autres expressions recourent aux formules religieuses, tel ce « vade retro (1, 46, 2, 3) » bien senti, quoique inefficace, pour repousser le druide et Astérix.

D'emblée, il est clair que « Les Romains y perdent leur latin » (1, 5, 4, 2), une expression imagée, ici encore prise au pied de la lettre, pour signifier qu'on ne comprend plus rien. Dès lors, l'intrigue se joue et profite des malentendus nés de différences culturelles entre les protagonistes. L'importance du latin n'est pas un argument purement ludique, dans les années 1960, cette langue dite morte était enseignée aux élèves âgés de 10/11 ans destinés à des études supérieures. Obscure pour la plupart des gens, une citation latine permettait de se distinguer socialement et culturellement dans la conversation. D'ailleurs, le dictionnaire Larousse comportait des pages roses où étaient rassemblées les tournures les plus usitées. C'est dans ces pages roses que Goscinny a puisé ses citations, devenues la source d'un jeu pour les jeunes lecteurs et d'un exercice de style à l'humour raffiné, en particulier avec dans le gag des pirates (Feuerhahn, 1998). Des citations de haute culture latine qui réalisent un contraste grotesque avec le style des bandes dessinées.

HUMOUR ET ONOMASTIQUE

Les noms sont une source permanente d'allusions en même temps qu'une contrainte joyeusement appliquée. Les suffixes indiquent la nationalité : gauloise en *-ix*, romaine en *-us*, normande en *-af*, viking en *-sen*... etc., ou les noms de lieux avec les combinaisons en *-um*. Mais loin de s'en tenir à ce code vite fastidieux, ils font appel à toutes les expressions les plus farfelues empruntées à tous les niveaux de langue :

Abraracourcix, même devenu « à bras raccourci », est une dénomination qui s'avance masquée pour le lecteur étranger quoique bien averti des irrégularités de notre grammaire. *Avoranfix* était né pour une carrière militaire. Que lire dans *Tiberius Entremefrancorus* si votre mère n'a jamais été l'adepte de ce dessert rapide et nourrissant de même prononciation ? *Babaorum, Chouingum, Jolimum, Saeculasaeculorum* ou *Laudanum*, etc., le choix des noms est un joyeux capharnaüm. Bienheureux celui qui trouvera la règle descriptive du fonctionnement des patronymes. Dans certains cas, le nom est un révélateur de l'être soit par un trait physique ou psychologique (Bonemine la femme du chef gaulois), soit par une allusion à sa profession (Anglaigus l'architecte, Diagnostix le druide généraliste, Amnésix le druidanalyste ou Ielosubmarine la femme du poissonnier), soit encore sa vocation politique (Moralelastix, Coudetric le chef Goth, Ségregationnix le dissident, Zebigbos le chef Breton...) ; dans d'autres cas les noms sont des évocations de l'actualité. Les auberges jouissent également de noms en accord avec leur haute vertu stratégique (Caféolix, Invinoveritas, l'auberge du barbare repenti, de la brise vivifiante[3]). La plus haute fantaisie bouillonne dans cette inspiration et bien fol est celui qui ne succombe pas au vertige de cette joyeuse sarabande verbale.

Certains gags sont d'exceptionnels, de brillants jeux de mots : Astérix a oublié le mot de passe « Cogito ergo sum » exigé par un légionnaire romain totalement sourd à la portée du message cartésien réduit à son contenu vocal. L'aide d'Obélix sollicité se résume au splendide : « Oh ! tu sais, moi, les langues étrangères... Et puis, toi tu penses, moi je suis (10, 42, 3, 1) ». Preuve indiscutable de succès, certaines expressions d'Astérix sont passées dans le langage familier : « Avoir un menhir à livrer » n'appelle pas de commentaire, il y a urgence ailleurs. Les albums d'Astérix sont une mine d'or pour les passionnés de la langue.

HUMOUR, GRAPHISME ET CARACTÈRES

Le graphisme ajoute ses propres effets aux jeux permis par les différents niveaux de langue, bien des motifs transposent images et mots en perturbant leur valeur expressive. Ressort comique important, le trait se fait le traducteur émotionnel du message qui transite par lui. Les bulles, artifice formel de la bande dessinée, s'agrémentent d'indices figuratifs en relation avec le contenu de certains messages : Le style fleuri de l'extrême politesse (14, 13, 2, 2-3) ou la froideur inamicale (21, 18, 3, 1), les insultes (3, 23, 1-2), le « poil aux nez » et ses variantes en échos idéographiques impertinents (10, 33, 4, 2), le style administratif des formulaires (13, 43 et 13, 44), la déclamation théâtrale des acteurs romains aspirant à plus d'orgies (13, 31, 2, 3), le style documentaire (15, 42), l'inclusion du style propre aux histoires illustrées d'autrefois dans la bande dessinée d'aujourd'hui (3, 45), etc.

3. Évidemment contiguë à la poissonnerie d'Ordralfabétix.

Les caractères, par leur taille et leurs déformations, transcrivent l'état affectif du locuteur, cet effet usuel est bien sûr exploité : la peur (17, 38, 3, 3), l'amour, dont la phase de désir insatisfait s'exprime par les soupirs[4] d'Obélix (10, 6, 3-4) sans oublier le cœur rouge sang, symbole de toutes les espérances, surmontant la tête (10, 12, 1, 1), mais que le désespoir met en pièces (10, 12, 2, 3). Le caractère particulier de la langue est illustré par ses signes diacritiques : danoise/viking (*La grande traversée*, 22), goth (*Astérix et les Goths*, 3), hiéroglyphique (*Astérix et Cléopâtre*, 6), le mime (22, 26 ; 22, 38), le rébus idéographique des traductions (10, 19-28). Les codes graphiques étendent leurs applications : la parenthèse (19, 9), le prospectus publicitaire (17, 28-29). La généralisation abusive appliquée à la gestuelle du désespoir amoureux est un gag récurrent en particulier dans *Astérix légionnaire* (10, 13, 2, 3 ; 22, 4, 2). Le gag des notes de musique matérialisées est en revanche l'objet de plusieurs reprises, comme élément pesant (1, 9, 4, 1 ; 3, 5,1) ou volatile (9, 8, 1).

L'*humour, les auteurs et les lecteurs*

La connivence recherchée et établie avec le lecteur crée une familiarité amusée : la Nouvelle École d'Affranchis transpose le monde des énarques et l'univers impitoyable des sociétés dites développées (*Obélix et compagnie*, 23), le labyrinthe des contraintes bureaucratiques offre ses confondants spectacles (*Astérix légionnaire*, 10), la psychanalyse et son efficacité thérapeutique paradoxale figure utilement dans le dispositif sanitaire des Gaulois (7, 30-32). L'interpellation se fait de différentes manières, soit commentaires de traductions linguistiques scabreuses (3, 23, 1, 2, 3, 23, 2, 3), soit description pseudo-touristique comme cette note à propos d'une image sans bulle où se découpent les silhouettes d'Astérix, d'Obélix et du paysan auvergnat leur découvrant le paysage : « ... Nos héros poursuivent leur voyage de tourisme... Ils visitent le Puy de Dôme... (ici le côté sud, pour le côté nord, retournez-vous) (11, 19, 2, 1) ». Cette connivence se heurte à certaines limites, dont la plus sensible est celle de la dérision utilisant des stéréotypes négatifs. Le traitement des Noirs a suscité, à juste titre, de nombreuses réactions critiques. Pour avoir trop servi d'autres fins que l'effet comique, ces caricatures illustrent les limites du jeu possible avec les déformations physiques dans les histoires drôles. La question du racisme véhiculé par les images de bandes dessinées a déjà été abordée à propos des albums de Tintin, dont Hergé avoua très honnêtement avoir reproduit sans critique les manières de se représenter les étrangers à l'époque de ses premières créations. Le cas d'Astérix pose un problème différent : caricature dans la caricature, son régime de croyance est totalement fondé sur l'emploi dérisoire et forcé des sté-

4. La sagesse populaire propose néanmoins deux interprétations : « Cœur qui soupire n'a pas ce qu'il désire » et « Cœur content soupire souvent ».

réotypes. Ce procédé pour être efficace n'est pas sans risques, car la culture comique se prête à bien des pièges, l'ironie prise au pied de la lettre n'a rien de drôle, à moins de s'affirmer dans un registre où le rire devient soit cynique, soit au contraire faussement naïf. La reprise d'éléments péjoratifs, même pour s'en moquer, convoque toujours la teneur agressive dont ils sont les vecteurs. Dès lors que le lecteur projette ses propres croyances sur les images, celles-ci peuvent, toute distance critique abolie, le confirmer implicitement dans un jugement détestable, le laisser aveugle à une dénonciation souhaitée de bonne foi par les auteurs, mais cependant ambiguë. Dans *Astérix*, l'image des esclaves noirs demeure trop mimétique, trop prisonnière de sa conception raciste typique des histoires illustrées du début du XXe siècle. Victimes, ils sont; victimes, ils restent. La réécriture humoristique de leur sort n'apporte aucun déni, même illusoire à leur destin.

L'auto-ironie appliquée à eux-mêmes par Goscinny et Uderzo est en revanche un bon exemple du travail réussi de dégradation par le rire : le despote à l'égal du tyran figure pour leur plus grande gloire, gravés en bas-relief (12, 29, 4, 3). D'autres clins d'œil se retrouvent ici ou là (13, 30, 4, 1). Véritable gag à rebondissement, les diverses représentations de leur ami et complice Pierre Tchernia infligent à celui-ci une lente mais inexorable dégradation du général de César (10, 37), au centurion (20, 7) aspirant enfin à un repos légitime après les affrontements belges, une attente hélas vite déçue (24, 8 et 24, 9). Le légionnaire ivre porté par ses fidèles amis de décadence (23, 6, 3, 1) montre jusqu'où l'autodérision conduit l'amitié des pères d'Astérix.

D'abord exceptionnelle, la silhouette de personnages connus ou d'amis figurent de plus en plus souvent dans les albums : Charles Laughton (2, 27, 3, 2), Jean Richard (18, 40, 3-4), Raimu et les personnages de Pagnol (20, 13, 2, 1) le chanteur Jacques Brel (24, 20), Eddy Mercx (24, 39, 3, 1)… Les citations culturelles d'œuvres d'art, en particulier dans *Les lauriers de César* (18) mettent en scène plus ou moins directement des évènements historiques, un ressort qui illustre bien l'intrication des effets verbaux, visuels, culturels dans la résultante comique : « Le Penseur » de Rodin, « Le Laocoon », « Le discobole » de Myron, le devin dans « la leçon d'anatomie » de Rembrandt (19, 10, 4, 2) et le banquet belge célébrant « Le repas de noces » de Bruegel le vieux (24, 47). Les citations sont aussi l'occasion de rencontres incongrues comme celle du légionnaire belge coiffé à la Tintin (10, 21, 4, 3) et les Dupondt (24, 31, 4) introduisant de surcroît le graphisme d'Hergé dans l'univers astérixien. Aux citations du monde de la bande dessinée s'ajoute le flash-back cinématographique des *Lauriers de César* (18, 6, 2, 3) ou encore l'évocation parodique du *Satyricon* de Federico Fellini dans *Astérix chez les Helvètes* (16). Certaines expressions sonnent étrangement qui évoquent d'autres références, le plus souvent historiques avec « Le sommeil d'Osterlix (le soleil d'Austerlitz) (20, 38, 4, 2) » ou « Waterzooie ! Waterzooie ! Morne Plat ! (Waterloo ! Waterloo ! Morne plaine !)

(24, 39, 3, 3)». Guillaume Tell ne manque pas à l'image de la Suisse où Astérix et Obélix reçoivent des arcs pour se fondre dans la population (16, 39, 4, 1). Que les sangliers gambadent dans le parc, qu'Obélix se livre à la cueillette des Romains comme des sangliers ou qu'il noie son chagrin dans le lait de chèvre, tout ceci nous trouble aussi délicieusement que l'idée de se refaire une laideur avec un vert à lèvres (16, 7, 4, 2).

Le comique d'Astérix offre un éclairage à multiples facettes de la réalité française populaire. À ce titre sa compréhension peut sensibiliser le lecteur étranger à des ressorts non seulement langagiers mais culturels. La dérision des rodomontades comme la célébration des emblèmes de la gallicité servent une célébration identitaire, où chacun se reconnait de la famille d'Astérix. À la table du banquet qui clôture rituellement chaque album d'Astérix dans la convivialité, ce sont tous les lecteurs amusés qui sont conviés à trinquer de cette potion magique.

Références bibliographiques

FEUERHAHN N. (1993) : *Le comique et l'enfance*, Paris, PUF (coll. «Psychologie sociale»).

FEUERHAHN N. (1996) : «Astérix, Obélix, Nous et les Autres. Une sociologie pour rire»; «Astérix dans la bande dessinée», in *Ils sont fous ...d'Astérix! Un mythe contemporain*, catalogue de l'exposition du MNATP, Paris, Éditions Albert René : 51-76 et 77-88.

FEUERHAHN N. (1998) : «Astérix et les pirates. Une esthétique du naufrage pour rire», in *Ethnologie française*, XXVIII, 3 : 337-349.

HENRY J., *La traduction des jeux de mots*, Thèse soutenue à l'Université de la Sorbonne Nouvelle et à l'École Supérieure d'Interprètes et de Traducteurs (ESIT), Paris, 1993.

KAUFFMANN Judith (1983) : «Astérix, un humour pictural et verbal», *Cahier Comique et Communication*, 1 : 67-109.

KAUFFMANN J. (1998) : «Astérix : les jeux de l'humour et du temps», in *Ethnologie française*, XXVIII, 3 : 327-336.

KESSLER P. (1995) : *The Complete Guide to Astérix*, London, Hodder Children's Books.

STOLL A. (1978) : *Astérix, l'épopée burlesque de la France*, Bruxelles, Éditions Complexe.

Compréhensible mais pas risible

JEAN-MICHEL ROBERT
UNIVERSITÉ D'AMIENS

En dehors de l'incompréhension purement linguistique, le manque d'adhésion de la part d'étudiants étrangers vivant en France à l'humour français peut être motivé par une culture de l'humour différente ou des malentendus nés de la méconnaissance de certaines fonctions sociales liées à l'humour. Quelques activités en classe de français langue étrangère permettent une meilleure compréhension des mécanismes de l'humour français.

Notre humour, votre humour

« J'ai compris, mais je ne trouve pas ça drôle. »

Confronté à cette réaction venant d'un étranger, le Français aura tendance à lui affirmer : a) qu'il n'a pas compris puisqu'il ne trouve pas ça drôle ; b) qu'il va trouver ça drôle quand lui, le Français, lui aura expliqué pourquoi il faut rire. Beaucoup d'étrangers ont en effet noté que les Français doutent souvent de la capacité de compréhension ou du sens de l'humour de leur interlocuteur lorsque celui-ci est étranger. S'il s'agit d'une histoire drôle, elle est répétée ou explicitée alors que souvent elle est déjà comprise. Ce phénomène intervient si l'interlocuteur ne réagit pas comme un natif (éclats de rire, commentaires sur la blague, ou autres réactions). Le soupçon est légitime (il / elle ne rit pas, il / elle n'a rien compris), mais la différence culturelle est plus rarement invoquée (on ne rit pas des mêmes choses[1]) ; là où le Français éclate de rire, un sourire suffit dans tel pays, etc. Dans tous les cas, le narrateur n'a pas obtenu l'effet voulu : faire rire et ainsi instaurer un climat convivial.

Il est fort possible aussi que l'étranger ne décrypte qu'une partie de l'histoire drôle, qu'il croie la comprendre et éventuellement qu'il s'en amuse. Ce qui arrive parfois aux Français avec des blagues d'origine étrangère :

> Papa tomate et maman tomate finissent de traverser la rue. Ils se retournent et disent à leur enfant qui est encore au milieu de la chaussée : dépêche-toi, Ketchup[2].

1. *Cf.* la partie Rions-nous ensemble ou chacun rit-il dans son coin ? in *Ridiculosa* (2000), « Das Lachen der Völker / Le rire des nations », Actes du colloque de Munich, 2-4 mars 2000, textes réunis par Ursula E. Koch et Jean-Claude Gardes, Brest-7, pp. 151-201

2. Avec de multiples variantes (par exemple dans *Je lis déjà*, mars 2002) : Deux tomates traversent. L'une d'elles se fait écraser. L'autre se retourne et lui dit : Tu viens, ketchup ?

En réalité, la version originale anglaise condense à l'oral « dépêche-toi » et « ketchup » en *catch up* (combler son retard, rattraper).

Autre exemple de traduction approximative :

« Oh, mon Dieu ! C'est Connie !
Elle m'écrit une lettre type, genre "Cerf John" ! »[3]

Il s'agit en fait d'une *dear John letter*, une lettre de rupture. Le jeu de mots entre *deer* (cerf) et *dear* (cher) est rendu en français : cerf / cher, mais la traduction évacue complètement celui entre *dear John* et *deer John*. La charge culturelle n'est, ici, pas partagée[4]. Comprendre l'humour dans une langue étrangère nécessite une compétence linguistique (*catch up*), mais aussi une compétence culturelle, la connaissance d'une lexiculture (*a dear John letter*) :

> J'appelle « Charge Culturelle Partagée » (CCP !) la valeur ajoutée à leur signification habituelle et pose que l'ensemble des mots à CCP connus de tous les natifs, circonscrit la lexiculture partagée. Laquelle est toute désignée pour servir de rampe d'accès à la culture omniprésente dans la vie des autochtones et que les étrangers ont tant de mal à maitriser – sans doute parce qu'elle n'est décrite, donc enseignée nulle part à ce jour : la culture partagée[5].

L'étudiant étranger perçoit très nettement la première difficulté (d'ordre linguistique) et moins clairement la seconde (d'ordre lexiculturel). Pour beaucoup, l'humour français est compréhensible (mis à part certains jeux de mots qui dépassent leur compétence linguistique), même s'il n'est pas toujours risible. À côté des blagues universelles (qui se retrouvent dans tous les pays et toutes les cultures, *cf.* annexe 2), certaines blagues ne font tout simplement pas rire (ou pas assez au gout des Français), pour des raisons diverses (manque de connaissance des référents culturels, manque de sensibilité à ce type d'humour, valeurs politiquement correctes différentes, etc.) sans que pour autant la compréhension linguistique soit systématiquement mise en cause. La culture du rire peut être indépendante de la langue :

> Après la chute du mur, les Allemands auraient eu, en principe, de nouveau l'occasion de rire ensemble. Or, après 40 ans de séparation cela n'allait pas de soi. L'étude du millésime 1990 des deux revues sati-

3. Larson, Gary : *Night of the Crash-Test Dummies*, FarWorks, Inc. 1988, Trad. française : Humour libre, Dupuis, 1999.

4. *Cf.* Galisson, Robert (1991), *De la langue à la culture par les mots*, quatrième partie : « Accéder à la culture partagée par l'entremise des mots à CCP », Clé international, pp. 109-151.

5. Galisson, *op. cit.*, : p. 120

> riques phares, l'*Eulenspiegel* de l'Est et le très occidental *Titanic*, fait apparaitre la subsistance d'un rideau ou d'un mur du rire. Si le rire est le propre de l'homme, il n'est pas, pour autant, la chose la mieux partagée du monde germanique[6].

Si les blagues ne posent pas trop de problèmes, une particularité française choque les étrangers : pourquoi les Français sont-ils si moqueurs ? Ils sont rares à créditer ce comportement d'humoristique. Le terme qui revient le plus souvent est ironie.

Humour ou ironie ?

L'humour s'oppose traditionnellement à l'ironie par le fait qu'il ne blesse pas. À l'humour sont associées les notions de protection, de modestie, de tolérance, d'autocritique ; à l'ironie le mépris, l'attaque, la condamnation, le persiflage, etc. Lorsqu'il est proche de l'ironie, l'esprit peut être une arme offensive : « L'esprit rit des choses, dit Carlyle, l'humour rit avec elles[7] ». L'humour peut aussi servir à l'occasion d'arme offensive, mais non d'arme offensante : il désarme alors que l'ironie blesse.

Dans ses fonctions sociales, l'humour est un art de vivre. À usage interne, il permet de combattre le découragement, le pessimisme, l'ennui, la crainte (tout au moins d'en limiter les effets nocifs). Avec l'humour, l'homme cherche à se dominer sans chercher à dominer autrui. À usage externe, il permet de relativiser, de prendre des distances, de résoudre une situation délicate. L'ironie est plus complexe dans ses fonctions sociales :

> Pour certains, elle est une marque de supériorité (de caste ou de classe), un fait de langage destiné à marquer, ou à conforter une domination acquise. [...] Pour d'autres, l'ironie est l'apanage des classes dominées, des minorités, une ruse du faible pour contrecarrer le pouvoir du fort, pour « biaiser » avec lui sans l'attaquer de front. [...] Pour d'autres enfin, l'ironie ne serait ni l'outil langagier des dominants, ni celui des dominés, mais simple production généralisée de différenciations, donc maintien de la socialité comme champ où se produit, simplement, de la « distinction » entre des espaces ou des aires de pouvoir différenciés[8].

Pour beaucoup d'étudiants étrangers, les Français manient plus l'ironie que l'humour, et trop souvent à leurs dépens (voir annexe 1). Les taquineries françaises envers les étrangers passent parfois mal et ne sont pas comprises comme telles. Les réactions sont ambiguës : humour froid et un peu agressif, est-ce encore de l'humour si cela blesse ? (Espagne), ironiques (Grèce), ils taquinent sur la nationalité pour draguer (Allemagne), ils ne se moquent pas d'eux-mêmes mais des autres, il est difficile de faire la différence entre taquinerie et moquerie (USA), nous ne sommes pas habitués à être taquinés régulièrement (Slovaquie), etc.

La taquinerie du Français est perçue comme moquerie, comme sarcasme. Or, bien souvent, elle a pour le Français fonction d'humour à usage externe. C'est aussi une façon d'exprimer un intérêt,

6. Fekl Walter (2000), « Wie viele deutsche Lachkulturen ? » in *Ridiculosa*, *op. cit.*, p. 201.
7. Cité par Elgozy Georges (1979), *De l'humour*, Denoël, p. 25.
8. Hamon Philippe (1996), *L'ironie littéraire*, Hachette supérieur, p. 18.

une sympathie, de se rapprocher de l'étranger, de relativiser les différences nationales, linguistiques, religieuses, etc. Mais, en réalité, l'essai de rapprochement débouche sur le malentendu. D'un côté, on croit qu'on est assez ami pour se permettre de taquiner ; de l'autre on se croit assez ami pour être à l'abri de remarques ironiques. Pour les uns, la plaisanterie relève de la sociabilité, pour les autres de l'agression.

Il y a certes, en France, une tradition de plaisanteries basée sur les stéréotypes régionaux, nationaux ou religieux :

> La dérision utilise très efficacement les stéréotypes sociaux dont on sait quels dérivatifs ils sont des états de tension ou quels symboles de solidarité ils opposent vis-à-vis du groupe rival. Les plaisanteries pointent alors l'intérêt sur un trait distinctif de la culture. Certaines moqueries sont des insultes, un dénigrement de l'étranger associé à une affirmation complaisante en faveur de la culture du narrateur[9].

La plaisanterie taquine peut reprendre, bien sûr, certains traits distinctifs de la culture de l'autre, non dans le but de dénigrer, mais de montrer sa capacité à jouer sur les différences. Certains étrangers savent « renvoyer la balle », tel cet Espagnol s'amusant que de toutes les langues latines, le français soit la seule « avec une carte d'identité » (allusion aux instances supérieures qui régissent l'évolution de la langue française), ou cet Américain qui avait concocté cette blague à l'usage de ses confrères chercheurs :

> Un Français se présente avec un projet de recherche aux États-Unis. On refuse de financer ce projet et on lui explique que même si ça peut marcher en théorie, ça ne marchera jamais en pratique. Un Américain se présente en France dans les mêmes conditions. On refuse sous prétexte que même si son projet marche en pratique, ça ne fonctionnera jamais en théorie.

Humour et didactique

La fonction sociale de l'humour varie selon les pays et les cultures. La taquinerie française de convivialité s'apparente pour beaucoup d'étrangers à la moquerie ironique. Il convient de sensibiliser l'étudiant étranger à cette dimension culturelle, de lui faire sentir la différence entre taquinerie amicale et ironie agressive. De même, certains comportements peuvent être source de malentendus. En Allemagne, on va voir un(e) ami(e) pour lui exposer ses problèmes, on en discute longuement, l'ami est là pour écouter, proposer son aide, tenter de trouver une solution. En France, dans la même situation, l'ami peut réagir différemment. Après avoir écouté un certain temps et pris la dimension du problème (et de sa propre impuissance à le régler ou à apporter une quelconque aide pratique), il essaiera quelquefois de distraire, de proposer une sortie, d'amuser, de faire rire, bref, de faire en sorte que l'autre oublie pour un temps ses soucis. Comportement qui en Allemagne sera perçu comme indifférent : ce n'est pas un(e) ami(e),

9. Feuerhahn, Nelly (2001), *La dérision, une violence politiquement correcte*, *Dérision – contestation*, Hermès, n° 29, CNRS Éditions, p. 193

il / elle ne m'écoute pas quand j'ai des problèmes. Un travail sur la perception de l'humour français en classe peut permettre de mettre à jour ces différences culturelles et sociales (voir annexe 1). Il est alors possible d'identifier les malentendus et de les expliciter.

Le maniement de l'humour par l'étudiant étranger est un signe d'intégration. Au niveau linguistique, c'est le signe qu'il commence à maitriser la langue étrangère, au niveau socioculturel qu'il possède les usages sociaux. Restent les fameux jeux de mots. Certains sont de types universels et ne demandent qu'une connaissance linguistique, d'autres une connaissance de la lexiculture :

> Sous un tunnel, près de Dijon, le train s'immobilise. L'attente dure. Les voyageurs s'impatientent. Quelqu'un prend un air courroucé et clame, en martelant ses mots : « La moutarde commence à me monter au nez ! ». Rire général. L'atmosphère se détend.
> Seul à ne pas comprendre, l'étudiant étranger (pourtant de très bon niveau) qui m'accompagne est gêné. Pour trouver le sens de ce propos très circonstancialisé, il aurait fallu qu'il connaisse :
> – l'expression idiomatique « La moutarde monte au nez... de quelqu'un » (la colère le gagne) ;
> – et le groupe binaire « moutarde de Dijon » (Dijon est célèbre pour sa moutarde). Où ce jeune Brésilien, frais émoulu de son université, aurait-il bien pu l'apprendre[10] ?

Sans une connaissance, et donc un enseignement, de la culture et de la lexiculture partagées, une partie de l'humour français restera inaccessible aux étudiants de FLE. Il faut admettre cependant que certains jeux de mots ne « passent pas ». La phrase de Balzac : « Le journal servirait son père tout cru à la croque au sel de ses plaisanteries, plutôt que de ne pas intéresser ou amuser son public » a déconcerté les utilisateurs du manuel de français langue étrangère *Espace III*[11], et malgré les explications des enseignants, peu d'étudiants étrangers en ont gouté le sel. Y aurait-il donc un humour qui ne se partage pas ? Il est aussi possible de travailler en classe sur ce thème en proposant aux étudiants de répertorier quelques blagues de leur pays, de les soumettre aux étudiants d'autres nationalités et de les classer en blagues universelles, blagues demandant une connaissance culturelle, blagues spécifiques, compréhensibles mais pas ou peu risibles (voir annexe 2).

Last but not least, la production de jeux de mots en langue étrangère. Lorsque le ressort du jeu de mots réside dans l'homophonie partielle, les résultats sont parfois peu satisfaisants et le natif ne rit pas, à la grande surprise de l'étranger qui estime son jeu de mots digne d'être prisé. L'échec provient dans ce cas des phonologies différentes :

> Un Américain à une amie française : « Tu es une supercherie. »
> Un Espagnol : « Je réserve ma place dans le bus pour l'Espagne à la place de la billette. »

Pour l'Américain, le son [e] n'existe qu'en diphtongue (clay, weigh, etc.), c'est une variante du phonème /ɛ/ (get, mess). De plus, en position non accentuée, le son [ɛ] se transforme souvent en [ə][12]. Le locuteur américain aura tendance à confondre en langue étrangère [e]

10. Galisson, *op. cit.*, : pp. 136-137. Autre exemple : à un colloque de linguistique, un intervenant algérien qualifie sa région viticole de « mi-FIS, mi-raisin ».
11. *Espace III*, Capelle / Gidon, / Molinié, Hachette 1991, p. 128.

et [ɛ], et à traiter le son [ə] comme une simple variante de ces deux sons. Ce qui explique son essai de calembour en jouant sur ce qu'il croit être une similitude de sons entre « super chérie » et « supercherie ». Mauvais calembour pour un Français, dont la phonologie distingue nettement le [e] du [ə]. Pour l'Espagnol, la prononciation [b] de la graphie « v » l'autorise à transformer « la porte de la Villette » (où se trouvait à l'époque la gare routière) en « porte de la billette » (porte où l'on achète les billets, *billete* en espagnol). Une sensibilisation à la phonologie française et à la phonétique distinctive s'avère alors nécessaire pour permettre un meilleur usage des similitudes phoniques.

Il y aura toujours des manifestations humoristiques qui, lorsque la culture est différente, échapperont à toute classification et à toute compréhension. Susan Stern[13], qui a beaucoup travaillé sur les différences interculturelles entre l'Allemagne et la Grande-Bretagne, rapporte l'anecdote suivante. Lors d'un gala de l'UNICEF à Berlin, le comédien Peter Ustinov avait remarqué que le président allemand Roman Herzog, présent dans la salle, avait beaucoup ri. Après la représentation, il est allé le voir pour lui dire son plaisir de l'avoir vu autant rire : « J'aime beaucoup rire, lui a répondu le président allemand, mais naturellement, ça aide s'il y a matière à rire. » Les Anglais ne trouvent rien de drôle à cette réplique, quand les Allemands la trouvent hilarante. Et ça vous fait rire ?

Références bibliographiques

AKJAMIAN A., DEMERS R., HARNISH R. (1984) : *Linguistics*, MIT Press.

ELGOZY G. (1979) : *De l'humour*, Denoël.

FEUERHAHN N. (2001), « La dérision, une violence politiquement correcte » in *Dérision – contestation*, Hermès, n° 29, CNRS Éditions, pp. 187-197.

GALISSON R. (1991) : *De la langue à la culture par les mots*, Clé international.

HAMON P. (1996) : *L'ironie littéraire*, Hachette supérieur.

RIDICULOSA (2000) : *Das Lachen der Völker / Le rire des nations*, Actes du colloque de Munich, 2-4 mars 2000, textes réunis par Ursula E. Koch et Jean-Claude Gardes, Brest-7.

STERN S. (2000) : *These strange german ways*, Atlantik-Brücke.

12. « Schwa /ə/ is called a reduced vowel because it is frequently an unstressed variant of a stressed (accented) vowel. Note how the accented vowel /έ/ in the word democrat / dέməkræt / "reduces" to the unaccented vowel /ə/ in the word democracy / dəmάkrəsiy/. » Akjamian Adrian, Dermers Richard, Harnish Robert (1984), *Linguistics*, MIT, p. 117.

13. Stern, Susan (2000), *These strange german ways*, Atlantik-Brücke, Berlin.

Annexe 1

Réactions de quelques étudiants étrangers en France sur l'humour français

(Étudiants Erasmus ou en programme d'échange de l'université d'Amiens)

Les passages en gras ont servi de point de départ à un travail sur la fonction sociale de l'humour en France.

GRÈCE (deux étudiantes) : « D'habitude les Français parlent trop vite pour qu'on puisse comprendre leur humour. Ils font souvent des plaisanteries mais nous ne sommes pas toujours capables de les comprendre à cause des différences entre les deux mentalités. Pourtant, il est toujours possible de comprendre **leur ironie**. »

ESPAGNE (quatre étudiantes et un étudiant) : « On comprend assez bien les blagues françaises qui ressemblent beaucoup aux blagues espagnoles (il y en a même qui sont semblables : quelle est la couleur du cheval blanc de Santiago ?). Il y a par certains aspects un même sens de l'humour (*Les guignols de l'info* passent en France et en Espagne). Mais parfois l'humour français nous semble **froid et agressif. On n'aime pas les blagues qui se moquent** d'autres nationalités, même si cela existe dans tous les pays **(une blague qui critique un pays ou une personne n'est plus vraiment de l'humour). Les moqueries françaises peuvent provoquer un complexe d'infériorité. »**

ALLEMAGNE (quatre étudiantes) : « Nous pensons que cela dépend de la situation et de la personne si on comprend l'humour français ou pas. Étant étrangères, nous avons déjà des problèmes avec le vocabulaire. Parfois nous nous sentons gênées parce que tout le monde commence à rire, mais nous n'avons pas compris à cause des mots inconnus. Comme les Français pensent toujours qu'on ne va pas comprendre, **ils disent qu'ils plaisantaient même si on avait déjà compris.** Les Français aiment faire de l'humour et **des taquineries sur la nationalité pour draguer. Ils rient de choses sérieuses,** par exemple dans certaines conversations qui ne sont pas drôles. »

États-Unis (trois étudiantes et un étudiant) : « Il est parfois difficile de comprendre l'humour français à cause des problèmes de langue. Nous avons trop tendance à traduire mot à mot les plaisanteries, ce qui les rend difficiles à comprendre.

Les Français ne se moquent pas d'eux-mêmes, mais des autres (leurs amis ou les autres nationalités, particulièrement les Américains). De plus, **il est difficile pour nous de faire la différence entre la taquinerie et la moquerie qui rend ridicule.**

Comme nous ne maitrisons pas la langue, nous sommes plus sensibles au comique gestuel (mimiques) des Français. Les Français l'utilisent beaucoup. C'est sans doute pour cela qu'ils aiment Jerry Lewis.

On aime, contrairement aux Français, l'humour cru (*bathroom humor*) ; l'humour américain est moins intellectuel que l'humour français. »

ROUMANIE (deux étudiants) : « Les Français sont maitres dans l'art de la "petite phrase" qui fait mouche (la gauche caviar), mais l'humour français est parfois trop explicite (prévenir que c'est / ou c'était une blague, annoncer la chute, **tendance à expliciter aux étrangers le pourquoi du comique**) et trop gestuel. **La taquinerie entre amis est plus systématique** en France qu'en Roumanie. Nous sommes surpris que des odeurs (de chaussettes ou de fromages qui puent par exemple) puissent faire partie des ingrédients de l'humour français. »

SLOVAQUIE (deux étudiants) : « Il est difficile de comprendre les jeux de mots, les blagues régionales ou sur les autres nationalités. Nous ne sommes pas habitués à être **taquinés régulièrement.** »

VENEZUELA (un étudiant) : « Difficile de comprendre les blagues avec des jeux de mots et celles mettant en scène des personnages politiques français (ou autres célébrités) ainsi que des stéréotypes (par exemple sur les régions françaises ou sur les pays voisins). En ce qui concerne l'humour français et l'humour vénézuélien, je sens qu'il y a une différence même si je ne peux pas l'expliquer. Je me suis trouvé plusieurs fois dans une salle de cinéma riant seul à une phrase ou une scène qui à mon avis était drôle, alors que les Français ne riaient pas. L'inverse m'est aussi arrivé. »

Annexe 2

Classement de quelques blagues internationales par des étudiants étrangers

BLAGUES UNIVERSELLES :

– Pourquoi les habitants de Lepe (en Andalousie) peignent-ils leurs vaches en rose ?

– Pour avoir du lait fraise.

(Espagne)

Un petit chien rentre de l'école et annonce à sa mère qu'il a eu son premier cours en langue étrangère.

– Qu'as-tu appris ? lui demande la maman.

– Miaou, répond le petit chien.

(Suède)

Le Père Noël (ou Saint Nicolas) arrive dans un pays en proie à la famine. Il rencontre des enfants squelettiques et s'étonne qu'ils soient si maigres.

– Vous ne mangez donc pas de soupe ?

– Pas régulièrement, répondent les enfants.

– Ah, s'écrie le Père Noël en colère, vous ne mangez pas votre soupe régulièrement. Dans ce cas, pas de cadeaux !

(Hongrie)

Berlusconi rend visite à la reine Elisabeth. Il lui demande comment elle sait choisir ses collaborateurs. La reine fait venir Tony Blair et lui demande :

– C'est le fils de tes parents, mais ce n'est pas ton frère, qui est-ce ?

– C'est moi, répond Tony Blair.

De retour en Italie, Berlusconi convoque Bossi et lui pose la même question. Ce dernier ne trouve pas la réponse immédiatement et demande une semaine de réflexion. Quelques jours plus tard, il rencontre Fini à qui il pose la question. C'est facile, répond ce dernier, c'est moi. Bossi retourne chez Berlusconi et lui dit :

– J'ai trouvé la réponse, c'est Fini.

– Non, rétorque Berlusconi, c'est Tony Blair.

(Italie)

Question : De quelle quantité de bonheur avons-nous besoin dans la vie ?

Réponse : De très peu, l'important est que les autres en aient encore moins.

(Lettonie)

Blagues compréhensibles, mais nécessitant une explication (culturelle ou autre) :

Un Marocain cherche à gagner l'Espagne. Il réussit à s'embarquer clandestinement sur un bateau. Malheureusement, au dernier moment, le bateau change de cap et fait une escale en Sierra Leone. Le Marocain y est toujours, il n'a jamais réussi à s'en faire expulser (la situation d'anarchie complète en Sierra Leone empêche toute procédure d'expulsion, seul moyen pour ce Marocain de pouvoir rentrer chez lui).

(Maroc)

Dans un arbre, il y a un petit oiseau et un autre oiseau gigantesque. Que dit ce grand oiseau ?

Réponse : TSJILP !!! (nécessité de prononcer plusieurs fois TSJILP (cui-cui) à très haute voix).

(Pays-Bas)

Un *redneck* se reconnait à ce qu'il a quatorze voitures, dont une seule fonctionne. Celle qui fonctionne a généralement une caravane, les autres n'ont pas de roues (un *redneck* est une sorte de « beauf » blanc du sud des USA).

(USA)

Děži et Pišta sont dans un bar et Děži demande à Pišta : « Combien êtes-vous dans votre famille ? » Pišta répond : « Nous sommes dix, ma femme est numéro un et moi, je suis un zéro » (le jeu de mots n'est pas traduisible dans beaucoup de langues).

(Slovaquie)

Blagues spécifiques, compréhensibles, mais pas ou peu risibles :

Au bord d'un lac, un homme est en train de manger le petit poisson d'or. Quelqu'un arrive et lui dit :

– Arrête, ne le mange pas ! Tu peux lui faire trois vœux et il les exaucera.

– Je sais.

(Hongrie)

Le printemps est arrivé. Les fleurs poussent, les oiseaux chantent. La glace fond. Le concierge Nicodème sort de sa maison, une stalactite de glace tombe de la corniche et le tue.

À l'institut médico-légal, le médecin doit remplir la fiche. Il réfléchit, sourit, puis écrit : « Cause de la mort : Arrivée du printemps ».

(Russie)

L'humour au service des valeurs : défi salutaire, ou risque inutile ?[1]

ROBERT GALISSON
UNIVERSITÉ DE LA SORBONNE NOUVELLE

Il est plus que nécessaire aujourd'hui d'approfondir et de diversifier les modes d'accès aux cultures en général et principalement à la culture partagée, c'est-à-dire celle qui est commune au plus grand nombre. Cela implique un retour aux sources, aux valeurs fondamentales.

Or, dans l'institution scolaire, celles-ci sont marginalisées. Les causes sont multiples : un climat d'insécurité civique en classe engendré par le manque de respect d'autrui, le manque de réflexion sous prétexte de s'en tenir au sacro-saint programme, le manque de formation spécifique des enseignants pour ce qui relève de la culture, l'extrême complexité de l'objet d'étude.

Les critiques relatives à l'étude des valeurs de langue-culture portent sur la durée de l'opération, le temps pour la réaliser, la faisabilité, le lieu où la mettre en œuvre, sur les agents (les enseignants) non favorables à sa mise en œuvre et la non motivation des sujets (les apprenants) sur l'objet d'étude jugé trop complexe.

La mobilisation de l'humour participe d'un effort collectif qui vise à développer une conduite indispensable à l'intelligence et à la maîtrise progressive des cultures expérientielles, la plupart du temps acquises et vécues sans être conscientisées, donc sans véritable profit cognitif.

Afin de ne pas lier mon étude à l'humour en tant que *fin*, mais la rattacher plus librement à lui en tant que *moyen*, j'en saisis le tout venant, sans me préoccuper de savoir s'il relève du noir, du fantastique, du tendre, ou de l'aimable. Et je ne retiens que les *effets* qu'il génère, enrôlant aussi ses *hétéronymes*, lorsqu'ils produisent des effets comparables aux siens. Ce ne sont donc pas les causes qui m'intéressent (en l'occurrence l'humour et ses hétéronymes[2]), mais bien les effets de ces causes, susceptibles de ménager et de baliser des voies d'accès aux valeurs. Par *effet*, j'entends ici le résultat de l'action exercée par l'agent extérieur (H ou h) sur le récepteur. C'est-à-dire un état de conscience, en général plus affectif qu'intellectuel, qui se singularise par son immé-

1. Cet article reprend les grandes lignes d'un article de Robert Galisson intitulé « De l'humoristique à l'axiologie, l'humour, ses hétéronymes et le rire au secours de valeurs » présenté à la conférence d'ouverture du colloque international « Intercompreensão en 2001 ano europea das linguas – desasios e açoes (école supérieure d'éducation de Santarém, 15-16 nov. 2001), actes à paraître in *Revista de didactica das linguas*. Il a été légèrement raccourci par les coordinateurs de ce numéro pour la présente édition.
2. H et/ou h désormais.

diateté et son caractère physiologiquement marqué (rires, mouvements incontrôlés, excitation...).

Exploité habilement, et à condition que l'accroche soit bonne, cet état psychologique, né d'une stimulation externe, peut entrainer des modifications, provisoires mais bienvenues, au plan comportemental, comme piquer la curiosité, éveiller l'intérêt, modifier l'attitude du sujet vis-à-vis de l'objet d'étude, permettre un effort soutenu, activer la concentration mentale, recharger l'énergie disponible pour conduire à terme l'ouvrage engagé. Je fais l'hypothèse que les effets produits par cette action calculée (en vue d'accomplir une tâche), sont plus stables, plus pénétrants que ceux ressentis par les amateurs de sensations fortes (en vue de se détendre), à la lecture d'un *thriller*, par exemple.

Afin de comprendre le choix d'« hétéronymes » pour désigner certains collatéraux de l'humour, rappelons qu'il s'agit d'un terme peu employé, d'un parent pauvre du discours « méta» relatif à la description du sens, aussi bien dans l'institution scolaire, que dans les dictionnaires de langue. Il trouve difficilement sa place dans la panoplie des termes les plus couramment mobilisés en sémantique lexicale, parce que les référents qu'il désigne sont souvent abstraits et complexes, alors que ses concurrents les plus directs (hypéronyme et hyponyme) rendent habituellement compte de référents concrets, beaucoup plus simples à catégoriser.

Ainsi, les hétéronymes d'humour appartiennent au même champ sémantique, dans la mesure où ils ont en commun une partie de leur sens[3]. Mais, ne leur connaissant pas d'hypéronyme, c'est-à-dire de terme générique qui les couvrirait tous, on ne saurait pour autant les classer :

– ni comme hyponymes, termes spécifiques, qui n'existent en tant que tels que parce qu'ils s'opposent à un générique, leur hypéronyme[4] ;

– ni comme synonymes, du moment que les traits sémantiques qu'ils ont en commun et justifient leur regroupement, ne sont ni assez denses, ni assez critériés pour relever de la synonymie[5].

De sorte qu'« hétéronyme » ne trouve son assiette que dans son rapport d'opposition à « homonyme ». Une assiette assez peu satisfaisante en ce qui concerne notre propos, puisqu'elle s'appuie bien davantage sur la forme que sur le sens. En effet, d'après le *Petit Robert*, référence privilégiée de nombreux enseignants de langue, sont dits hétéronymes les mots « qui n'ont pas le même nom » et homonymes les mots « de prononciation identique et de sens différent ». L'opposition croisée entre les deux catégories est incomplète au plan du sens :

	Forme	Sens
Hétéronymes	différente	identique et différent à la fois
Homonymes	(prononciation) identique	différent

3. L'humour et ses hétéronymes (ironie, moquerie, plaisanterie, drôlerie, fantaisie,...) partagent la caractéristique de fonder leur approche du monde sur le rire et le sourire (plutôt que sur le sérieux).

4. Par exemple, les mots à référents concrets : « vin, cidre, bière, ... » et « café, thé, chocolat, ... » sont des spécifiques par rapport à leur générique « boisson », qui les englobe tous. C'est sur cette relation d'opposition spécifiques/génériques que s'établissent la classe des hyponymes et celle des hypéronymes : l'une ne peut exister sans l'autre. Or, l'abstraction est le passage obligé de l'hyponyme à l'hypéronyme : « vin » fait référence à une réalité concrète (perçue par les sens – ici, la vue et le gout), alors que « boisson » se situe à un niveau de complexité qui transcende l'expérience commune, opère sur des qualités, des relations, puis mobilise dans sa définition un générique de niveau supérieur : « liquide » (... qui se boit). Partant de mots à référents abstraits au plan des hyponymes, l'hypéronyme atteint un niveau de complexité tel qu'il n'est plus réductible à une unité lexicale simple, ce qui le rend du même coup difficilement

... ce qui justifie les essais précédents de mise au point terminologique.

Par ailleurs, « hétéronyme » est souvent mobilisé pour rendre compte de certains noms propres (sa définition : « qui n'a pas le même nom » y invite). Au contraire, « homonyme », très éclectique, rend compte de toutes les catégories grammaticales (ex. : ceint, sain, sein, seing). Mais l'opposition attestée entre homonyme et hétéronyme (que les dictionnaires considèrent comme des antonymes) autorise à employer « hétéronyme » aussi bien pour traiter des noms communs, que des noms propres.

Quelle place au rire dans cette affaire ?

Il faut d'abord revenir sur l'observation de la note 3, pour la compléter et l'expliciter. En fondant leurs propos et comportements sur le rire plutôt que sur le sérieux, les tenants et avocats de l'humour renforcent la position de ceux qui, dans l'institution scolaire, opposent le ludisme d'aujourd'hui à l'austérité d'antan. Volontairement ou non, ils poussent ainsi l'école à s'inscrire dans une société des loisirs en rupture avec le modèle éducatif dominant.

Pour l'heure, dans cette école en mutation, où les modèles philosophiques s'affrontent, le bon sens impose de maintenir l'outil de travail en état de marche, de concilier le jeu et le sérieux, de ne succomber ni au ludisme démagogique, ni à la rigueur obtuse. Cette recherche d'équilibre, entre le plaisir et la contrainte, interroge évidemment sur la place et le rôle du rire en classe.

Or, curieusement, les chercheurs en didactique des langues, même désireux d'inclure l'affectif à côté du réflexif dans le processus d'apprentissage, se sont peu intéressés à ce produit de l'émotion, sans doute trop bruyant à leur gré. À coup sûr parce qu'ils savent que les enseignants désireux d'exercer sérieusement leur métier redoutent, par-dessus tout, l'agitation, le désordre, le chahut, qui trouvent dans le rire un déclencheur souvent incontrôlable. De sorte qu'ils choisissent la politique de l'autruche. Comme ils rêvent d'un ludisme cérébral, qui éliminerait les turbulences du corps (celui-ci n'a pas bonne presse à l'école, c'est l'exercice intellectuel qui règne en maitre, sur tout et partout), ils s'accommodent fort bien du sourire purgé de risques déflagrateurs à l'intérieur de la classe, et du rire débridé à l'extérieur.

Leur prudence me parait excessive. Si « le rire est le propre de l'homme » et si l'école a vocation d'éduquer les enfants, l'institution scolaire ne saurait s'en désintéresser. Ce n'est d'ailleurs pas sans raison que, de mémoire longue, les penseurs lui ont prêté grande attention. Pourquoi les spécialistes de l'éducation aux langues-cultures demeure-

4. (suite). exploitable. C'est sur cet obstacle que bute la théorie des génériques et des spécifiques hiérarchiquement emboîtés. Et c'est pour cette raison qu'il n'est pas possible d'assimiler H et h à des hyponymes.

5. On ne saurait dire de H et h qu'ils sont synonymes, puisqu'ils ne répondent pas aux critères : – d'intensité (comme « aimer, adorer, idolâtrer »); ou d'emploi (comme « ticket, billet, titre de transport »); – ou de registres (comme « chien, cabot, toutou »).

raient-ils allergiques à un phénomène qui les concerne de si près? Le rire est un ingrédient majeur de la parole publique, et sa pratique sociale répond à des normes culturelles qui demandent à être connues de tous, donc étudiées, pour être maitrisées.

On a déjà compris que le rire (ou le sourire) a partie liée avec l'humour et ses hétéronymes, dans la mesure où il signale, de manière visible et audible, que le message est passé, la communication réussie. En tant que marqueur de succès, il est d'autant plus précieux que les risques d'échec augmentent lorsque le message emprunte des voies et des formes obscures au récepteur, rendant le décodage aléatoire. C'est le cas de l'humour et ses hétéronymes, chez beaucoup de locuteurs étrangers.

Considérant que le rire est un objet d'étude à prendre « très au sérieux » en matière d'éducation, reste à s'interroger sur ce que l'on peut attendre ou craindre de lui, et sur ce que l'école est capable de faire pour optimaliser sa place et sa fonction, dans et hors de ses murs.

Les observations et propositions le concernant seront ventilées aux niveaux linguistique et encyclopédique. Le signifié retiendra notre attention au *niveau linguistique*, relayé par le référent au niveau encyclopédique (où *les dimensions culturelle, éthique, axiologique*, essentielles en matière d'éducation, joueront le rôle de classificateurs).

AU NIVEAU LINGUISTIQUE

En dépouillant les articles « rire » (1. verbe; 2. nom commun), toujours dans une édition récente du *Petit Robert*, on observe qu'il consacre environ six fois plus d'espace au verbe qu'au nom commun. Ce déséquilibre quantitatif entraine un déséquilibre qualitatif de l'information dans les deux articles. Alors que le verbe dispose de huit entrées définitoires auto-suffisantes (six pour l'intransitif, deux pour le pronominal), le nom ne possède qu'une seule entrée définitoire (« action de rire »), entrée-renvoi qui plus est, donc non auto-suffisante, puisque l'accès au cœur du signifié transite par le verbe.

Afin de compenser ce déficit explicatif, l'article « nom commun » multiplie les collocations, que le consultant doit lui-même répartir en deux grands types s'il veut en savoir davantage : celles qui caractérisent physiquement le rire (bruyant, éclatant, argentin, léger, étouffé, inextinguible, ...), et celles qui le caractérisent moralement (moqueur, narquois, méchant, sardonique, ...). Ce qui l'amène à mobiliser son intuition plus que sa réflexion, dans la mesure où les matériaux dont il dispose le portent à mémoriser (acquisition par l'usage), plutôt qu'à essayer de comprendre.

Ce manque d'homogénéité pédagogique conduit, une fois encore, à déplorer que la lexicographie linguistique (ou plus exactement la dictionnairique, dont l'ambition est de rendre compte des mots dans la langue) alourdit la tâche du consultant par des renvois en chaine onéreux, des investissements lourds, imprévus, et le laisse trop souvent démuni, ou indécis, face à ses problèmes.

C'est que, prisonnière de ses choix (l'usage ou la norme d'un côté, le signifié à l'exclusion du référent de l'autre), elle établit des constats et dresse des inventaires, sans trop globaliser sa réflexion, et sans problématiser sérieusement les conséquences, sur l'utilisateur, de la relation éludée entre signifié et référent.

En effet, l'univers des mots et celui des choses qu'ils désignent entretiennent des relations étroites dans le réel, alors que les dictionnaristes les déconnectent, pour des raisons heuristiques et disciplinaires que l'on peut comprendre, mais dont les consultants font les frais.

Par ailleurs, comme l'histoire des mots elle-même (dont les bons dictionnaires de langue livrent des fragments rares mais utiles[6]) n'alimente l'histoire de leurs référents qu'à dose homéopathique, pour avancer dans la connaissance du rire, on ne peut qu'interroger également la lexicographie encyclopédique. Ou plus exactement la dictionnairique dont l'ambition est de rendre compte des référents, c'est-à-dire des choses en tant qu'objets (concrets ou abstraits) nommés ou signifiés par les mots, donc découpés dans le monde par le langage et l'expérience des hommes.

AU NIVEAU ENCYCLOPÉDIQUE

La plupart des dictionnaires généraux sont trop couteux et encombrants pour accéder au statut d'usuels, c'est-à-dire d'outils à la portée du plus grand nombre, facilement consultables et exploitables, comme beaucoup de dictionnaires de langue. De sorte que, pour des raisons culturelles[7] et pratiques[8], je ne travaillerai pas sur un corpus à la disposition de tous, ainsi que précédemment avec le *Petit Robert*, mais sur un segment de l'histoire du rire : le texte de Q. Skinner, introduit, au préalable, à cette intention.

Et pour bien montrer qu'il constitue un objet d'étude que l'éducation ne saurait négliger, le rire sera examiné dans ses dimensions culturelle, éthique et axiologique (v. *supra*).

La dimension culturelle du rire

Elle est très présente chez Q. Skinner : il observe qu'à la fin du XVIIe et au XVIIIe siècle, dans la société dite polie, se développe un mouvement qui emprunte à la distinction, aux belles manières de l'Honnête homme finissant (XVIIe siècle), et au contrôle volontaire des fonctions physiologiques naturelles de l'homme émergeant : celui des Lumières (XVIIIe siècle). Mouvement qui consacre la suprématie de la raison, de la

6. Par le biais des datations, entre autres : dates d'émergence des mots, de leurs acceptions éventuelles, des locutions auxquelles ils ont donné naissance, …
7. À l'image de la société dont elle est le produit, l'école recourt aux dictionnaires de langue, insuffisamment d'ailleurs, mais ne tire à peu près aucun profit des dictionnaires encyclopédiques.
8. Par manque d'outils adéquats, disponibles en milieu scolaire.

connaissance, de la maitrise de soi, sur le réel à l'état brut (v. les recommandations de Chesterfield à son fils) et donc le triomphe de la culture sur la nature.

À partir de telles observations, on peut faire l'hypothèse que le « rire (ou le sourire) de classe » est effectivement né à cette époque. Dans la représentation des gens du monde, il est spécifique de leur état, de leur éducation, et se distingue du rire grossier des gens du peuple, caractérisé, comme leur verbe d'ailleurs, par un niveau sonore blessant pour les oreilles délicates de ceux qui, n'y étant pas accoutumés, ne le supportent pas. Si les aristocrates de l'époque des Lumières sont parvenus à domestiquer le rire, et si les jeunes des banlieues déshéritées ne savent ni rire, ni parler, ni se comporter comme l'institution scolaire le prescrit, c'est bien que leur rire participe du milieu social où ils vivent : un « rire de classe » (au sens de la lutte du même nom !), et qui les classe effectivement.

Sans remonter aux siècles passés, ni faire référence à des études en bonne et due forme, beaucoup d'enseignants de langues étrangères savent que les publics coréens et japonais, par exemple, témoignent d'une retenue gestuelle, associée à une discrétion du rire, qui tranchent avec l'exubérance comportementale des locuteurs français dans le même domaine. De là à postuler l'existence d'un « rire ethnique », il n'y a qu'un pas, que je franchis, afin d'encourager les collègues à pousser plus loin, à confirmer ou infirmer la supposition.

Pour aller au bout de mon propos, je suggérerais, provisoirement, une typologie-entonnoir à trois étages : le « rire ethnique », le « rire de classe » et le « rire personnel ». Celui-ci échappe à l'attention de beaucoup, alors que chacun, dans son propre intérêt, devrait apprendre à le connaitre. En effet, il y a de l'inné et de l'acquis dans le rire. L'homme est outillé pour rire, comme pour parler, mais en tant qu'être social, il a besoin d'un environnement porteur, afin de transformer ses potentialités en réalités. Or, dans l'inné comme dans l'acquis, tout le monde n'est pas logé à la même enseigne. Je crois bien me souvenir que Victor, l'enfant sauvage de l'Aveyron, ne riait pas plus qu'il ne parlait. Privée de modèle humain, l'hominisation n'avait pas opéré.

On sait tout cela depuis longtemps, mais on n'en tire aucun profit en terme d'éducation. Ayons donc présent à l'esprit qu'à côté du rire qui raille l'autre pour les tares qu'il affiche ou qu'il cache, il y a le rire qui porte préjudice à l'émetteur lui-même, par les grimaces et/ou les bruits insolites qu'il engendre.

Le devoir de l'éducateur parait donc d'amener les élèves aux rires par trop déviants, à se voir et s'entendre. Des moyens existent, simples (le miroir, la photographie), ou plus complexes (le magnétophone, le magnétoscope), mais la solution est plus psychologique que technologique : elle nécessite de l'à-propos (intervenir au bon moment) et du tact (ne pas détruire en voulant guérir).

Comme les gens de spectacle posent leur voix, étudient leur démarche, cultivent leur présence par des gestuelles et des postures appropriées, l'idéal serait d'amener tout un chacun à faire connaissance avec son rire, pour l'accepter, l'assumer, ou le travailler, afin de participer au jeu social, sans gêne ni complexe. En effet, si le « propriétaire » d'un rire à problème rencontre son handicap, que peut-il faire ? Soit s'en accommoder (en prendre son parti, ou en tirer parti) ; soit l'amender, seul ou avec l'aide de son entourage ; soit le sacrifier au sourire, comme Chesterfield le recommande (mais, cette fois, pour des raisons personnelles de sauvegarde, non de ségrégation sociale). Quoi qu'il en soit, les enseignants devraient être formés, ou se former eux-mêmes à ce genre d'observation/remédiation, avant de convier leurs élèves à en faire autant.

La dimension éthique du rire

Celle-ci n'est jamais évoquée dans le texte de Q. Skinner, mais elle y apparait, en filigrane, dans le choix de certains mots fréquemment employés. En effet, la théorie produite soutient et répète à satiété que la moquerie, la raillerie, la dérision, le mépris et même la haine, sont les déclencheurs privilégiés du rire. De son côté, le *Petit Robert* lui attribue des qualificatifs d'usage (narquois, sardonique, méchant,...), qui appartiennent au même champ sémantique. Le rire est souvent peu charitable : il convient donc de le surveiller.

Diderot n'avait pas tort d'affirmer : « Il est au moins aussi important de rendre les hommes meilleurs que de les rendre moins ignorants. » Or, cette lutte pour rendre les hommes meilleurs passe aussi par la surveillance du rire, afin de juguler ses débordements ravageurs. Manié sans précaution, il peut, en effet, devenir une arme redoutable, blesser profondément et durablement ses victimes.

Mais il possède aussi des vertus, comme nous le verrons bientôt. Et il n'est pas que l'envers du sourire, qui serait bon, et lui mauvais.

Pour moi, la dimension éthique du rire inclut également ses aspects esthétique et thérapeutique, parce que le bien et le beau ont partie liée, et que la bonne santé constitue le passage obligé de ceux qui croient qu'un esprit sain dans un corps sain demeure un idéal de plénitude encore respectable.

L'aspect esthétique du rire

La prise en compte de l'aspect esthétique du rire amène à constater que le beau et le laid se livrent chez lui un combat de tous les instants, au double plan visuel et auditif. Une figure ingrate peut s'illuminer d'un rire radieux (au plan visuel), comme un éclat de rire bouffon peut briser le charme d'un visage délicat (au plan auditif).

Dans le plus navrant des cas, le rire gâte ou gâche l'approche d'autrui ; dans le plus réjouissant, au contraire, il l'attire et le charme.

C'est le produit quintessencié d'une alchimie subtile, qui transcende le laid, le beau, et dont les effets échappent bien souvent à la maitrise du producteur lui-même.

Un autre trait du rire, et du sourire aussi, qui participe de sa beauté, est qu'il résiste aux séquelles de l'âge. On a tous rencontré des personnes, naguère connues, puis perdues de vue, que l'on ne remet pas au premier abord, et qui se rappellent soudain à notre souvenir, dans l'éclair d'un rire ou d'un sourire merveilleusement conservé, protégé, sous un visage aux traits empâtés, affaissés, ou ravagés par les injures du temps. Cette jeunesse préservée lui confère un caractère un peu magique.

Gardons-nous pourtant de confondre le rire et le sourire, même si tous deux, dans certaines circonstances, échangent leurs rôles et expriment les mêmes émotions, les mêmes sentiments. Le sourire, dans sa silencieuse discrétion, a des vertus que le rire ne possède pas, ou à un degré moindre. Par exemple, j'ai vu opérer des sourires qui étaient des baumes instantanés, des bouées de sauvetage providentielles, des trésors d'encouragement pour les tout petits de l'école maternelle, soustraits d'un coup à la présence rassurante d'une maman.

L'aspect thérapeutique du rire

La recherche de bonne santé, dans l'équilibre de l'esprit et du corps, s'inscrit dans un besoin de conservation du patrimoine personnel de chaque individu, conforme aux mœurs et à la morale de la société dans laquelle il vit : besoin tout particulièrement sensible et développé en Occident.

La contribution du rire est si manifeste pour entretenir ou améliorer cet état d'harmonie physique et psychique, plébiscité comme valeur suprême par la *vox populi*, qu'elle n'a pas échappé à la réflexion des grands ancêtres de la pensée occidentale, ni, j'imagine, à celle de leurs pairs dans beaucoup d'autres sociétés.

Pour faire simple, je postulerai que deux types principaux de rire peuvent engendrer d'éventuels effets thérapeutiques. Effets conscients et recherchés, ou non.

Le rire de dérision, ou de défoulement est un rire contre les autres ou contre soi. Un rire de révolte, de mépris des vices de l'homme et des tares de la société. En référence à l'ancestrale théorie de Galien, je le cataloguerai tout bonnement « rire de mauvaise humeur ». Mauvaise humeur, faut-il le souligner, qui procède d'une saine réaction de révolte contre les vilenies du monde.

Le rire de satisfaction, ou de détente est un rire pour soi et pour les autres. C'est un rire d'oubli et d'acceptation de la condition humaine, de jouissance de l'instant qui passe. Pour la même raison, et par symétrie antithétique, je l'étiquetterai « rire de bonne humeur ». Bonne humeur altérée toutefois par l'égocentrisme, dans la mesure où elle ne peut se propager et devenir contagieuse que dans l'indifférence (provisoire) aux misères de l'humanité.

Chez les émetteurs ordinaires du rire (Mme et M. Toutlemonde), je retiens donc ce balancement, cette vacillation nauséeuse entre pessimisme et optimisme, insoumission révoltée et soumission résignée à leur filiation humaine ambivalente, instable et suspecte (entre le loup et l'agneau, le pire et le meilleur).

Chez les spécialistes du rire – qui entretiennent avec lui d'autres relations que celles de simples émetteurs – je distinguerai, très globalement :

– ceux qui, d'une manière ou d'une autre, en font un objet d'étude (par exemple des philosophes cherchent à comprendre ses origines, son fonctionnement, des médecins étudient les effets de sa présence ou de son absence sur le comportement de certains malades, des éducateurs s'efforcent de l'intégrer dans la panoplie des moyens susceptibles d'aider à la formation des jeunes) ;

– ceux qui font profession de le déclencher (par exemple, des gens du spectacle et des médias, comédiens, imitateurs, animateurs d'émission ludiques, etc., ont eux aussi intérêt à en connaitre et maitriser les ressorts, dans la mesure où la sanction de leur savoir-faire passe par lui).

À propos de certains spécialistes de la première catégorie, si l'on peut soutenir que la leçon de Démocrite n'a pas été perdue, il faut constater cependant que la majorité des médecins prête sans doute moins d'intérêt aux vertus thérapeutiques du rire aujourd'hui que jadis. Sans doute parce que, scientifiquement et technologiquement très développée, la médecine moderne fait davantage confiance aux prescriptions de la pharmacopée chimique qu'aux sollicitations psychologiques du patient, dont le rire fait partie.

En ce qui concerne les spécialistes de la seconde catégorie, l'avancée des technologies de la communication et l'avènement d'une société des loisirs ont agi dans l'autre sens, en diversifiant les métiers du rire. En effet, sur les traces de Molière, qui faisait remarquer que « c'est une étrange entreprise de faire rire les honnêtes gens », mais qui s'y entendait tellement bien, les auteurs (et les acteurs) qui s'inscrivent dans la grande tradition du théâtre comique marquent un peu le pas. Ils souffrent de la concurrence étouffante du cinéma et des médias modernes. Mais tout autour d'eux, dans la compétition ou l'émulation, d'autres professionnels, dans d'autres genres, d'autres registres se sont trouvés des espaces et des moyens pour« faire rire les honnêtes gens » de leur époque. Ce n'est pas le lieu ici d'en dresser la liste. Mais leur présence massive signale que le rire n'est pas seulement le propre de l'homme, il est aussi un phénomène social. Toute société peut l'encourager, ou au contraire le réprimer. La nôtre semble avoir compris que le rire pouvait être un refuge, une détente salvatrice dans un monde sous tension mortifère, où l'arrogance aveugle et la folie guerrière des hommes menacent l'espèce d'une auto-destruction apocalyptique.

La dimension axiologique du rire

Cette dernière est totalement absente de la réflexion de Q. Skinner. Et pour cause : je n'aurais moi-même jamais songé à mettre en contact des univers apparemment aussi éloignés que H, h et le rire d'un côté, les valeurs de l'autre, si je ne m'étais trouvé en situation de double contrainte divergente : répondre à l'attente d'amis qui voulaient me confronter à l'humour et ne pas remettre à plus tard (avec les risques d'abandon que cela comporte) mes recherches sur l'accès aux valeurs en classe de langue-culture.

Mis en posture d'organiser une rencontre entre le rire et les valeurs, j'ai voulu montrer qu'il est impliqué dans les problèmes moraux. Parce qu'à l'exception de rares cas de rire innocent, sa mobilisation engage une vision du monde qui prend appui sur la morale, et permet de l'imaginer lui-même comme une valeur d'un genre un peu particulier. Surtout si l'on élargit le champ de l'axiologie aux valeurs sociales, esthétiques et autres, qui guident les jugements, attitudes et conduites des citoyens conscients et responsables. Alors que des valeurs reconnues comme la générosité, la franchise, la modestie… font provision d'anti-valeurs[9] dans la maison d'en face, chez leurs contraires (l'avarice, l'hypocrisie, la vanité …), le rire peut trouver son anti-valeur à sa porte : en certaines circonstances, l'anti-valeur du « rire de bonne humeur » est le « rire de mauvaise humeur ». Il doit cette particularité à une riche polysémie, dont son histoire témoigne.

C'est en voulant honorer une commande sur l'humour que j'ai rencontré le rire, puis découvert quelques-unes de ses innombrables potentialités. J'ai pu alors constater qu'il prenait davantage de place que H + h dans mes préoccupations de didactologue. Vraisemblablement parce que l'éventail de ses emplois est plus ouvert, sa présence plus constante, à tous les niveaux de la communication, pour tous les publics.

Partant de ce constat, au lieu d'affirmer, sans autre forme de procès, l'importance du rire pour les enseignants-chercheurs de langue-culture, j'ai voulu les sensibiliser au phénomène, à la diversité des disciplines qui se sont intéressées à lui. Et aussi esquisser des cheminements pour dépasser ces prémices d'exploration domaniale, pour imposer l'omniprésence du rire comme une donnée première de la vie en société, donc de la vie à l'école.

Confronté à un objet qui offre d'aussi vastes perspectives de recherches disciplinaires et transdisciplinaires, j'ai toujours su que ma courte et tâtonnante visite ne pouvait être qu'exploratoire. C'est pourquoi j'attache peu d'importance au fait d'avoir tort ou raison dans les

9. Dans ma terminologie, les outils conceptuels anti-valeur, non-valeur, contre-valeur, respectivement siglés AV, NV, CV jalonnent des passages privilégiés du travail axiologique. La présentation-exemplification en a été ébauchée dans le texte référencé en note 2. Pour ce qui concerne AV, il s'enrichira d'une acception complémentaire. Le micro-système terminologique qu'ils constituent, en tant que concepts ancillaires (ou auxiliaires), autour du concept vexillaire (ou directeur) de valeur (V), est spécialement adapté au passage d'une démarche intra- à une démarche interculturelle.

options que je retiens, les propositions que j'ébauche. L'essentiel étant d'amener les acteurs de terrain à surmonter leurs réticences et chercher les profits qu'ils peuvent espérer de cette ouverture.

Au bout du compte, ce que je crois avoir appris du rire m'amène à le concevoir dans un rôle d'excipient didactologique. En effet, comme cet additif, souvent sucré, qui facilite l'absorption des principes actifs thérapeutiques, il peut devenir un précieux facilitateur d'accès aux valeurs que l'école tarde à prescrire, faute d'habileté à rendre leurs principes éducatifs moins amers.

Du rire aux valeurs, quels parcours?

Les pièces maitresses du puzzle étant réunies, j'essaierai de les articuler sur la base d'un processus logique cherchant à « valoriser » l'approche des « valeurs ».

Tout parait indiquer :

– que l'humour et ses hétéronymes ont vocation à déclencher rires (ou sourires) ;

– que ce sont des ingrédients recommandables pour atteindre l'objectif visé (ouvrir des voies d'accès attrayantes aux valeurs), à la condition toutefois que leur mise en œuvre obéisse à des procédures que je m'efforcerai de formaliser, d'expliciter, puis d'exemplifier.

FORMALISATION

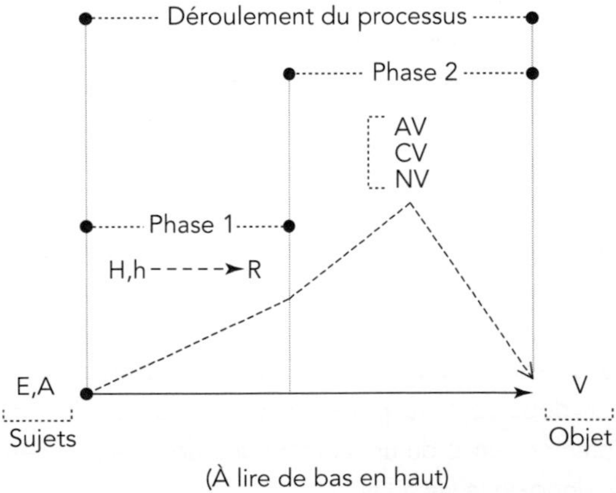

(À lire de bas en haut)

Légende

Par opposition au parcours direct (ou de base) indiqué par une flèche droite et pleine, qui mène, sans détour, des sujets (E = enseignant, A = apprenants) à l'objet (V = valeur), le parcours indirect, représenté par une flèche brisée, en traitillés, signale que le processus se déroule en deux phases :

– la phase 1 montre que l'humour (H), ou ses hétéronymes (h) engendrent rires (R) ou sourires ;

– la phase 2 témoigne que l'un des antonymes (AV, CV, ou NV)[10] de la valeur étudiée constitue la plaque tournante qui permet à cette suite d'opérations complexes d'ouvrir une voie d'accès à V.

Contrairement aux traits pleins et aux traitillés, qui signalent des parcours ou des processus d'accès (directs ou indirects) à la valeur, les pointillés fins sont de simples auxiliaires de décodage.

EXPLICITATION

Le parcours direct

Une lecture globale du schéma montre que le parcours direct attaque l'objet d'étude frontalement, et fait ainsi l'économie des phases 1 et 2, constitutives du parcours indirect. Cette conduite suppose qu'apprenants et enseignants soient préparés à ce genre de confrontation immédiate aux valeurs, sans échauffement préalable, ce que les observations réalisées sur le terrain ne confirment pas.

Le parcours indirect

La flèche brisée, en traitillés, au niveau de la phase 1, témoigne que R est la conséquence prévisible de la mobilisation de H, h, dans la mesure où, en espace de parole libérée (ce que doit être la classe de langue-culture), l'effet domino joue son rôle et, par enchainement grégaire (le premier qui... tombe dans le rire entraine les autres), transforme les sourires (solitaires) en rires (solidaires).

Cette flèche signale également que le choix du rire comme vecteur de transit pour aboutir à la valeur implique le passage par l'un de ses antonymes (AV, CV, ou NV)[11]. Pourquoi cela ? Parce que la valeur s'apparente davantage à la vertu qu'au vice, et que, d'ordinaire, le rire ne fait pas bon ménage avec la vertu. Dit autrement, le rire angélique est d'une espèce infiniment plus rare que le rire atrabilaire ! De sorte que le choix de R comme véhicule d'accès aux valeurs conduit à emprunter un parcours indirect transitant par les contraires de ces valeurs (les anti-valeurs, en l'occurrence).

Parcours qui ne constitue pas un handicap, au contraire. Ne vaut-il pas mieux, en effet, oser une tactique détournée (genre « cheval de Troie ») et entrer dans la place, plutôt que s'épuiser, sans succès, dans une attaque frontale (genre « bélier ») ? Pour reprendre la terminologie d'une autre époque, en la vidant de son sens originel, la méthode directe n'a pas que des avantages et la méthode indirecte que des inconvénients !

10. AV = anti-valeur, CV = contre-valeur ; NV = non-valeur (se reporter à la note 19).

11. Parmi ces différents types d'antonymes, seule l'anti-valeur (AV) est actualisée dans les exemples choisis en 4.3.

L'option du rire pour rendre les valeurs plus aimables se fonde aussi sur d'autres arguments que celui de l'incontournable nécessité fonctionnelle[12]. Par son entremise, l'itinéraire bis emprunte des chemins et découvre des paysages moins austères et conventionnels que ceux de l'itinéraire classique. Il estompe le caractère trop compassé, trop solennel des discours habituels du genre. Il dédramatise la vision d'une valeur contemplée, en face à face, dans son idéale et inaccessible grandeur.

D'autre part, la visite aux antonymes permet de situer la valeur dans une parentèle lexicale dont la connaissance ne peut qu'éclairer, en profondeur, ses fonctionnements discursifs et culturels.

Reformulation des hypothèses sous-jacentes à l'étude

– Si le rire aide à prévenir ou guérir la maladie (v. Démocrite), il peut aussi distraire et détendre le sujet apprenant, le mettre dans de bonnes dispositions pour écouter, observer, réfléchir, réagir et agir.
– Si H, h engendrent R, et si R est bien l'excipient supposé, l'approche de V par le truchement de R doit rendre l'accès à V plus appelant et confortable. À condition toutefois que l'un des antonymes de V soit à l'origine de R, et ainsi en mesure[13] d'orienter, puis de conduire le processus jusqu'à V.

Représentation du parcours indirect type

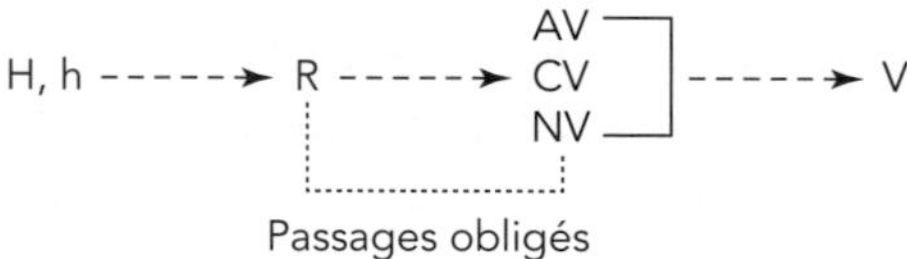

Les obligations que crée le parcours indirect sont considérées comme le juste prix à payer pour rendre ce mode d'accès à V plus convivial.

EXEMPLIFICATION

J'embrasserai large et considérerai comme adéquates à mon propos toutes formes de discours, toutes expressions, tous vocables imprégnés (ou teintés) de H, h, et répondant aux conditions énoncées dans les hypothèses relatives à R et antonymes de V, en tant que passages obligés du parcours indirect type.

La visée immédiate étant de faire naitre un sourire, de susciter un rire, d'attirer l'attention sur une curiosité discursive ou sociétale, donc d'allumer l'intérêt, d'oublier l'espace-classe, d'engager les acteurs du processus sur la voie de l'échange, de la réflexion suivie, de la recherche du moteur caché des attitudes et comportements de chacun.

J'exemplifierai mes allégations sur quelques cas, choisis dans des lieux balisés, que je postule exploitables, pour les avoir déjà pros-

12. S'accommodant mal de la vertu, R impose un détour par les antonymes de V qui, eux, peuvent faire rire.
13. Du fait de ses liens de parenté avec V.

pectés, à d'autres occasions, en vue d'autres objectifs. Il s'agira de repérer, éventuellement de concevoir, des situations où la présence simultanée de H ou h, de R et d'un antonyme de V est manifeste.

Quelques sites balisés, potentiellement exploitables

Les histoires drôles, les expressions imagées, la parémiologie (proverbes donc, mais aussi dictons, maximes, sentences, aphorismes), les palimpsestes verbo-culturels, les mots à charge culturelle partagée, les mots-valises constitueront le corpus de base et retiendront mon attention, sans que je sois sûr de trouver, en chacun de ces lieux, ce que je cherche.

Les exemples choisis pour illustrer mon propos se rapportent exclusivement aux histoires drôles et aux expressions imagées.

Histoires drôles

Dans la mesure où les valeurs de la culture ordinaire constituent un objet d'étude privilégié, les histoires retenues sont extraites du magazine de télévision le moins cher, donc le plus populaire, *téléZ*, rubrique « Les histoires drôles de nos lecteurs. Rire en chaînes ».

n° 1 :

– À quoi reconnait-on un Écossais dans un camping ?

– C'est celui qui, quand il voit un moustique, fait pschitt, pschitt, pour lui faire croire qu'il vient de pulvériser de l'insecticide.

n° 2 :

Une Écossaise dit à son mari :

– Plutôt que de mettre tous les soirs un fauteuil sur la table de la salle à manger, une chaise sur le fauteuil et de t'installer sur la chaise pour lire ton journal, tu ne crois pas que ce serait plus simple d'acheter une ampoule plus forte ?

Les étapes – par questionnement[14], dans une classe imaginaire – du processus d'accès à V

Étape 1 : H, h ------> R

Objet : s'assurer de l'émergence du rire ; en préciser les mécanismes élémentaires.

À l'écoute – ou à la lecture – de la première histoire :

– Pourquoi avez-vous ri (ou souri) ?

– À quel(s) genre(s) ou procédé(s) comique(s) avez-vous réagi :

- – comique de mots (la drôlerie phonique de l'onomatopée, qui évoque le bruit du liquide jaillissant) ;
- – comique de caractère (la psychologie du campeur, qui personnifie le moustique et communique avec lui).

Étape 2 : R ------> AV de V

Objet : vérifier qu'un défaut (ou un vice) est bien à l'origine du rire ; nommer (en première approximation) le défaut (ou le vice) observé.

14. Rédigées ici en termes standard, les questions (... et les réponses !) sont inadaptées à la diversité de niveaux et de besoins des publics. Elles doivent donc être reformulées, complétées, appropriées au contexte et à la personnalité des enseignants (qui peuvent aussi procéder autrement).

15. Jugement qui procède d'une généralisation aussi hâtive qu'abusive. Les Juifs et les Auvergnats ont également été victimes de ce stéréotype, décliné de mille et une manières, dans des histoires du même genre. Ils ont réagi avec vigueur et sont maintenant davantage épargnés que les Écossais (trop éloignés pour en souffrir, ou s'en formaliser...).

– De qui se moque-t-on dans ces histoires ?

– Des Écossais en général.

– Pourquoi les Écossais ?

– Parce qu'ils répugneraient, davantage que d'autres, à dépenser leur argent[15].

– Comment l'économie poussée à l'extrême provoque-t-elle le rire et la moquerie ?

– Elle entraine des dégradations comportementales, des désagréments d'existence sans commune mesure avec la modicité de la dépense qui les préviendrait (le prix d'une bombe insecticide, ... ou d'une ampoule électrique !).

Séance collective de remue-méninges

– Quel(s) nom(s) donner à ce défaut (ou à ce vice) ?

Si le mot « avarice » figure dans la liste produite, ce qui est vraisemblable, demander :

– Qui connait des patronymes d'avares, rendus célèbres par le théâtre classique ?

– Harpagon, de Molière (*L'Avare*) ; Shylock, de Shakespeare (*Le Marchand de Venise*)[16].

Étape 3 : AV de V ------> V

Remarque : il s'agit de mettre en œuvre le principe de translation antonymique, qui autorise le passage de AV de V à V, sachant que V a été choisie antérieurement comme objet d'étude, parmi beaucoup d'autres valeurs possibles. En effet, pour être en mesure de préparer le travail d'amont et guider l'accès indirect à V, l'enseignant est tenu, au préalable, de choisir (ou au moins de connaitre) la valeur à étudier. De son côté, l'apprenant la découvrira par lui-même, en suivant les étapes successives du parcours indirect de l'accès à V.

Objet : procéder à l'exercice qui consiste, en vertu du principe de translation antonymique, à faire émerger les vocables susceptibles de rendre compte de la valeur retenue comme objet d'étude, à partir d'autres vocables, produits à la fin de l'étape précédente, pour nommer, provisoirement, le défaut (ou le vice) observé.

La complexité de cette opération, pour désigner et approprier des vocables susceptibles de traduire les anti-valeurs et les valeurs, conduit à interroger le dictionnaire.

Consultation collective d'un dictionnaire de langue[17]

Compte tenu de la difficulté à retenir un seul vocable pour désigner une anti-valeur ou une valeur, il semble raisonnable de substituer la pluralité à l'unicité et de choisir les expressions : gerbe de vocables pour désigner la valeur (idée de positivité contenue dans gerbe : cf. la moisson) ; et faisceau de vocables pour désigner l'anti-valeur (idée de négativité contenue dans faisceau : cf. les fusils).

16. Pour témoigner de la funeste pérennité de cette anti-valeur, ainsi que de l'attention moqueuse et douloureuse que les hommes lui ont toujours portée.

17. Ce sera le *Petit Robert*, déjà mobilisé au cours de cette étude.

Désignation et appropriation des constituants du faisceau de vocables appelé à rendre compte, au plus près, de l'anti-valeur

L'article «Avarice» du *Petit Robert* fait observer que cette adresse a vieilli, donc qu'elle s'emploie moins. Et il cite des synonymes comme avidité, cupidité, ladrerie, lésine, qui ont subi un sort identique. Par contre, d'autres synonymes comme «pingrerie et radinerie» sont considérés comme modernes.

Quelques piquages synonymiques externes n'enrichissent pas sensiblement la récolte : «cupidité» , par exemple, renvoie à «âpreté, avidité, convoitise, rapacité», tous également marqués diachroniquement.

De sorte que le *faisceau de vocables* que nous proposerons pour désigner l'anti-valeur de référence se nourrira d'éléments hybrides. Deux d'entre eux affichant un registre soutenu sont marqués diachroniquement, mais non sortis de l'usage : «avarice» (milieu du XIIIe siècle), «cupidité» (fin du XIVe siècle); deux autres, beaucoup plus récents, relèvent du registre familier : «pingrerie» (début du XIXe siècle), «radinerie» (milieu du XXe siècle).

À eux quatre, ils couvrent un éventail de registres d'usage, de niveaux de culture, qui devrait rendre accessible à des publics d'âges et de milieux différents l'anti-valeur qu'ils ont la charge de nommer.

Désignation et appropriation des constituants de la gerbe de vocables appelée à rendre compte de la valeur choisie comme objet d'étude final.

Il s'agit de dresser la liste des antonymes de chaque constituant du faisceau de vocables élaboré *supra* (ex. : désintéressement, dissipation, gaspillage, générosité, largesse, prodigalité pour «avarice»); puis d'éliminer ceux qui ne répondent pas à la positivité inhérente à la notion de valeur (comme «dissipation, gaspillage», etc.); enfin de procéder à l'analyse des traits sémantiques dominants et opposés, dans le faisceau et dans la gerbe, et respecter ainsi le principe de translation antonymique.

En l'occurrence, pour passer du faisceau à la gerbe, le fil conducteur est l'argent, ou plus exactement la relation à l'argent. C'est donc autour de cette dimension sémantique-clé que la procédure sera conduite. Du côté faisceau, on a l'amour de l'argent, du côté gerbe le non-amour de l'argent. Le problème est de trouver des vocables qui s'inscrivent dans cette opposition, donc parlent d'argent pour en faire un usage égoïste, ou altruiste. Vocables qui se complètent et se filtrent les uns les autres, en focalisant l'attention sur leur commun dénominateur sémantique : la relation à l'argent.

En procédant de la sorte, on tourne le dos à la démarche qui opposerait globalement «avarice» à «générosité», et négligerait les inconvénients de l'extrême polysémie de ce dernier vocable, riche d'acceptions se rapportant à l'argent, mais aussi à l'honneur, au don de soi, etc. Acceptions qui, de proche en proche, déteignent les unes sur les autres et sont susceptibles de brouiller le décodage du signe qui les porte toutes. L'adjonction de vocables-filtres très ciblés sur l'argent (comme « largesse ») permet de contenir les dérapages interprétatifs de « générosité », *a priori* posé comme vocable emblématique de la gerbe.

Ce genre d'approche complexe, tout tâtonnant qu'il soit, permet de comprendre pourquoi les valeurs ne surgissent pas, tout armées, de la réflexion et de l'imagination de quelques penseurs sages. Elles résultent plus prosaïquement de réactions collectives et indignées, éparses et fragmentaires, aux bassesses, aux turpitudes, ou à la simple incurie des hommes. On voit bien comment, dans cet exemple, l'anti-valeur dépasse la valeur en terme d'impact sur le réel. Comment celle-ci trouve son origine dans l'opposition à celle-là, et doit s'organiser conceptuellement pour devenir le *contre-feu* qu'elle a vocation à être.

Le traitement proprement dit de la valeur n'étant pas inclus dans son approche, je n'irai pas au-delà. Du côté des sujets, l'accès au sérieux des valeurs par le rire devrait faire une autre impression, et laisser un autre souvenir que l'attaque sèche et frontale de la glose classique.

Du côté de l'objet, la parentèle des vocables en relation d'antonymie et de synonymie (*cf.* le faisceau et la gerbe) ouvre la voie, me semble-t-il, à des investigations lexiculturelles adaptées au niveau et au besoin des publics concernés.

Expressions imagées

C'est dans le respect des passages obligés, mais sans parcourir, en détail, toutes les étapes du processus, que le modèle sera ici éprouvé.

Par exemple, « Mettre la charrue devant les bœufs » doit participer d'un scénario qui fasse rire. Or, perçue globalement, l'expression s'est si bien banalisée, que personne ne songe plus à soulever le couvercle, pour en goûter le suc. Je suggérerais donc au public d'imaginer deux bœufs attelés avec joug, contemplant (d'un air incrédule) une charrue dans le sens de la marche, les mancherons au ras de leurs naseaux. D'ordinaire – j'en ai fait l'expérience – le ridicule de la scène décrite suffit à déclencher le rire. C'est que, contrairement aux remorqueurs fluviaux, qui ne tirent plus, mais poussent les péniches, on n'a jamais pu convaincre les bœufs de pousser une charrue ! Pour eux, comme pour nous, pareille situation est un défi au « bon sens » !

Cependant, cette vieille expression d'origine rurale pourrait avoir une dimension symbolique cachée, qui expliquerait sa résistance à l'usure du temps. Les Français, s'affichant volontiers cartésiens, devraient trouver en elle (avec un peu d'humour !) le contre-exemple idéal de la valeur intellectuelle qu'ils placent au-dessus de toutes les autres : la rationalité. Dans la perspective adoptée ici, où découvrir, en effet, introduction plus hilarante à la rationalité, que dans l'irrationalité sous-jacente à la définition lexicographique plate de cette expression imagée : « Tout faire (ou tout mettre) à l'envers » ?

À partir de ces quelques observations basiques, le dictionnaire est en mesure de livrer une parentèle d'antonymes et de synonymes nécessaires à l'élaboration du faisceau de vocables autour de l'anti-valeur « irrationalité », puis de la gerbe de vocables autour de la valeur « rationalité ».

Voici deux listes (non exhaustives) de postulants au faisceau et à la gerbe.

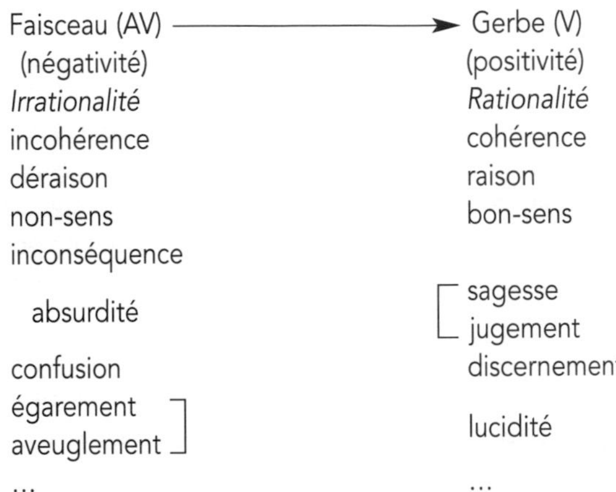

Faisceau (AV) →	Gerbe (V)
(négativité)	(positivité)
Irrationalité	*Rationalité*
incohérence	cohérence
déraison	raison
non-sens	bon-sens
inconséquence	
absurdité	[sagesse / jugement
confusion	discernement
égarement / aveuglement]	lucidité
…	…

Après analyse des vocables en opposition et choix des plus représentatifs de chaque catégorie, le nombre d'élus ne devrait pas dépasser 4 ou 5 par colonne.

« Rester les deux pieds dans le même sabot », ainsi que d'autres expressions de la même veine prosaïque, peuvent faire l'objet d'un traitement analogue, et rompre le dangereux isolement des valeurs, avant qu'elles soient abordées dans leur subtile et exigeante complexité.

Comme il ne saurait y avoir de conclusion à ce genre d'étude avant qu'elle ait subi l'épreuve du réel, je laisse aux acteurs de terrain qui accepteraient de transformer ces quelques suggestions en actes, le soin de confirmer ou d'infirmer les effets euphorisants et roboratifs de H, h et R, donc de vérifier, par l'expérience, si le temps de l'émotion peut « sérieusement » préparer le temps de la réflexion et des valeurs.

Déchiffrer l'ironie

JUDITH STORA-SANDOR
UNIVERSITÉ PARIS VIII

On ne compte pas le nombre d'ouvrages et d'articles théoriques consacrés à l'ironie. Il en résulte une grande confusion quant à la définition même de cette notion, ce qui est vrai d'ailleurs pour tout ce qui touche les autres « genres » du risible, comme l'humour, la satire, le comique, etc. Comme dans le cadre de cet article nous ne pouvons pas approfondir ces questions, nous proposons la solution adoptée par les rares auteurs qui proposent une pratique de lecture des textes littéraires dans ce domaine : selon leur formule, comique, humoristique, ironique, etc. est « ce qui fait rire »[1]. Ce qui ne signifie pas que nous pouvons nous passer d'outils méthodologiques pour analyser l'ironie. Nous espérons que l'étude qui suit aura une certaine utilité pour les enseignants, désireux de démontrer à leurs élèves le fonctionnement de l'ironie en littérature. Précisons que nous ne traiterons pas de l'ironie comme trope ou figure de style (représentation par le contraire), mais de l'ironie qui sous-entend quelque chose de l'ordre du « non-dit », sans qu'il s'agisse du contraire de ce qui est exprimé.

Pour la démonstration nous avons choisi le premier chapitre du roman de Christiane Rochefort : *Le repos du guerrier*[2]. La plus grande partie de l'étude sera consacrée à l'analyse de l'ironie. Mais comme l'auteur du roman est une femme, nous aborderons brièvement à la fin les marques du féminin dans le texte d'une part et la spécificité de l'humour féminin d'autre part. Cette deuxième tâche est évidemment plus difficile que la première, tant il est vrai que les procédés employés par une auteure pour obtenir l'effet comique ne sont pas différents de ceux d'un écrivain de l'autre sexe. Aussi devrions-nous avoir recours à la notion de stéréotype. Faute de place nous ne pourrons qu'effleurer ces questions[3].

Repérer l'intention ironique

Qu'il s'agisse de repérer dans le texte les indices qui témoignent de l'intention ironique de l'auteur ou de recenser les notations dispersées qui renvoient à un stéréotype préexistant dans la *doxa* (opinion publique), il faut se livrer à une construction de lecture.

1. *Cf.* Charles Mauron, *Psychocritique du genre comique*, librairie José Corti, 1964 ; Jean Sareil, *L'écriture comique*, Presses Universitaires de France, 1984.
2. Éditions Bernard Grasset, 1958, rééd. Le Livre de Poche, n° 559.
3. Pour l'humour féminin et les stéréotypes comiques féminins *cf. Armées d'humour. Rires au féminin*, Judith Stora-Sandor et Élisabeth Pillet (éds.) in *Humoresques*, n° 11, janvier 2000. Pour l'approche littéraire des stéréotypes et des clichés *cf.* Ruth Amossy, *Les idées reçues. Sémiologie du stéréotype*, Nathan, 1991, et Ruth Amossy, Anne Herschberg Pierrot, *Stéréotypes et clichés, langue, discours, société*, Nathan Université, 1997.

Dans le cas de l'ironie, il faut tenir compte de trois facteurs dont les interrelations constituent la structure ironique. Il s'agit d'une sorte de « scénario » dont les protagonistes sont l'auteur, le narrateur et le personnage. La présence de l'auteur dans le texte est une donnée sans laquelle la lecture ironique est impossible. Ce n'est pas l'auteur véritable, l'être réel, mais l'auteur encodé dans le texte qui est partie prenante de l'énonciation. Le fait que cet auteur soit une femme joue un rôle important dans la construction stéréotypique et dans les connotations que celle-ci suggère.

Le roman de Christiane Rochefort est une narration à la première personne ; les dialogues sont écrits dans un style direct. Le premier chapitre décrit l'arrivée d'une jeune Parisienne de bonne famille dans une ville de province pour y recevoir l'héritage d'une tante. À l'hôtel où elle descend, elle se trompe de chambre et ouvre avec sa propre clef la chambre voisine où elle s'aperçoit un homme étendu sur un lit dont elle découvre qu'il a commis un suicide. Portier et police avertis, l'homme est transporté à l'hôpital où on réussit à le réanimer. Le chapitre se termine par la visite que lui rend la jeune fille à l'hôpital le lendemain de son suicide raté.

Le niveau événementiel doit être complété par l'évolution psychologique de la jeune fille, qui, au cours de ce laps de temps de deux jours, de simple voyageuse en déplacement d'affaires devient une femme fortement attirée par le suicidé qu'elle a découvert par hasard. Mais elle refuse de s'avouer qu'un intérêt plus qu'humanitaire la lie désormais à l'homme qu'elle a sauvé. Et c'est là qu'intervient l'ironie du texte : l'auteur entre en communication avec le lecteur pour lui suggérer ce que le personnage préfère se dissimuler. La construction ironique consiste ici en la déconstruction du discours et du caractère du personnage dont les paroles et le comportement sont presque à l'opposé de ce qu'ils ont été au début. Le lecteur doit rassembler les notations dispersées tout le long du texte pour percevoir le traitement ironique auquel l'auteur soumet le personnage romanesque. Ces notations peuvent concerner aussi bien les paroles, les pensées que le comportement du personnage. Ces différents éléments qui se répondent dans le texte dessinent l'évolution émotionnelle de la jeune fille : ce sont des commentaires non-exprimés que le lecteur doit déchiffrer.

Après avoir donné les raisons de son arrivée dans la ville (un héritage à régler), la narratrice prévoit déjà le plan exact de son séjour qui ne devrait pas dépasser les vingt-quatre heures. Elle projette d'écrire à un certain Pierre dont nous ne saurons rien de plus, qu'il vienne l'attendre à son arrivée à Paris. Elle affirme tout de suite après : « Tout était tracé. J'aime que tout soit tracé. » (p. 10) À cette phrase répond trois pages plus loin une autre : « Je n'aime pas ne pas savoir où j'en suis. » (p. 13) L'image qu'elle aime donner d'elle-même est donc celle d'une personne bien organisée, raisonnable. Entre temps, elle a vu le notaire, pris connaissance des biens hérités dont nous apprenons la destination :

> Qu'elle soit, là-haut, rassurée : j'avais [...] les intentions les plus pures. Ils (ses biens) seraient consacrés à l'enfance malheureuse, comme j'en avais dès longtemps formé le projet avec une amie. (p. 12)

Cette amie dont elle admire « le pur élan » qui la porte vers le bien est une sorte d'exemple pour elle : contrairement à cette Claude qui ne pense qu'aux autres, notre narratrice avoue qu'il lui arrive de penser à elle-même, à son propre bonheur. Cette seule faiblesse mise à part, l'autoportrait que trace Geneviève dès le début est celui d'une personne qui exclut tout acte irréfléchi, toute intervention extérieure contrariant ses projets. Le télégramme qu'elle envoie à Claude est laconique, mais déterminé : « Tout va bien. Peux faire projet. » (p. 13)

L'IRONIE DE LA NARRATRICE

Il ne faudrait pas penser que notre héroïne est dépourvue du sens de l'humour; elle en use pour ironiser sur le portier de l'hôtel, représentant de cette opinion publique provinciale que notre Parisienne trouve tout à fait typique et ridicule. Il ne lui vient pas à l'esprit, avant le déclenchement des évènements, qu'elle pourra se trouver d'accord avec ses vues étriquées. L'édifice ironique qui verra voler en éclats les belles certitudes de la narratrice concernant sa propre personnalité se complètera par l'effondrement de ses opinions péremptoires et son sentiment de supériorité d'habitante de la capitale jusqu'à ce qu'elle adopte le point de vue du sens commun provincial, si méprisé au début.

Une petite inattention de la jeune fille et le destin se met en marche. Elle se trompe de porte et, avec sa clef, ouvre celle de la chambre voisine pour la refermer aussitôt en apercevant un homme étendu sur le lit. Mais le spectacle a quelque chose d'insolite, ce qui l'incite à rouvrir la porte une deuxième fois pour constater que l'homme sur le lit a un aspect inhabituel. Elle a tôt fait de découvrir un tube et un verre à côté du lit et d'entendre des râles qui sortaient de sa bouche. Commence alors un intermède entre l'hôtelier et la narratrice qu'elle décrit avec son ironie habituelle. Sa hâte de le faire agir rapidement se heurte à la méfiance de l'hôtelier et à sa lenteur désespérante pour prendre les mesures qui s'imposent. « Je haïssais la province dans sa totalité » (p. 16), commente la narratrice à bout de patience. Une fois l'ambulance partie avec son chargement, arrive un inspecteur qui commence l'interrogatoire. Geneviève apprend que Jean Renaud, le suicidé, est arrivé de Paris, tout comme elle, le matin même. Le dialogue entre le policier et l'hôtelier lui fait prendre conscience des soupçons qui pèsent sur elle : « L'inspecteur regarda l'hôtelier. Je sentis flotter l'hypothèse du crime parfait. Cela manquait. » (p. 18). Tout change quand elle informe les deux hommes qu'elle est là pour régler la succession de sa tante dont elle donne le nom. Encore un coup de patte ironique pour commenter l'effet de son annonce : « Une amabilité soudaine déferla sur les traits de mon hôtelier : il paraissait brusquement soulagé ; j'existais. » (p. 19). La suite du dialogue la renforce dans sa conviction que l'hôtelier avait plus que des soupçons quant à sa « culpabilité » : « ... cette succession rapprochée d'étudiants parisiens solitaires, ces clefs qui ouvrent toutes les portes... » (p. 20). Devenue respectable grâce à sa position d'héritière d'une bourgeoise de la ville, la narratrice a droit aux excuses embarrassées de l'hôtelier. Ce dernier, pour expliquer son erreur de jugement, utilise abondamment le cliché : « Mettez-vous à ma place... », ce qui souligne encore plus l'attitude peu raffinée de ce provincial. Pourtant, au cours de leur échange de paroles, il arrivera un moment où Geneviève se mettra effectivement à la place de l'hôtelier, indigné que l'homme en question soit venu chez lui pour commettre son acte : « Qu'on se suicide si on veut, mais qu'on n'aille pas faire ça chez les gens qu'on ne connaît pas, en somme. » (p. 22).

À contrecœur, la narratrice lui donne raison :

> Bien qu'il me déplût de me trouver d'accord avec un personnage aussi vulgaire, je devais m'avouer choquée par ce qui était, en effet, un mépris des autres et un manque de respect envers soi-même. Laisser derrière soi son corps, on ne sait dans quel état, l'abandonner au premier venu, comme on le jetterait aux poubelles... Une négation si totale de la vie, pire que le suicide lui-même, me trouvait incrédule et au bord de la réprobation. Il n'y avait pas là seulement un désespoir, mais encore un scandale. (*ibid.*)

Si la narratrice obéit au cliché de l'hôtelier « mettez-vous à ma place », en se rangeant à ses arguments, elle le fait au niveau conscient. L'analyse du texte nous révèlera que le cliché possède un sens bien plus profond et qu'il joue un rôle important dans l'économie globale de la construction ironique que déploie l'auteur aux dépens de son personnage. Ce sens ne se dévoilera qu'à la fin du chapitre.

L'IRONIE DE L'AUTEUR

Pour reconstruire cette ironie « globale », mise en place par l'auteur, à distinguer des ironies « locales » émanant de la narratrice, nous devons rassembler les notations dispersées dans le texte dont certaines précèdent les dialogues examinés ci-dessus[4]. Jusqu'à présent nous avons centré notre analyse sur la personnalité de la jeune fille d'une part et ses démêlés avec l'hôtelier d'autre part. Si la narratrice avait porté un jugement défavorable sur les circonstances du suicide, il nous reste à déchiffrer les sentiments qu'elle éprouve envers la personne même du suicidé. Sa première réaction, en découvrant l'homme étendu sur le lit, est l'horreur ; elle trouve le spectacle sinistre :

> L'image, incroyablement nette, restait fixée dans mon esprit. [...] Tout en lui, ses dimensions, son visage était anormal. [...] <u>Une grande main</u> pendait hors du lit. Je la touchai : froide. J'osais secouer : pas de réaction. Il était horrible. Je dégringolai en courant l'escalier. (p. 14, souligné par nous)

4. Pour les notions de « l'ironie globale » et de « l'ironie locale » *cf.* Wayne C. Booth, *A Rhetoric of Irony*, The University of Chicago Press, Chicago & London, 1974.

Par la suite, elle passera par toute une gamme d'émotions le concernant. Soit elle pense qu'il est mort, soit elle oublie l'homme qu'elle a sauvé et s'étonne quand l'hôtelier lui recommande un bon restaurant, pour oublier ses émotions :

> Ces émotions. Quelles émotions ? Ah oui, le mort. Je m'en souvins avec gêne. Cette longue main froide que j'avais touchée. (p. 24, souligné par nous)

Elle mange peu ce qui ne l'empêchera pas de se dire au lendemain quand elle se réveillera avec sa crise de foi habituelle qu'elle avait trop mangé la veille. Aucun lien de cause à effet ne l'effleure pour raconter son cauchemar récurrent de son enfance, revenu une seule fois après la mort de son père pour disparaitre jusqu'à cette nuit-là : « … je cherche quelqu'un ; j'arrive dans un lieu public, j'y suis accueillie par des rires d'hommes, et je m'aperçois que je suis vêtue d'une chemise trop courte, et pas très nette. » (p. 25)

La seule pensée qu'elle associe au rêve est que Jean Renaud est mort. Cette pensée la hante d'ailleurs, ainsi que des doutes quant à sa bonne action d'avoir sauvé un homme qui voulait mourir. Elle décide de prendre de ses nouvelles par téléphone. On refuse de lui répondre : « Il fallait se déranger. » (p. 26). Les contradictions dans lesquelles elle se débat s'exaspèrent quand elle rencontre l'infirmière du service qui l'accueille avec enthousiasme, l'informe que Jean Renaud est vivant (« bien vivant » – précise-t-elle) et sera ravi de la voir. « Je n'avais pas la moindre intention de lui rendre visite », pense-t-elle. (p. 26) Mais l'infirmière l'entraine derrière elle, tout en commentant avec enthousiasme la personnalité de Jean Renaud, en le qualifiant de « tordant », « drôle », « crevant ». Tout à son admiration pour les qualités de ce dernier, elle porte un jugement sans appel par une de ces formules stéréotypées : « Pauvre garçon ! Ce qu'il y a des femmes garces tout de même ! Un homme si gai, l'amener à ça ! » (p. 27).

Et pour couronner le tout, en arrivant dans la chambre elle lui annonce solennellement : « La voici Monsieur Sarti, vous aviez raison, elle est venue. » (*ibid.*)

En même temps qu'elle l'appelle de son vrai nom, l'infirmière nous apprend que l'homme en question savait d'avance ce que notre héroïne ignorait ou ne voulait pas s'avouer : sa visite à l'homme qu'elle avait sauvé. À partir de ce moment toute la belle certitude de Geneviève s'évanouit, elle est complètement manipulée par cet homme qu'elle croyait dominer par son beau geste secourable. Évidemment, tout cela se préparait déjà dans son inconscient et sa « mauvaise foi » qui la protégeait de la dangereuse séduction d'un homme à femmes, se dévoile par cette observation que lui inspire un geste de Sarti : « Je me souvins d'avoir remarqué déjà comme ses mains étaient belles. » (*ibid.*, souligné par nous)

Le lecteur déchiffre aisément la marque de l'ironie de l'auteur dans cette « main » qu'elle qualifiait de « froide » et de « longue » deux fois dans le texte, alors qu'en réalité c'était sa beauté qui l'avait frappée. Si l'on revoit, à la lumière de ce seul indice, tout ce qui précède – le dîner qu'elle est incapable d'avaler, le rêve et « la crise de foi » qui le suivent – une grande partie des évènements et tout particulièrement les réactions émotionnelles de la narratrice reçoivent un éclairage nouveau. Le contenu érotique du rêve devient explicite, comme il est clair qu'il est lié à son père et à la mort de celui-ci. Rêve œdipien s'il en fût, il dévoile clairement le désir de la rêveuse et la honte qu'elle en éprouve.

UN PERSONNAGE VICTIME DE SON AUTEUR

Quand notre héroïne se retrouve enfin devant l'homme en question, les rôles se renversent rapidement. Si Geneviève avait pensé un instant qu'elle pouvait avoir le beau rôle de celle qui avait sauvé un homme de la mort, elle devait vite déchanter. Sa verve ironique qu'elle exerçait aux dépens des mœurs provinciales se réduisait à néant devant l'intarissable discours de Sarti. Ce dernier déploie tout son talent pour laisser sans voix son interlocutrice. Elle est submergée dès le début :

> – Vous savez, dis-je, pour soutenir le ton, je ne l'ai pas fait exprès ; c'était une erreur. Je me suis trompée de porte, et la clef a ouvert. Malencontreux concours de circonstance. (p. 28)

La réponse, faussement auto-ironique, est grandiloquente :

> Logique, dit-il. Le jardinier d'Ispahan à l'envers : quoi ! dit la mort, il me cherche à la campagne ? Mais ce soir c'est en ville que j'opère. [...] C'est tout moi. Je monte une tragédie, le vaudeville s'y introduit par effraction. Avec des fausses clefs. Les histoires de portes sont généralement réservées aux cocus. Mais moi le ridicule est mon royaume, le dérisoire mon *fatum*, le pantalon qui tombe dans la cathédrale au moment du couronnement de l'Empereur, mon *karma*. *Etc. etc.* (*ibid.*)

Elle se demandait s'il était drogué : « J'étais hébétée. Il rit. » Cette hébétude restera son état constant pendant tout le temps qu'elle passera à l'hôpital. Elle essaie en vain « de tomber dans la conversation courante », elle est submergée par un flot de paroles. C'est tout naturellement qu'il déclare :

> – Mais vous me trouverez encore là demain...
> – Demain ? c'est que je sais pas si demain...
> Il me fixait, la tête penchée. Le départ, ce soir, me parut soudain un peu précipité... (p. 30)

Et à se donner des prétextes, parfaitement oiseux aux yeux du lecteur, pour justifier un jour de plus dans la ville. Elle se rappelle qu'elle a oublié d'écrire à Pierre, censé l'attendre à la gare. L'ironie est à son comble à la fin du chapitre. Le mot « demain » est répété encore trois fois, toujours avec une tonalité différente selon qu'il est prononcé par Sarti ou son interlocutrice :

> Demain ? répétai-je sottement [notons que d'« hébétée », elle devient « sotte »]. Eh bien, je pense, en effet, probablement je serai encore là, oui. Si je suis là, je viendrai prendre de vos nouvelles. (p. 30)

À quoi l'homme, sûr de sa supériorité, répond :

> – À demain, dit-il.
> – À demain.
> En sortant je me demandais encore pourquoi. (*ibid.*)

Le lecteur, bien entendu, ne se pose pas cette question ; il se joint à l'auteur, pour savourer avec lui, la mise en pièce ironique de son personnage-victime dont l'inconsciente mauvaise foi est à la mesure de la fascination qu'elle éprouve pour l'homme. Elle s'interroge encore sur son malaise qu'elle attribue à la chaleur qui règne dans l'hôpital et à l'imperméable qu'elle a gardé sur elle. Cet aveuglement volontaire s'achève à la fin du chapitre par une belle pirouette psychologique de la narratrice qui projette son propre désir sur son interlocuteur :

> Il paraissait avoir envie que je vienne. Il devait se sentir affreusement seul. Cela se voyait malgré ses grands airs. En fait, j'avais un peu pitié. Après tout je pouvais perdre un jour pour un homme qui vient de se tuer. (*ibid.*)

Nous avons constaté qu'au fur et à mesure que se déroule le texte, la complicité qui s'établit entre l'auteur et le lecteur au détriment du personnage annihile peu à peu ce que nous pourrions appeler le « faux *self* » de ce dernier. Il nous reste à exploiter complètement toutes les couches de la construction ironique que recèle ce chapitre. Revenons au cliché, signalé plus haut, utilisé de nombreuses fois par l'hôtelier : « Mettez-vous à ma place. » Nous avons déjà montré que la narratrice se met, d'une manière consciente, au diapason avec le représentant de l'esprit soupçonneux de ce provincial, en se rangeant à son argument concernant le comportement irresponsable du suicidé. Mais ce cliché a une fonction dans la construction ironique qui dépasse son rôle de révélateur de l'instabilité psychologique de l'héroïne. Il intervient comme le point focal de l'engendrement du sens qui domine tout le texte. En effet, rappelons-nous qu'au début du chapitre Geneviève exprime son intention de consacrer ses biens hérités « à l'enfance malheureuse ». Cette phrase est aussitôt suivie par une autre où elle déclare aimer les enfants, d'autant plus que sa santé ne lui permettrait peut-être jamais d'en avoir elle-même. Ce qui suggère qu'elle se voit dans un rôle maternel désexualisé. À cela s'oppose l'usage du cliché par l'hôtelier avec son sous-entendu ouvertement érotique : pour lui, l'arrivée quasi simultanée de la jeune femme et de Sarti dissimulait leurs liens amoureux qu'ils voulaient cacher (nous sommes dans les années 1950 !). Le sens du cliché s'enrichit donc d'une signification plus profonde, celui de l'érotisation du personnage de la narratrice, que cette dernière refusera jusqu'au bout. Mais grâce aux notations disséminées dans le texte, le lecteur perçoit aisément la construction ironique de l'auteur. Il aura noté que c'était plutôt par sa beauté que la longue main froide du suicidé frappait l'intruse involontaire, que, troublée par le discours équivoque de l'infirmière d'abord, par l'attitude et les paroles séductrices de Sarti ensuite, elle se mettait effectivement à la place de l'hôtelier. La mère-Madone désexualisée laisse donc la place à une femme, dominée par le désir, qu'elle veut encore ignorer, mais dont le lecteur a la certitude. Ajoutons, qu'à la fin du roman, avant le dénouement final du mariage, Geneviève sera enceinte de quatre mois.

L'AUTO-IRONIE DU PERSONNAGE

Le roman est le récit fait rétrospectivement par la narratrice de son histoire d'amour plus que mouvementée avec Sarti. Une vingtaine de lignes qui précèdent le premier chapitre décrivent l'état d'âme de l'héroïne au moment où s'achève l'intrigue. Aussi bien dans la note introductive qu'au cours du chapitre analysé, la narratrice introduit des remarques auto-ironiques relatives à son aveuglement passé. Mais elles sont faites après coup, quand elle se remémore le début de son aventure avec Sarti. Aussi devons-nous faire la différence entre l'ironie exercée par l'auteur aux dépens du personnage et l'auto-ironie de ce dernier. La première est le jeu avec le cliché, analysé ci-dessus, auquel accède le lecteur par une construction de lecture. En revanche, au moment de l'achèvement de l'intrigue, la narratrice, débarrassée de ses œillères, est capable de jeter un regard ironique sur ses actes de jadis. Comme émancipée par l'auteur, elle finit par accéder à la perspicacité indispensable pour manier l'ironie. Ce n'est pas toujours le cas : dans d'autres textes littéraires l'auteur peut exercer seul l'ironie sans jamais doter son(ses) personnage(s) de ce genre de clairvoyance. Par conséquent, l'analyse de l'ironie globale doit concerner l'œuvre entière, en tenant compte de l'interrelation des trois instances narratives : l'auteur, le(s) personnage(s) et le lecteur. Les discours ironiques de tel ou tel personnage sont à déchiffrer, en général, par rapport au contexte de l'œuvre elle-même.

Les marques de l'humour féminin

Pour terminer, il nous reste à relever les marques qui peuvent suggérer que l'auteur de ce roman est une femme et que nous avons affaire à l'humour féminin. Le stéréotype qu'elle met en scène est une dénonciation ironique de la jeune fille de son époque. Issue d'une bonne famille, avec des aspirations idéalistes, elle est complètement sans défense, non seulement face à la séduction masculine, mais aussi face à son propre désir. Rationnelle, imbue de sa supériorité de Parisienne, elle est l'image même de la jeune bourgeoise de ces années 1950, peu ou pas du tout préparée à l'intrusion dans sa vie d'un élément perturbateur, surtout s'il s'agit de l'explosion de ses sens. Quelques années plus tard, au début de son roman, *Les Stances à Sophie*, l'héroïne de Christiane Rochefort, consciente de cette faiblesse, la déplore amèrement :

Ce qu'il y a avec nous autres pauvres filles, c'est qu'on n'est pas instruites. On arrive là-dedans, sans véritable information. [...] En attendant il faut se le faire. En particulier les bonshommes, qui sont pour ainsi dire notre champ de manœuvre naturel, et, par suite d'une loi d'indétermination malencontreuse, nous éprouvons des faiblesses qui nous brouillent l'esprit et nous jettent dans les contradictions, quand ce n'est pas dans l'imbécillité. La vérité c'est que dès qu'on tombe amoureuse, on devrait mettre des boules quiès[5]. »

Elle refusera le statut de victime, finira par se débarrasser des carcans d'un mariage qu'elle abhorre, mais ceci est déjà une autre histoire. Geneviève acceptera tout, mais elle finira par gagner l'homme de sa vie. Sa victoire sera obtenue au prix de grandes souffrances, avec des armes toutes féminines. (Dans la version cinématographique le rôle de Geneviève était joué par Brigitte Bardot.) Comme nous l'avons signalé plus haut, au cours du roman, l'auteur abandonnera son regard ironique au profit de la narratrice qui gagnera en indépendance grâce à la pratique de l'autodérision, la forme la plus habituelle de l'humour féminin. Le stéréotype de la jeune fille bien élevée et passablement pudique laissera la place à une femme, pas encore maitresse de son destin, mais lucide. Une lucidité ironique, ce qui est un premier pas vers la liberté.

5. Éditions Bernard Grasset, 1963, rééd. Le Livre de Poche n° 2801, pp. 7-8.

Sens de l'humour et grammaire du sens

THIERRY GLACHANT
ALLIANCE FRANÇAISE DE PARIS

En France où on fait des dictées en famille devant la télévision, où on peut se disputer sur l'opportunité d'un subjonctif ou sur l'accord des participes passés des verbes pronominaux au bistrot avec des inconnus en bleu de travail, où les haricots servis avec ou sans liaison préoccupent les Académiciens et où l'accent circonflexe devient presque une affaire d'État quand il n'atterrit pas plastifié dans la cour du Louvre, un étudiant en FLE ne devrait pas être trop surpris qu'on parle aussi de langue française en classe.

Cette unanimité n'est qu'apparente car bizarrement, à l'école du FLE, la grammaire divise comme si, face à elle, il y avait un malaise, voire de l'hypocrisie, non pas chez les étudiants qui en redemandent, mais dans les livres actuels et parmi les professeurs actuels.

L'étudiant ayant acheté une méthode s'attend à y trouver des explications claires, des textes prétextes à resituer dans des contextes des points précis de langue, et des propositions d'activités stimulant leur réemploi, et tout cela selon une progression grammaticale logiquement ordonnée visant à offrir une vision claire du système qu'il cherche à reconstruire.

Au lieu de cela, la méthode qu'on lui a souvent dit d'acheter propose « un peu de grammaire » ici et là, dans des encadrés colorés joliment, mais selon un ordre abscons (indéfinis avant concession, conséquence avant comparaison et intensité, etc.), des textes n'ayant aucun rapport avec ces surprenantes et lacunaires explications et des activités diverses, mais pourquoi ici plutôt que là ? Ne s'agirait-il pas d'impressionnisme ?

La grammaire en FLE : la querelle des Anciens et des Modernes

Parmi les professeurs, face à la grammaire, il y a malaise, comme une querelle entre Anciens et Modernes, entre les tenants de la syntaxe d'un autre siècle et les adeptes de l'acte de parole et du non-dit (dont des règles sont supposées se dégager d'elles-mêmes, idéalement – et n'est-ce pas hypocrite de faire semblant de croire qu'on peut ainsi apprendre vite et bien une langue étrangère ?), entre le savoir poussiéreux et le savoir-faire à la page.

Il n'est que d'entendre des propos tels que : « Quoi ? Tu fais de la grammaire ? Nous, on communique en classe ! » Ou l'évidence plus insidieuse : « La grammaire n'est pas un but en soi, une classe de FLE n'est pas un cours de grammaire. » Quant aux dictées, pratique aujourd'hui inavouable mais dont les étudiants sont friands, mieux vaut pour la réputation du professeur ne les faire écrire qu'en cachette.

Veuillez nous excuser d'avoir parlé de grammaire. Simulations et jeux de rôles heureusement sont là, et les étudiants en raffolent.

JEUX DE RÔLES ET HUMOUR

Les simulations et les jeux de rôles semblent des moments privilégiés pour faire naitre le rire en recréant en classe ce qui pourrait se passer en dehors de la classe, et le comique anime ces activités, certes, mais dans la mesure où il y a peu de chances que les conditions soient réunies dans la vie courante pour que de tels échanges se déroulent comme en classe, où tous se connaissent et s'écoutent en confiance, l'humour qui se dégage sera surtout apprécié du professeur. Les étudiants, même s'ils jouent leur rôle avec conviction, sentent que cela ne saurait servir de répétition avant d'affronter un public sans bienveillance, imprévisible.

D'autre part, dans ces saynètes censées être plausibles, l'humour peut naitre précisément de l'attribution d'un rôle à tel ou tel et qui ne correspond pas à sa personne ou à sa personnalité. Les étudiants qui ont une activité professionnelle l'oublient souvent en entrant en classe et il leur plait de se mettre pour quelques minutes dans la peau d'un autre. Leur imagination en est stimulée. Il est à parier qu'un Latin se déchainera si on lui demande de jouer le rôle d'un chauffeur de taxi malhonnête ou d'un mari rentrant trop tard le soir, et toute la classe passera un bon moment ; mais attribuer le même rôle à un Asiatique risquerait de ne pas avoir le même succès : un Japonais préfèrerait jouer en français le rôle qu'il a en réalité au Japon, opérer une sorte de traduction ; un Chinois, s'il est, lui, plus disposé à jouer la comédie, puisqu'elle ne passe pas par sa langue, refusera néanmoins d'incarner, même pour un instant, un rôle qui lui semble défavorable ou peu convenable ; un Anglo-Saxon, pour sa part, essaiera de caricaturer le Français selon une image d'Épinal qu'il a mise dans sa valise avant de partir ; ce ne sera pas une improvisation, mais une imitation avec force interjections (peut-être mal choisies, mais qui, pour lui, font français), d'imitations déjà entendues par lui chez lui. L'effet comique sera irrésistible, à coup sûr, mais surtout sur des Français, sur les professeurs.

D'ailleurs a-t-on besoin d'être en classe? Les meilleures séquences peuvent s'entendre à la pause-café, par exemple quand un étudiant (dont vous savez, grâce à la carte qu'il a dû vous montrer, qu'il a dix-huit ans) explique à une étudiante (dix-sept ans, fille au pair) qu'il est ingénieur ou consultant, et qu'elle lui raconte ses angoisses d'actrice de théâtre ou ses débuts dans la magistrature. On s'y croirait presque.

Une grammaire qui fait parler

Les caricatures exagérant les traits outre mesure ne sont pas les plus fines, certes, mais le fait est là : à droite, l'austère grammaire, à gauche la communication, la vie, comme si, aujourd'hui, comprendre importait moins que se faire comprendre, ou comme si on arrivait bien à comprendre à force de se faire comprendre.

Et si un passionnant sujet de conversation en classe, c'était la grammaire ? Le bon sens ne balaierait-il pas cette dichotomie ? Car il n'y a pas incompatibilité entre l'humour, le rire, la vie et la mécanique de la langue. Laissons certaine « grammaire impertinente » à l'usage de potaches scatologiques ! Les étudiants, eux, adorent s'amuser avec ce que les temps des verbes disent, ce que les prépositions racontent, ce que les subjonctifs ou les conditionnels peuvent sous-entendre, et ceci très rapidement. Les interdits grammaticaux, les impératifs dictatoriaux ne suffiraient pas à faire d'eux de tristes victimes car ils sont rares. Il appartient au professeur de leur faire sentir qu'ils évoluent dans un libre-service, et que de leurs choix dépendra ce que leur interlocuteur comprendra, de les guider s'ils ne trouvent pas leur chemin tout seuls, de leur faire gagner du temps car il sont pressés, mais tout cela dans la bonne humeur.

Quelques exemples

Un Américain (comme souvent les Anglo-Saxons, peu familiarisés avec la terminologie grammaticale traditionnelle) ne comprenant pas bien la notion de « préposition », j'écrivis au tableau : « je vis ... toi », et demandai de compléter la phrase. De cette proposition sans originalité, la classe fit des découvertes intéressantes sur les risques inhérents à la liberté de choisir et sur la grammaire de la vie à deux : « je vis avec toi », bien sûr, mais senti un peu comme du concubinage ; « chez toi » : squatter ; « de toi » : à la limite du proxénétisme ; « pour », « par », « grâce à toi » : bien vu par les filles, mais peut-être exagéré, et mal vu par les garçons des pays latins ; « sur », « en » : scabreux ; « malgré toi » : bon pour les vieux couples, etc.

Par un tel jeu, les prépositions furent comprises, non pas comme répondant à une règle (qu'ils demandaient), mais porteuses d'un sens qui modifie ce qui suit (le nom ou le pronom), et aussi ce qui précède (le verbe). Les étudiants firent observer que, dans le premier cas, la préposition méritait son nom, mais pas dans le deuxième. L'un d'eux suggéra postposition, d'autres choisirent de changer le verbe : «Je vis de toi» donna «Je profite de toi». «Je vis malgré toi» donna «Je survis malgré toi» : la préposition était devenue préfixe. Les verbes qu'ils inventèrent étaient dignes d'une remise à jour du dictionnaire.

L'utilité d'une telle façon de faire parait incontestable : en plaisantant, les étudiants développent un sens de l'observation qui les amène à analyser et à comprendre.

Par exemple, l'observation de conjonctions telles que «pour que» et «parce que», composées de prépositions suivies d'un «que» explicatif, fera mieux accepter ce qu'on leur assène comme une règle : l'emploi du subjonctif ou de l'indicatif, le but comme une conséquence désirée et la cause comme un fait préexistant à une conséquence. C'est l'observation encore qui permettra d'établir un rapport entre l'expression d'une cause et le complément d'agent d'une forme passive (exprimant une conséquence) : «je suis fatigué *par *ce (le fait que je vais dire) que je travaille trop».

Toujours au sujet de l'expression de la cause, un autre exemple où, à partir de l'observation naquit l'humour. Il s'agissait d'expliquer «d'autant plus que». Les étudiants trouvaient cette conjonction contradictoire, illogique : «de + autant + plus + que ? Mettez-vous d'accord ! si c'est "autant" ce n'est pas "plus" !» Les deux constructions (la première coupée devant adjectif ou adverbe et fonctionnant comme un comparatif : «je suis d'autant plus surpris que je ne m'y attendais pas» ; la deuxième, groupée après une virgule la séparant de la conséquence, comme cause n° 2, la cause n° 1 n'étant pas exprimée : «je suis surpris, d'autant plus que je ne m'y attendais pas») ne clarifiaient pas vraiment la difficulté.

Un étudiant se leva pour écrire au tableau un exemple de son cru : «Je te déteste d'autant plus que tu me trompes.» Il fut clair que la haine était proportionnelle à l'infidélité, que la cause ne faisait qu'augmenter la conséquence. Pour eux, dans ce couple, les choses allaient déjà mal, quand une virgule fut proposée : «Je te déteste, d'autant plus que tu me trompes», somme toute une deuxième cause à la haine, la première étant déjà connue, bien établie et donc inutile à rappeler. La classe discuta : il s'agissait de savoir si ces deux personnes avaient des chances de vieillir ensemble avec ou sans la virgule. Leur conclusion : un divorce possible sans virgule, et peut-être un *statu quo* conjugal jusqu'au cimetière avec virgule. Puis s'ensuivit presque spontanément un jeu par le changement des pronoms : «Je *me* déteste d'autant plus que je *te* trompe.» Et tout fut essayé et remis dans un contexte : «elle se trompe d'autant plus que je ne la déteste pas», etc.

Les étudiants ne pensaient plus à des règles : ils faisaient de la grammaire et leurs rires devaient s'entendre de loin.

La petite histoire qui suit, je l'avais racontée (plus simplement) un jour en classe, et une Indonésienne, professeur de français dans son pays, me demanda de l'écrire.

L'idée lui plaisait de parler légèrement de choses sérieuses à ses étudiants, de développer leur faculté d'écoute et d'observation. Elle me donna une bien jolie définition de la grammaire selon elle : «un jeu utile».

AUTRES TEMPS, AUTRES MODES

Il était une fois, en des temps si reculés qu'on parlait, dans ce village de France qui ne s'appelait pas encore France, une langue assez bizarroïde pour qu'un quidam d'aujourd'hui y eût perdu son latin, un jeune homme et une jeune fille.

S'il est vrai que l'aristocratie digne de ce nom doit au moins se trouver des ancêtres sous les murs de Jérusalem ou de Constantinople, le roturier ne descendant que d'Adam et d'Ève, alors la jeune fille était plus que noblissime et le jeune homme plus qu'ordinaire : on ne lui connaissait aucun parent remarquable aussi loin et si tant est qu'on se souvînt.

Au village, la cloche de l'église ne sonnait plus pour annoncer les mariages depuis belle lurette, la moyenne d'âge des habitants les ayant plutôt habitués au glas. Et il en allait ainsi dans toute la région : les hommes n'étaient pas rentrés des guerres ou y étaient restés ; leurs sœurs étaient parties, servaient en ville, au mieux de filles au pair, au pis de bonnes sœurs, Dieu sait où. On ne recevait jamais de nouvelles.

Seuls survivants d'une espèce disparue, subsistaient donc cette jeune fille d'illustre lignée et ce jeune homme dégénéré dont les recruteurs n'avaient même pas voulu. Deux spécimens que, hormis leur jeunesse, tout séparait.

Alors voilà : sous le ciel azuré plein d'oiseaux, des vieux assis dans l'ombre des ruelles, le chant des grillons et les années qui s'écoulent.

Quand un pas alerte faisait rouler les cailloux du chemin, ils hochaient la tête, et l'émotion, les regrets se lisaient dans leurs yeux. Mais aussi de l'agacement : qu'attendaient donc ces deux-là pour se marier? N'étaient-ils pas l'avenir?

Bien sûr que jadis leur différence de condition eût rendu indécente leur union, mais il n'y avait pas d'autre espoir d'entendre un jour des rires d'enfants.

Bien sûr que la jeune fille méritait mieux que ce dadais nostalgique au grand nez et aux pieds déformés – comme sorti d'un autre âge, jeune vieux ou vieux jeune, on n'aurait su le dire – qui tournait autour d'elle. Elle, dont la famille s'enorgueillissait d'un blason bien connu de tous et duquel on était fier sans l'avouer, même si la devise AMARE HABET, encore lisible sur le linteau d'une porte, demeurait mystérieuse. Des prélats de passage en avaient même discuté un jour entre eux. « Amabit », avaient-ils répété, se tenant le bas-ventre et se gaussant du bas-latin. On s'était regardé au village avec des yeux ronds, mais autrefois, une certaine paillardise était excusable chez les gens de robe.

Bref, ce jeune homme si disgracieux, si imparfait, aimait cette jeune fille si noble. Elle le snobait. Le temps passait. Les vieux désespéraient.

Mais ce n'était pas faute de l'encourager :

– C'est ta future, mon gars ! Vas-y donc ! Déclare-toi !

Et lui de faire sa cour comme il pouvait :

– Hier je te regardais. Tu étais si belle !

– Et aujourd'hui alors, ça ira ?

– Je voulais dire...

– Vous m'en direz tant !

– Mais si tu voulais m'écouter, un jour, toi et moi...

– On aura tout vu !

– N'étaient nos différences et si j'avais...

– Qui vivra verra et on en reparlera.

– C'était pour rire que je disais ça.

Et cætera...

Il était désespéré et on le comprendra.

Alors les vieux complotèrent et le Bon Dieu ne leur en voudra pas pour l'éternité d'avoir mis au point un stratagème diabolique dans sa simplicité : ils saoulèrent le soupirant et l'intransigeante donzelle un soir de Noël et s'éclipsèrent pour assister à la messe de minuit.

Tant il est vrai que la libido a ses raisons que la raison ne connait pas, surtout en cas d'ébriété avancée, la silhouette de la belle s'arrondit trois mois plus tard et ils furent mariés tambour battant, particule ou pas.

Tout arrive, même l'inconcevable : un gros bébé vit le jour une nuit de fin d'été. La cloche carillonna pendant une semaine, à en fissurer le clocher, rameutant des foules chenues venues de très loin pour contempler le bambin, comme en pèlerinage. Les ripailles organisées à l'occasion de l'évènement durèrent plus encore, sans parler du baptême. Des vieux trépassèrent d'indigestion. On ne les pleura que pour se remettre à table, car mourir ainsi n'était plus s'éteindre, c'était la vie.

Et les mois, les saisons se suivirent. Le nourrisson avait grossi et grandi normalement, mais c'était un silencieux. La jeune mère lui trouvait un profil romain. Le jeune père, tel un Charles Bovary, passait des heures devant le berceau, bizarrement, à faire des projets. L'enfant avait rapproché les parents, comme cela arrive parfois :

– Petit poisson deviendra grand et ne sera pas si laid que son père.

– Tout petit je devais être beau moi aussi…

S'il avait gazouillé, criaillé, braillé, ingurgité, bavé, roté, embrené, comme tous les gens de sa génération, à trois ans, le rejeton n'avait toujours pas prononcé un seul mot intelligible. Ce qui avait d'abord étonné inquiéta. Il n'est pas difficile d'imaginer qui accusait qui de cette singularité :

– On ne m'y reprendra pas à me déshonorer avec un moins que rien.

– Tu ne disais pas ça un certain soir de Noël.

– Qui te croira jamais, sale profiteur, quand tu le raconteras !

– Ce n'était pas un viol ! Tu criais que tu aimais, et même… m'aimais, pensais-je.

– Je ne t'adresserai plus une seule fois la parole, créature imbécile, génératrice de minus habens.

– Tu ne me parlais déjà guère.

– Ça t'apprendra !

– Mon Dieu, je ne voulais pas te…

– Tu iras en enfer !

– C'était écrit…

– Scélérat !

– Ah ! mais…

– Rat !

Vous l'aurez deviné, le ménage battait de l'aile sous l'œil attentif et placide du très petit homme. Mais la vie continua. Le village chérissait son enfant qui ne parlait pas et voilà tout.

C'est un soir que le couple s'entre-déchirait comme à l'accoutumée devant le lit du garçonnet que la chose arriva. Il parla et dit :

Ce qui était sera, certes, mais je voudrais bien boire. Pourriez-vous faire le nécessaire ? Ce serait gentil !

La mère ne revint de son évanouissement que pour bafouiller : « Il sera Cicéron ! » avant de retomber dans les pommes, tandis que le père constatait : « Cette mutité n'était que mutisme, je m'en doutais. Nous étions lents dans ma famille. » Quand le calme fut un peu revenu, l'enfant leur dit encore :

– Vous ne seriez pas à l'aise dans votre temps que cela ne m'étonnerait pas outre-mesure. Il faudrait vous entendre un de ces jours. La cohabitation deviendrait supportable, car enfin, vous seriez à ma place, vous y verriez à redire. On m'aurait dit que j'aurais à gronder mes parents si tôt que je ne l'aurais pas cru. Me tromperais-je, Aurais-je tort ? Ou alors, vous n'auriez pas dû me fabriquer.

Et sans bien tout saisir, les parents comprenaient. Dans ce discours obscur, ils se reconnaissaient. L'enfant avait tout seul uni à sa manière la langue de son père et celle de sa mère.

Puis ce fut le silence. Mais un miracle pouvant en cacher un autre, on attendit jour et nuit pendant longtemps, et on fit bien, car il reparla et dit :

– Mon père, ma mère, avant vous je n'existais pas, après vous je ne survivrai peut-être pas, mais sans vous, je ne serais pas ici aujourd'hui bien présent. Auriez-vous donc prévu que nous aurions tellement besoin les uns des autres ? Auriez-vous pressenti que je vous aimerais tant ? Auriez-vous pu imaginer que je serais à moi tout seul présent, futur passé ?

Mais ne serait-ce pas là le lot de tout un chacun ?

Déclaration d'humour : littérature et FLE

GERALD HONIGSBLUM
PH. D., PROFESSEUR DE FRANÇAIS, BOSTON UNIVERSITY
DIRECTEUR, BOSTON UNIVERSITY PARIS

Drôle d'école, drôle de FLE

On dit, à juste titre, que l'enseignement est devenu une véritable corvée, un métier à haut risque. Les enseignants seraient en tête des statistiques en matière de suicides, les arrêts-maladie abondent dans les écoles, l'insécurité dans l'espace scolaire préoccupe l'Éducation nationale plus que les contenus de l'enseignement. Les universités sont devenues des parkings à chômage. Le recrutement par concours reflète un grave problème de pénurie de compétences par rapport au nombre de postes à pourvoir. Les jeunes chercheurs alimentent la fuite des cerveaux. Les moyens sont censés manquer alors qu'on n'a jamais autant dépensé. Les structures vieillissent. Rien de drôle dans ce paysage sinistré. La situation est sans doute préoccupante, même si ces observations s'avèrent exagérées. Si l'école n'est pas encore dérisoire, elle n'est pas non plus source féconde d'humour. La *Black Jungle* tant déplorée dans les écoles américaines a bel et bien élu domicile dans l'Hexagone. On assiste donc à une déclaration de guerre contre l'école.

Outre-Atlantique, le français s'essouffle et fait face à la montée en flèche de l'espagnol, tandis que peu nombreux sont les élèves qui atteignent les niveaux traditionnellement requis pour connaitre les plaisirs de la grande littérature. Parallèlement, en France, le français est menacé de devenir une langue étrangère et non seconde, compte tenu des réalités démographiques, voire de la mise en exergue *trend* des langues régionales. Le philosophe Michel Onfray se penche sur cette question avec un brin de dérision dans son ouvrage paru en janvier 2002, *Esthétique du Pôle Nord* (Éd. Grasset). Comment peut-on encore favoriser le corse, le breton ou le basque quand on fait déjà si peu pour soutenir le français et, à la fois, s'insurger en faveur de l'exception culturelle? Pourquoi craindre l'hégémonie de la langue américaine dans un pays qui se vante d'un ministère de la Francophonie chargé de faire briller la langue et la littérature françaises à l'étranger, tandis que l'anglais, *lingua franca* mondialisée, est menacé de se retrouver au deuxième rang aux États-Unis ? Honneur à la Libre Pensée, association qui en 1999 avait mené une campagne contre la Charte Européenne des Langues Régionales et Minoritaires, autrement dit une action de pétitions pour la défense de la langue française. De quoi nourrir toute une réflexion tragi-comique sur une guerre mondiale, car pour le moment la mondialisation ne relève que de la libre circulation des biens et de quelques services. On attend encore la libre circulation des idées, trop souvent victimes, via les médias, d'une généralisation outrancière.

PATRIMOINE ET DROIT FONDAMENTAL

Cette dérive se confirme dans toute l'Europe, y compris dans les pays fidélisés au français, comme la Roumanie ou la Grèce où les Instituts français jadis nombreux se réduisent en un seul centre culturel dans la capitale, aux effectifs en chute libre. Le livre récent de Marc Fumaroli, *Quand l'Europe parlait français*, évoque le souvenir d'une langue dynamique et effervescente qui, au Siècle des Lumières, était la seule à véhiculer les arts, les sciences et la philosophie dans l'ensemble de l'espace européen. On parlait français pour exprimer le sérieux avec joie. Le cynique dirait aujourd'hui qu'on parle français pour dire trois fois rien avec beaucoup de sérieux. Cependant, dans le nouvel espace économique européen, qu'il s'agisse des quinze États-membres actuels ou de la logique de l'élargissement réunissant à terme vingt-sept États, les institutions font déjà, et sont menacées de devoir faire face à une asphyxie linguistique qui sera éventuellement évitée par l'adoption d'une langue européenne officielle, voire officieuse. Laquelle ? Le français sera-t-il l'heureux élu ? À écouter les Européens se prononcer sur le sujet, on apprend, sans grand étonnement, que les classes décisionnaires sont convaincues de l'utilité incontournable de l'anglais sur le plan économique. Or sur le plan culturel, ces mêmes Européens continuent à se définir majoritairement à travers le français. La France fera-t-elle le nécessaire pour défendre le statut privilégié de sa langue et de son patrimoine culturel ? Car, la guerre déclarée, ou non déclarée, contre le français n'a pas d'ennemi à l'étranger. L'ennemi est à l'intérieur. Va-t-on un jour re-déclarer l'amour au français ?

La réponse relève d'un droit fondamental au sein même du pays de Hugo et de Voltaire. Patrie des Droits de l'Homme, la France a longtemps proclamé les droits du citoyen : le droit à la santé, à la sécurité, à l'éducation, à l'information... Elle doit également proclamer le droit du citoyen à sa culture, et le patrimoine culturel reste essentiellement le patrimoine littéraire. Préserver ce droit incombe dans le meilleur des cas à la famille et certainement aux enseignants de tous niveaux. En ce qui concerne, pour l'heure, l'enseignement, les grands monuments de la littérature française brillent par leur absence dans les programmes en France métropolitaine comme à l'étranger. Anecdote recueillie dans un dîner en ville : Madame X, professeur émérite de littérature anglaise à la Sorbonne, fortement dévouée à sa petite-fille scolarisée dans un établissement coté, assure un soutien à la gamine. Celle-ci annonce à sa grand-mère que la maitresse a fait lire et dire à la classe une poésie. Convaincue que tout n'est pas perdu, mamie prof demande : « Une poésie ? De qui, ma chérie ? – De Yannick Noah. » Et ce, en pleine année commémorative du bicentenaire de Victor Hugo !

LE FLE : UNE DÉCLARATION D'HUMOUR

Si le français a vocation à rester une langue et une littérature d'envergure, comment alors faire face à cette situation par elle-même comique et qui mérite notre attention et nos préconisations ? C'est à cette question que nous tâchons d'apporter quelques réponses. Reconnaissons d'abord que la classe de langue et, en l'occurrence la classe de FLE, présente d'emblée une situation comique. Comme il est indispensable de s'exprimer, les plus timides ressentent la gêne et craignent encore plus le ridicule. Les plus extravertis, quant à eux, affichent une naïveté absurde. Limités par un vocabulaire basique et déboussolés par le besoin soudain d'une grammaire dont ils ignorent les fondements dans leur langue maternelle, les élèves se trouvent soudain encore plus infantilisés, handicapés, incapables de mener à bien le moindre discours soutenu. Au risque de trop insister sur une boutade simpliste, nous proposons une reconquête de la littérature en FLE... par une déclaration d'humour.

Eugène Ionesco fonda son théâtre de l'absurde sur ce principe. *La Cantatrice chauve* et *La Leçon* demeurent éternellement à l'affiche au Théâtre de la Huchette depuis quarante-cinq ans. On y retrouve vite les dimensions humoristiques du FLE dans le non-dit des indications scéniques précisant dès le début de la pièce que Monsieur Smith est « dans son fauteuil et ses pantoufles anglais » et que, par conséquent, l'adjectif « anglais » s'identifie par le « a » minuscule pour ce qui est de la partie du langage, et par sa forme invariable quant à son genre et son nombre, modifiant nécessairement les deux substantifs, compte tenu de son positionnement qui ne lui permettrait de modifier ni le seul « fauteuil » de par son éloignement de celui-ci, ni les seules « pantoufles » de par le genre féminin et le nombre pluriel de celles-là.

Malgré le succès retentissant de l'œuvre de Ionesco dans les salles de théâtre ainsi que dans les salles de classe, cette littérature est humoristique au premier degré dans la mesure où il s'agit de l'art vivant, interprété sur scène et directement exploitable comme exercice oral dans un cours de français ou dans un club de théâtre. Le texte perdrait toute sa valeur comique si on tentait de le traduire puisque tout repose sur la spécificité de la grammaire et de la syntaxe françaises. Ionesco à l'époque avait, souvenons-nous-en, collaboré avec Michel Benamou à une méthode de français fondée sur l'humour constitutif du

FLE, un exemple notable de littérature linguistico-pédagogique. Pour une appréciation inégalée de l'humour en FLE, l'apprenant de français anglophone et notamment américain essuiera des larmes d'hilarité à la lecture de *Me Talk Pretty One Day* (Abacus Press, 2001), dans lequel le satirique David Sedaris peint une fresque délirante sur l'apprentissage de la langue de Molière.

La primauté de l'oral

Nous avons fait allusion à la poésie et au théâtre. Qu'en est-il du roman ? Il faut espérer que, au-delà de Yannick Noah, l'élève récupèrera un jour Villon, Ronsard, Baudelaire, Rimbaud et Valéry. Mais ce ne sera pas par le biais de l'humour. Il est peu probable qu'il goutera au théâtre comique, tant les plus récentes satires de la société comme *Théâtre sans animaux* de Jean-Michel Ribes que les plus grands classiques de Molière comme *Le Bourgeois Gentilhomme* où notre Monsieur Jourdain maudit ses parents pour ne pas lui avoir fait ressentir la différence entre poésie et prose. Or cette prose, que nous parlons tous quotidiennement et qui constitue les grands monuments romanesques, reste fort souvent inconnue du novice en FLE ; elle lui est inaccessible. Et c'est là qu'une exploitation pédagogique de l'humour peut favoriser la maitrise et le plaisir de parler français. Nous portons notre choix sur trois romanciers majeurs et trois œuvres qui peuvent illustrer nos propos :

Albert Camus, *L'Étranger*
Gustave Flaubert, *Madame Bovary*
Marcel Proust, « Combray » (*À la recherche du temps perdu*)

Trois exemples romanesques distincts les uns des autres par leur style, leur référent historique, leur impact sur l'art du roman. Trois œuvres reconnues pour leur valeur incontestable et aussi pour leur difficulté relative. Mais trois œuvres étonnamment pleines d'humour. La première figure démesurément dans tous les cursus. La seconde sert de référence culturelle noble. La troisième est connue mais reste l'apanage de la petite chapelle des initiés. Il faudrait faire une déclaration d'humour pour montrer le lien pédagogique entre lire, dire, et rire, et pour mieux aimer un trésor que nous risquons de délaisser gravement pour faire place au seul Harry Potter.

Prenez cent étudiants américains inscrits aux sessions d'études et de stages de Boston University Paris, et demandez-leur quel roman ils ont lu en français, matière première ou en option, au cours des deux dernières années. Quatre-vingt-quinze vous répondent :

– L'Étranger, *de Sartre, non pardon, Camou. C'est très intéressant... très différent.*

– Ah, bon, et de quoi s'agit-il ?

– Je ne comprends pas, répétez, s'il vous plait.

– Qu'est-ce qui se passe… dans l'histoire ?

– Ah, d'accord. Il y a un homme, il tue le arabe.

– Et alors ?

– Et alors ?

– Oui, et alors ?

– Il n'est pas très gentil.

– Qui n'est pas très gentil ?

– Le homme qui tue le arabe.

– Comment s'appelle-t-il ?

– Je m'appelle Jessica.

– Non, l'homme qui a tué l'arabe, comment s'appelle-t-il ?

– J'ai oublié. Vous savez L'Étranger ?

– Oui, je connais L'Étranger, j'ai lu, il y a déjà longtemps.

– Ah, oui… vous aimez ?

– C'est un beau roman.

– Non, non, le homme est pas roman, il est algérie.

– Très bien, il est algé-rien, pas ro-main, mais L'Étranger, c'est un ro-man.

– D'accord, oui.

– Et le héros du ro-man s'appelle ???? Meur-sault.

– Ah, oui, je souviens.

– Je… me… souviens.

– Oui, oui, je souviens.

– Et comment s'appelle le arabe, pardon, comment s'appelle la-rabe ?

– La quoi ?

– Le arabe, comment s'appelle le arabe ?

– J'ai oublié.

– Justement, il n'a pas de nom. Il est anonyme.

– Ah, oui, mais l'autre, l'étranger, il a un nom français !

– Tiens, tiens !

– Et vous pouvez citer, pardon, vous pouvez dire une ligne, quelques mots ?

– Hum… non. J'ai laissé le livre au État-Unis.

– Ah, auz Étazunis. Bon. Et vous ne vous rappelez pas la première phrase ?

– Non, je m'excuse, non.

– « Aujourd'hui, maman est ?????

– … morte !!!! » Oui, d'accord. Hi hi hi hi, ha ha ha, oui, oui.

– Vous trouvez cette première phrase drôle ?

– Non, pas vraiment.

– Moi, non plus, mais y a-t-il des passages comiques dans le ro-man ?

– Non, c'est très triste toujours, il ne faut pas tuer les gens arabes, même les Talibans.

– Mais, les Talibans ne sont pas des arabes.

– Alors, il faut tuer les Talibans? C'est pas très gentil, même si les Talibans a été pas très gentils avec lezetazuniziens.

– (sotto voce) Je vais la tuer, je vous jure, même si elle n'est pas arabe, cette pouffiasse de la vallée de l'Ohio... (à haute voix) Et bien, si, il y a des moments très comiques. Ce sont les moments les plus mémorables pour moi. Vous voyez, Jessica, moi, j'aime les chiens. Et vous, vous aimez les chiens?

– Oui, j'ai laissé mon Cocker Spaniel à ma maison en le Ohio. Je le manque beaucoup, mon Cocker Spaniel, il est très gentil, et-t-il est très vielle.

– Il est vieille? Il est vieux!

– Oui, je m'excuse, il est vieux, mon Cocker est un vieil garçon.

– Comme le chien de Salamano.

– Quel chien?

– Le chien du voisin de Meursault. Meursault a un voisin, Salamano, qui monte et descend son chien tous les jours. Regardez ce passage :

> En montant, dans l'escalier noir, j'ai heurté le vieux Salamano, mon voisin de palier. Il était avec son chien. Il y a huit ans qu'on les voit ensemble. L'épagneul a une maladie de peau, le rouge, je crois, qui lui fait perdre presque tous ses poils et qui le couvre de plaques et de croûtes brunes. À force de vivre avec lui, seuls tous les deux dans une petite chambre, le vieux Salamano a fini par lui ressembler. Il a des croûtes rougeâtres sur le visage et le poil jaune et rare. Le chien, lui, a pris de son patron une sorte d'allure voûtée, le museau en avant et le cou tendu. Ils ont l'air de la même race et pourtant ils se détestent. Deux fois par jour, à onze heures et à six heures, le vieux mène son chien promener. Depuis huit ans, ils n'ont pas changé d'itinéraire. On peut les voir le long de la rue de Lyon, le chien tirant l'homme jusqu'à ce que le vieux Salamano bute. Il bat son chien alors et il l'insulte.

– Il est pas gentil avec son chien.

– Mais pourtant, il aime son chien à la folie. Qui d'autre pourrait aimer un chien comme ça? Et surtout, Meursault, lui, il est gentil avec le chien de Salamano. Lisez avec moi :

> Il n'avait pas été heureux avec sa femme, mais dans l'ensemble il s'était bien habitué à elle. Quand elle était morte, il s'était senti très seul. Alors, il avait demandé un chien à un camarade d'atelier et il avait eu celui-là très jeune. Il avait fallu le nourrir au biberon. Mais comme un chien vit moins qu'un homme, ils avaient fini par être vieux ensemble. « Il avait mauvais caractère, m'a dit Salamano. De temps en temps, on avait des prises de bec. Mais c'était un bon chien quand même. » J'ai dit qu'il était de belle race et Salamano a eu l'air content. « Et encore, a-t-il ajouté, vous ne l'avez pas connu avant sa maladie. C'était le poil qu'il avait de plus beau ». Salamano le passait à la pommade. Mais selon lui, sa vraie maladie, c'était la vieillesse, et la vieillesse ne se guérit pas.

– Jessica, vous vous souvenez du procès, quand Salamano vient témoigner, terrorisé par les juges et humilié par le public ricanant et méprisant?

– Répétez plus lentement s'il vous plait, répétez s'il vous plait.

– Écoutez, c'est le moment le plus mémorable de L'Étranger, *et le plus comique. Le chien est mort, comme sa femme, comme la mère de Meursault, comme Meursault bientôt, qui décide qu'il faut vivre dès l'instant qu'on décide de ne pas se suicider. Je me souviens de cette scène sublime dans le film,* L'Étranger, *avec Mastroianni, c'est le moment le plus drôle et le plus pathétique.*

> Le procureur s'est alors levé, très grave et d'une voix que j'ai trouvée vraiment émue, le doigt tendu vers moi, il a articulé lentement : « Messieurs les jurés, le lendemain de la mort de sa mère, cet homme prenait des bains, commençait une liaison irrégulière, et allait rire devant un film comique. Je n'ai rien de plus à vous dire. »... C'est à peine encore si on a écouté Salamano quand il a rappelé que j'avais été bon pour son chien et quand il a répondu à une question sur ma mère et sur moi en disant que je n'avais plus rien à dire à maman et que je l'avais mise pour cette raison à l'asile. « Il faut comprendre, disait Salamano, il faut comprendre. » Mais personne ne paraissait comprendre. On l'a emmené.

– Ah, c'est l'existenchialisme, n'est-ce pas ?

– Oui, peut-être, Jessica. C'est l'existentialisme, si vous voulez. Il faut vivre sa vie de chien. Votre Cocker, fatigué et vieux, va vous manquer un jour.

– Merci, professeur. C'est trè-Z-intéressant, c'est vraiment différent, Camus, surtout pour quelqu'un étranger comme moi.

– Maintenant, vous pouvez relire L'Étranger, *Jessica, et vous n'allez rien oublier. Voici mon exemplaire, vous pouvez l'emprunter. Vous allez me rendre une petite fiche de lecture la semaine prochaine, OK ?*

– OK, professeur.

Fiche de lecture de Jessica :

> Aujourd'hui mon épagneul est mort. Ou peut-être hier, je ne sais pas. J'ai reçu un e-mail de ma mère : « L'épagneul est décédé. Nous avons enterré le chien au fond du jardin. Nous sommes tous très tristes. Désolés. » Cela ne veut rien dire. C'était peut-être hier...

FLAUBERT, *MADAME BOVARY*

Nous étions à... non pas à l'étude, mais à un oral de maitrise en français, à l'Université de Chicago. La candidate prit sa place à une immense table en bois massif, inondée de lumière hivernale qui pénétrait par une imposante fenêtre en ogive sculptée en fer forgé. De quoi faire rêver une Emma contemporaine nostalgique de Sir Walter Scott. Les collègues prirent la parole, les uns après les autres, dans le respect de la chronologie figée, incapables de la moindre transversalité, s'attendant à des réponses tout autant figées de la candidate. Après avoir laborieusement extrait, tels des arracheurs de dents, les réponses sur les textes du Moyen Âge, les lieux communs de la Renaissance et les lagarde-et-michardismes du XVIIe et du XVIIIe siècle, le spécialiste du XIXe siècle, personnage érudit et par ailleurs tout à fait sympathique, proposa de se tourner vers Flaubert et, en l'occurrence sur *Madame Bovary*. Quelle ne fut pas la consternation du jury quand la candidate annonça solennellement qu'elle refusait de discuter du Gus, misogyne aveugle, incarnation du bourreau de la femme, exemple même du salaud intolérable, coupable de la condition servile de la gent féminine, et qu'il fallait radier de la liste canonique dans la logique du *politically correct*.

Tétanisée par le discours inopiné de la jeune femme qui en avait « ras les pâquerettes » d'entendre ses camarades mâles s'extasier sur « Madam Ovary », l'assemblée se tourna vers le chef du département qui présidait la séance. Avant que celui-ci ne pût conseiller une pause pour recadrer l'interrogatoire, la féministe se leva et quitta la salle, sans autre forme de procès. Rien ne put la convaincre de reprendre le dialogue, ne serait-ce que pour expliciter sa réflexion et son engagement politique. Elle plia bagage et finit par s'installer à Paris, comme en rêvait Emma, où elle s'inscrivit au programme de doctorat en lettres anglaises, en Sorbonne.

L'épisode souligne l'humour débordant, si noir soit-il, qui baigne dans les milieux FLE littéraires, en amont de la lecture. En aval, il aurait été salutaire de faire apprécier à la rebelle la notion du second degré difficile à « enseigner » aux novices face à un texte, voire un film. Quel enseignant n'est pas enclin à baisser les bras quand un élève lui annonce : « je n'aime pas ce film parce que le protagoniste n'est pas gentil avec elle... ou elle avec lui » ? Comment ne pas noter à quel point Flaubert méprise la grande majorité de ses personnages, surtout les hommes, Charles et Homais en tête de file, combien il se moque de Léon et de Rodolphe, combien au contraire il compatit avec Emma puisque « Madame Bovary c'est moi » ? Comment percevoir en filigrane l'admiration que le romancier réserve à son père, un vrai médecin, un vrai scientifique ? Combien d'humour l'auteur de *Bouvard* et *Pécuchet* a-t-il inspiré à d'autres écrivains dans son sillage, à commencer par la nouvelle de Woody Allen, « The Kugelmass Episode » in *Side Effects*, Random House, 1980, ou le délicieux roman de Julian Barnes, *Flaubert's Parrot*, McGraw-Hill, 1985, ou encore dans la série télévisée pour enfants, *Sesame Street*, le personnage allégorique, un petit ours nommé « Flo Bear » ?

Comment choisir dans un texte qui regorge d'humour un passage de *Madame Bovary* qui aurait décrispé et fait rire la recalée de Chicago ? Prenons le premier chapitre de la troisième partie du roman. Emma vient de se rétablir de la dépression nerveuse provoquée par sa fuite infructueuse avec Rodolphe. Son mari l'accompagne à Rouen pour une soirée à l'opéra. *Lucie de Lammermoor* est à l'affiche. Elle y retrouve Léon, qui fut longtemps absent et prolonge d'une journée fatidique son excursion à Rouen, le mari repartant au village soigner ses malades. Léon lui donne rendez-vous pour une visite de la Cathédrale.

Sapé et parfumé, il s'impatiente de voir paraitre sa proie. Elle arrive, résolue à tout rompre, mais se laisse pourtant convaincre par le suisse avide de faire visiter la cathédrale, ce qui importune bigrement le séducteur.

Faire apprécier dans un tout premier temps la situation banale du touriste que nous sommes tous, tributaires des caprices du guide pédant qui traine son troupeau dans les méandres interminables d'un musée ou d'une église. Jamais il ne nous viendrait à l'esprit de supporter ses indignités chez nous. En vacances, c'est tout autre chose. Nous sommes tous soudain ouverts à la culture et à l'histoire.

> – Madame, sans doute, n'est pas d'ici ? Madame désire voir les curiosités de l'église ?
> – Eh non ! s'écria le clerc,
> – Pourquoi pas ? reprit-elle.
> Car elle se raccrochait de sa vertu chancelante à la Vierge, aux sculptures, aux tombeaux, à toutes les occasions.
> Alors, afin de procéder *dans l'ordre*, le suisse les conduisit jusqu'à l'entrée, près de la place, où leur montrant avec sa canne un grand cercle de pavés noirs, sans inscriptions ni ciselures :

L'interprétation orale s'avère la plus convaincante pour faire ressortir l'humour de ce texte, pour mieux initier le lecteur. Quelles qualités d'énoncé théâtral et oratoire faudrait-il emprunter ?

– un ton onctueux pour le suisse ;

– un ton irrité et impatient pour Léon ;

– un ton innocent et minaudier pour Emma ;

– un ton ironique pour le narrateur.

Dans un deuxième temps, travailler sur les détails du texte :

– l'entrée et la canne, point de départ et point final de l'interminable visite ;

– la naïveté romantique d'Emma (donner des exemples dans le texte) ;

– le caractère directif du suisse.

Une petite scène d'humour à quatre à faire travailler en classe de FLE pour se raccrocher au texte, pour le pénétrer concrètement, pour l'aimer et ne plus l'oublier, pour se l'approprier.

> – Voilà, fit-il majestueusement, la circonférence de la belle cloche d'Amboise. Elle pesait quarante mille livres. Il n'y avait pas sa pareille dans toute l'Europe. L'ouvrier qui l'a fondue en est mort de joie...
> – Partons, dit Léon.
> Le bonhomme se remit en marche ; puis, revenu à la chapelle de la Vierge, il étendit les bras dans un geste synthétique de démonstration, et, plus orgueilleux qu'un propriétaire campagnard vous montrant ses espaliers :
> – Cette simple dalle recouvre Pierre de Brézé, seigneur de la Varenne et de Brissac, grand maréchal de Poitou et gouverneur de Normandie, mort à la bataille de Montlhéry, le 16 juillet 1465.
> Léon, se mordant les lèvres, trépignait.

Interpréter cette scène comme une partition musicale. Quand le suisse épilogue, dire le texte avec une lenteur exaspérante, avec une lourdeur pédante. Quand Léon prend la parole, dire le texte avec une irritation exagérée en faisant exploser les consonnes. Quand le narrateur parle, dire le texte avec une forte dose d'ironie dans la voix.

> – Et, à droite, ce gentilhomme tout bardé de fer, sur un cheval qui se cabre, est son petit-fils Louis de Brézé, seigneur de Bréval et de Montchauvet, comte de Maulevrier, baron de Mauny, chambellan du roi, chevalier de l'Ordre et pareillement gouverneur de Normandie, mort le 23 juillet 1531, un dimanche, comme l'inscription porte; et, au-dessous, cet homme prêt à descendre au tombeau vous figure exactement le même. Il n'est pas possible n'est-ce pas, de voir une plus parfaite représentation du néant?
> Madame Bovary prit son lorgnon. Léon, immobile, la regardait, n'essayant même plus de dire un seul mot, de faire un seul geste, tant il se sentait découragé devant ce double parti pris de bavardage et d'indifférence.
> L'éternel guide continuait :
> – Près de lui, cette femme à genoux qui pleure est son épouse, Diane de Poitiers, comtesse de Brézé, duchesse de Valentinois, née en 1499, morte en 1566; et, à gauche, celle qui porte un enfant, la sainte Vierge. Maintenant, tournez-vous de ce côté; voici les tombeaux d'Amboise. Ils ont été tous les deux cardinaux et archevêques de Rouen. Celui-ci était ministre du roi Louis XII. Il a fait beaucoup pour la cathédrale. On a trouvé dans son testament trente mille écus d'or pour les pauvres.
> Et, sans s'arrêter, tout en parlant, il les poussa dans une chapelle encombrée par les balustrades, en dérangea quelques-unes, et découvrit une sorte de bloc, qui pouvait bien avoir été une statue mal faite.
> – Elle décorait autrefois, dit-il avec un long gémissement, la tombe de Richard Cœur de lion, roi d'Angleterre et duc de Normandie. Ce sont les calvinistes, monsieur, qui vous l'ont réduite en cet état. Ils l'avaient par méchanceté, ensevelie dans la terre, sous le siège épiscopal de Monseigneur. Tenez, voici la porte par où il se rend à son habitation, Monseigneur. Passons voir les vitraux de la Gargouille.
> Mais Léon tira vivement une pièce blanche de sa poche et saisit Emma par le bras. Le suisse demeura tout stupéfait, ne comprenant point cette munificence intempestive, lorsqu'il restait encore à l'étranger tant de choses à voir. Aussi, le rappelant :
> – Eh! monsieur, la flèche! la flèche!...
> – Merci, fit Léon.
> – Monsieur a tort! Elle aura quatre cent quarante pieds, neuf de moins que la grande pyramide d'Égypte. Elle est tout en fonte, elle...

Travailler sa respiration, le texte ayant une grammaire orale sensiblement différente de sa grammaire à l'écrit. Savoir prendre son souffle pour une diction *legato* étirée qui doit assommer l'auditeur par l'entassement de détails et ne pas laisser l'interlocuteur, en l'occurrence Léon, intervenir. Accélérer le débit à la fin du passage et simuler le malaise du suisse. Proférez! Rien n'empêche l'explication par la suite.

> Léon fuyait, car il lui semblait que son amour, qui, depuis deux heures bientôt, s'était immobilisé dans l'église comme les pierres, allait maintenant s'évaporer tel qu'une fumée, par cette espèce de tuyau tronqué de cage oblongue, de cheminée à jour, qui se hasarde si grotesquement sur la cathédrale, comme la tentative extravangante de quelque chaudronnier fantaisiste.
> – Où allons-nous donc? disait-elle.
> Sans répondre, il continuait à marcher d'un pas rapide, et déjà madame Bovary trempait son doigt dans l'eau bénite, quand ils entendirent derrière eux un grand souffle haletant, entrecoupé régulièrement par le rebondissement d'une canne. Léon se détourna.
> – Monsieur!
> – Quoi?

> Et il reconnut le suisse, portant sous son bras et maintenant en équilibre contre son ventre une vingtaine environ de fort volumes brochés. C'étaient les ouvrages *qui traitaient de la cathédrale*.
> – Imbécile ! grommela Léon s'élançant hors de l'église.
> Un gamin polissonnait sur le parvis :
> – Va me chercher un fiacre !
> L'enfant partit comme une balle, par la rue des Quatre-Vents ; alors ils restèrent seuls quelques minutes, face à face et un peu embarrassés.

Appliquer le même principe de « partition musicale » : tâcher de débiter *prestissimo* à partir de « car il lui semblait » jusqu'à la fin du paragraphe, sans reprendre son souffle. Imaginer la réaction de Léon dans le vocable « Quoi ? » craché avec violence, ainsi que l'acharnement du suisse dans la proposition relative que Flaubert met en italique. Trouver le ton adéquat pour l'ordre sommaire adressé au gamin qui s'exécute sur-le-champ, et qui prépare la course effrénée en fiacre – procédé précurseur du cinéma – mais que précède un duo subitement au ralenti : « alors ils restèrent... embarrassés. »

> – Ah, Léon !... Vraiment... je ne sais... si je dois... !
> Elle minaudait. Puis, d'un air sérieux :
> – C'est très inconvenant, savez-vous ?
> – En quoi ? répliqua le clerc. Cela se fait à Paris !
> Et cette parole, comme un irrésistible argument, la détermina.
> Cependant le fiacre n'arrivait pas. Léon avait peur qu'elle ne rentrât dans l'église. Enfin le fiacre parut.
> – Sortez du moins par le portail du nord ! leur cria le suisse, qui était resté sur le seuil, pour voir la *Résurrection*, le *Jugement dernier*, le *Paradis*, le *Roi David*, et les *Réprouvés* dans les flammes d'enfer.
> – Où Monsieur va-t-il ? demanda le cocher.
> – Où vous voudrez ! dit Léon poussant Emma dans la voiture.
> Et la lourde machine se mit en route.

Demander à une élève de minauder, de feindre un ton sérieux. Demander à un élève de s'enthousiasmer dans l'ardeur du soupirant. Demander à un autre élève de crier à tue-tête la liste des cinq trésors non visités dans la cathédrale. Scander la dernière phrase pour faire sentir le démarrage de la voiture.

Dès lors que cette scène sera interprétée avec intelligence des nuances, vous ne tarderez pas à voir les lecteurs novices vouloir poursuivre les deux amants invisibles dans la voiture que regardent les Rouennais ébahis, et partager avec eux cet étrange phénomène et ce singulier point de vue flaubertien. Ils entrent ainsi dans le texte, à l'instar du Professeur Kugelmass, héros de Woody Allen. Kugelmass, professeur de littérature française dans le Middle West américain, meurt d'ennui dans sa vie de province, tout comme Emma. Il se détourne de son psychanalyste et s'oriente vers un magicien, « the Great Persky », qui lui fournit les clés du monde romanesque. Son grand rêve est exaucé, il s'insinue dans le roman et vit son histoire avec Emma, suscitant la consternation chez les lecteurs qui, à leur tour, entrent dans le texte de façon métaphorique. Pour une étude plus approfondie, voir Laurie Champion, *Allen's The Kugelmass Episode*, Vol. 51, *Explicator*, Heldref Publications, 1992. La critique dite *reader-response* qui par la suite nous donna les théories déconstructives, forme ainsi la base d'une technique pédagogique fondée sur une approche communicative de la littérature, animée par le rôle prépondérant que joue l'humour.

PROUST, COMBRAY (*À LA RECHERCHE DU TEMPS PERDU*)

Le nom de Proust est devenu emblématique de la littérature, voire du sublime littéraire et universel. L'œuvre de Marcel Proust se dresse comme un monument dédié à l'art romanesque et se confond avec celui-ci. Compte tenu de sa richesse et de sa complexité, une caste de doctes savants a fini par effectuer une appropriation, involontaire, comme la mémoire qui sert de socle à l'ensemble du récit. Cette situation insolite fait que seuls les adhérents de la petite chapelle des initiés s'octroient le droit de lire ce texte qui, Proust lui-même l'estimait, serait « vendu un jour dans les gares. » Tel ne fut pas le sort de *À la recherche du temps perdu*. Le titre est cependant reconnu dans le monde entier. Or, les lecteurs de Proust restent une infime minorité. Face à la page imprimée du texte proustien, le novice se décourage, ressent une sorte de vertige que lui inspire la phrase complexe dont il n'arrive pas à voir la fin et conclut que cette œuvre tant louée demeure à jamais impénétrable et fatalement réservée aux intellectuels.

En octobre 2000, la Bibliothèque nationale de France abritait, au sein de ses quatre gigantesques livres en béton et en verre, une exposition majeure sur Proust. Le vernissage rassembla le gratin de Paris. Tableaux, manuscrits, cédéroms, affiches, éditions rares, correspondances, photos, autant de témoignages pour rendre hommage à celui qui incarne le génie littéraire français dans le monde entier. Pourtant, rien dans cette manifestation n'incitait à la lecture du texte. Bien au contraire, tout laissait croire que le seul culte de Proust suffisait et nous dispensait de sa lecture.

Le texte étant jugé difficile et éprouvant, rien ne laisse croire non plus qu'il est source d'humour. Or, rien n'est plus faux. Même le lecteur avisé, car il existe bel et bien, découvre une écriture superbement drôle à l'écoute du texte proustien interprété par un conteur issu de l'art du théâtre, dans la tradition immémoriale de l'aède et du troubadour. L'imprimerie aurait-elle obturé une dimension essentielle du texte littéraire en lui attribuant le mot mais en le privant de la parole ? Flaubert le conteste en s'enfermant dans son fameux « gueuloir ». Seuls les plus instruits ont accès aux plaisirs de la grande littérature qui risque de subir un sort néfaste si on ne lui assure pas des points d'accès plus efficaces. Compte tenu de la primauté actuelle des outils audiovisuels et interactifs, le problème est à double tranchant. Soit la lecture classique s'incline devant l'écran informatique, soit elle se sert de lui comme moyen de récupération et contribue à faciliter la lecture autonome, source de plaisir et d'enchantement. Nous n'entrerons pas dans les détails des techniques interactives dans le présent article, sauf pour indiquer que la matière première de cet enseignement appuyé par les nouvelles technologies est tout d'abord une interprétation orale du texte.

Cette expérience, nous la menons depuis quinze ans avec le comédien Éric Chartier qui sillonne tous les continents devant des publics francophones et francophiles, leur offrant ses spectacles littéraires, *one-man shows* dans lesquels il dit dans l'espace d'une heure et demie des pages choisies, tirées des plus grands monuments de la littérature française. Les réactions à ces prestations sont unanimes : « Ah, c'est donc ça, Proust... moi qui croyais n'y rien comprendre... » Suite à ce rite d'initiation par la voix et par l'oreille, l'auditeur-spectateur est doté d'une capacité inattendue de lire Proust et d'autres écrivains. On découvre la magie de Proust dont le texte sonore nous berce entre le superbement lyrique et l'étonnamment comique.

Limitons-nous déjà au seul *Combray*, composante embryonnaire de cette immense fresque, puis découvrons le petit village dont chacun a connu une facette dans sa vie, puis découvrons la Tante Léonie, personnage mythique, maniaque et caractériel qui figure à sa façon dans la vie de chacun d'entre nous. Nous faisons vite face à l'embarras du choix : le portrait de Legrandin, le déjeuner du samedi asymétrique, l'officine et le maître-autel, l'heure d'Eulalie, le discours épuisant de Monsieur le Curé encore plus assommant que celui du suisse de la Cathédrale de Rouen chez Flaubert. Nous proposons de passer au chien, le « chien de Madame Sazerat », pour fermer la boucle avec le chien de Salamano chez Camus.

Si on reste à l'extérieur de l'œuvre monumentale de Proust, on arrive à peu près à apprécier un ordre de grandeur d'un vaste macrocosme romanesque. Un bon guide vous fait connaitre des points forts incontournables : la petite madeleine ou la petite phrase de Vinteuil. En revanche, pénétrer le texte, à l'instar de l'exemple flaubertien, c'est prendre connaissance du microcosme, soit par le lyrisme évocateur d'un paysage, soit encore par l'humour qui ressort de situations banales peuplées de personnages secondaires. C'est d'ailleurs le propre de Combray, ou celui de toutes les communes où cohabitent les membres d'une société fermée. Ainsi, la Tante Léonie qui « devisait » avec Françoise des évènements quotidiens, « chronique immémoriale » du village où rien ne semble se passer mais où tout a lieu, car on connait *tout le monde*. La moindre dérogation à ce principe risque d'enflammer l'esprit routinier de la Tante Léonie, perchée à son poste d'observation privilégié, dans sa maison, dans sa chambre, dans son lit. Nous reproduisons d'abord le texte dans sa forme livresque, page redoutable et hermétique à première vue, puis une deuxième fois en lui donnant la forme expérimentale d'une partition musicale.

> Mais ma tante savait bien que ce n'était pas pour rien qu'elle avait sonné Françoise, car, à Combray, une personne « qu'on ne connaissait point » était un être aussi peu croyable qu'un dieu de la mythologie, et de fait on ne se souvenait pas que, chaque fois que s'était produite, dans la rue du Saint-Esprit ou sur la place, une de ces apparitions

stupéfiantes, des recherches bien conduites n'eussent pas fini par réduire le personnage fabuleux aux proportions d'une « personne qu'on connaissait », soit en tant qu'ayant tel degré de parenté avec des gens de Combray. C'était le fils de Madame Sauton qui rentrait du service, la nièce de l'abbé Perdreau qui sortait du couvent, le frère du curé, percepteur à Châteaudun, qui venait de prendre sa retraite ou qui était venu passer les fêtes. On avait eu en les apercevant l'émotion de croire qu'il y avait à Combray des gens qu'on ne connaissait point, simplement parce qu'on ne les avait pas reconnus ou identifiés tout de suite. Et pourtant longtemps à l'avance, Madame Sauton et le curé avaient prévenu qu'ils attendaient leurs « voyageurs ». Quand le soir je montais, en rentrant, raconter notre promenade à ma tante, si j'avais l'imprudence de lui dire que nous avions rencontré, près du Pont-Vieux, un homme que mon grand-père ne connaissait pas : « Un homme que grand-père ne connaissait point, s'écria-t-elle ! Ah ! je te crois bien ! » Néanmoins un peu émue de cette nouvelle, elle voulait en avoir le cœur net, mon grand-père était mandé. « Qui donc est-ce que vous avez rencontré près du Pont-Vieux, mon oncle ? Un homme que vous ne connaissiez point ? – Mais si, répondait mon grand-père, c'était Prosper, le frère du jardinier de Madame Bouilleboeuf. – Ah ! bien », disait ma tante, tranquillisée et un peu rouge ; haussant les épaules avec un sourire ironique, elle ajoutait : « Aussi, il me disait que vous aviez rencontré un homme que vous ne connaissiez point ! » Et on me recommandait d'être plus circonspect une autre fois et de ne plus agiter ainsi ma tante par des paroles irréfléchies. On connaissait tellement bien tout le monde, à Combray, bêtes et gens, que si ma tante avait vu par hasard passer un chien « qu'elle ne connaissait point » elle ne cessait d'y penser et de consacrer à ce fait incompréhensible ses talents d'induction et ses heures de liberté.

Ce sera le chien de Madame Sazerat, disait Françoise, sans grande conviction, mais dans un but d'apaisement et pour que ma tante ne se « fende pas la tête ».

– Comme si je ne connaissais pas le chien de Madame Sazerat ! répondit ma tante dont l'esprit critique n'admettait pas si facilement un fait.

– Ah ! ce sera le nouveau chien que M. Galopin a rapporté de Lisieux.

– Ah ! à moins de ça.

– Il paraît que c'est une bête bien affable, ajoutait Françoise qui tenait le renseignement de Théodore, spirituelle comme une personne, toujours de bonne humeur, toujours aimable, toujours quelque chose de gracieux. C'est rare qu'une bête qui n'a que cet âge-là soit déjà si galante.

Essai pour une version « partition-musicale »

Certains symboles, à l'instar des indications retrouvées sur la portée musicale, paraissent au-dessus du mot ou de la syllabe à interpréter pour assurer la phrase-à-effet. En voici la légende :

R1...R2...	faire valoir la rime
𝄾	soupir, brève pause
- - - -	*rubato*, insister sur chaque syllabe et les séparer
v	*marcato*, martelez la syllabe, surtout dans une énumération
𝄐	point d'orgue, *fermata*, longue pause

R1 R2
Mais ma tante savait bien que ce n'était pas pour rien qu'elle avait sonné
𝄾 - - - - - v R3
Françoise, car, à Combray, une personne « qu'on ne connaissait point »
𝄾
était un être aussi peu croyable qu'un dieu de la mythologie, et de fait
on ne se souvenait pas que, chaque fois que s'était produite, dans la

– – –
rue du Saint-Esprit ou sur la place, une de ces apparitions stupéfiantes,
v
des recherches bien conduites n'eussent pas fini par réduire le personnage
– – – – – – – – – – – – – ʼ
fabuleux aux proportions d'une « personne qu'on connaissait », soit en
presto en énumérant
tant qu'ayant tel degré de parenté avec des gens de Combray. C'était le
v v v
fils de Mme Sauton qui rentrait du service, la nièce de l'abbé Perdreau
v v v
qui sortait du couvent, le frère du curé, percepteur à Châteaudun qui
v R1 v R2
venait de prendre sa retraite ou qui était venu passer les fêtes. On avait
ʼ ʼ
eu en les apercevant l'émotion de croire qu'il y avait à Combray des
v ʼ
gens qu'on ne connaissait point, simplement parce qu'on ne les avait
pas reconnus ou identifiés tout de suite. Et pourtant longtemps à l'avance,
– – –
Mme Sauton et le curé avaient prévenu qu'ils attendaient leurs « voyageurs ». Quand le soir je montais, en rentrant, raconter notre promenade
– – –
ʼ ʼ
à ma tante, si j'avais l'imprudence de lui dire que nous avions rencontré,
ʼ v *avec stupeur*
près du Pont-Vieux, un homme que mon grand-père ne connaissait
ʼ – – v *presto agitato*
pas : « Un homme que grand-père ne connaissait point, s'écria-t-elle !
presto
Ah ! je te crois bien ! « Néanmoins un peu émue de cette nouvelle, elle voulait
soudain lent avec étonnement
en avoir le cœur net, mon grand-père était mandé. « Qui donc est-ce
–
que vous avez rencontré près du Pont-Vieux, mon oncle ? Un homme
– – – v ⌢ *très lent et fort* R1
que vous ne connaissiez point ? – Mais si, répondait mon grand-père,
R2 R3 *sotto voce, soulagé*
c'était Prosper, le frère du jardinier de Mme Bouilleboeuf. – Ah ! bien »,
disait ma tante, tranquillisée et un peu rouge ; haussant les épaules avec
lent et moqueur
un sourire ironique, elle ajoutait : « Aussi il me disait que vous aviez ren-
presto sotto voce
contré un homme que vous ne connaissiez point ! » Et on me recommandait d'être plus
circonspect une autre fois et de ne plus agiter ainsi
à part *solennellement*
ma tante par des paroles irréfléchies. On connaissait tellement bien
à part ʼ
tout le monde, à Combray, bêtes et gens, que si ma tante avait vu par
ʼ R1 *fort et strident* R2 *presto*
hasard passer un chien « qu'elle ne connaissait point « elle ne cessait d'y
– – – – –
penser et de consacrer à ce fait incompréhensible ses talents d'induction

lent et sans façon
et ses heures de liberté. Ce sera le chien de Mme Sazerat, disait Françoise, sans grande conviction, mais dans un but d'apaisement et pour

– – – – – v
que ma tante ne se fende pas la tête ».

presto e molto agitato v
– Comme si je ne connaissais pas le chien de Mme Sazerat ! répondit ma tante dont l'esprit critique n'admettait pas si facilement un fait.

lentement et mesuré
– Ah ! ce sera le nouveau chien que M. Galopin a rapporté de Lisieux.

avec surprise
– Ah ! à moins de ça.

très lyrique et lent
– Il paraît que c'est une bête bien affable, ajoutait Françoise qui tenait le renseignement de Théodore, spirituelle comme une personne, toujours de bonne humeur, toujours aimable, toujours quelque chose de gracieux. C'est rare qu'une bête qui n'a que cet âge-là soit déjà si galante.

C'est que Proust l'écrivain rend le plus grand hommage qui soit à la musique. Voici comment Pierre Chardon, dans un « petit » livre d'explication pédagogique destiné à tout lecteur potentiel (*Marcel Proust*, Collection Expliquez-moi, Foucher, Paris, 1970), l'avait exprimé.

> La musique est pour Marcel Proust un élément sensible, sensoriel et esthétique indispensable à sa vie. Il en a fait un de ses plus troublants leitmotive, le dangereux et irrésistible messager de l'amour. Venant d'écouter le septuor du compositeur Vinteuil (son personnage le plus touchant, génie inconnu et malheureux), il écrit : ... *toute parole humaine extérieure me* [laissait] *indifférent à côté de la céleste phrase musicale avec laquelle je venais de m'entretenir. J'étais vraiment comme un ange déchu des ivresses du paradis... Et de même que certains êtres sont les derniers témoins d'une forme de vie que la nature a abandonnée, je me demandais si la musique n'était pas l'exemple unique de ce qu'aurait pu être... la communication des âmes.* Wagner fut pour lui un enchanteur, et la phrase sans cesse recommencée du musicien, déroulée à travers toutes les embûches des rythmes et des accords indéfiniment transformés, sortant triomphante, éclatante, impérieuse des plus mystérieux enchevêtrements, n'a pas été sans influencer l'écrivain. On a pu dire que la phrase de Wagner avait modelé celle de Proust.

Nous sommes ainsi amenés à conclure sur une hypothèse à la fois esthétique et pédagogique, en particulier dans le contexte du français langue étrangère : les grands monuments romanesques sont grands parce qu'ils ont été proférés par la voix vers l'oreille, et que c'est par leur oralité qu'ils existent d'abord, fondement même d'une voix narrative incarnée par le « je » proustien octroyant à la lecture sa qualité incantatoire. Comment expliquer l'engouement pour la formation musicale de nos jours ? Jamais les conservatoires n'ont connu de plus larges effectifs. Même s'ils ne produisent que peu de musiciens professionnels, il en sort de véritables amateurs. Jamais les salles de concert n'ont connu de tels publics sans pour autant produire de musicologues. Les arts vivants restent les plus formateurs pour l'esprit et la culture. La même formule doit s'appliquer à la littérature, non pas pour se substituer à la lecture visuelle, mais pour initier à elle et aiguiser ainsi l'écoute intérieure lorsqu'on lit un texte, en privilégiant d'abord l'humour, puis le lyrique.

Chacune de nos expériences des spectacles littéraires et d'ateliers de formation pour élèves ainsi que pour enseignants nous convainc toujours davantage du bien-fondé de cette approche. Pour de plus amples informations, contacter l'auteur : honigsblum@noos.fr

L'humour par la « pub », passeport pour l'interculturel

ALEX CORMANSKI
UNIVERSITÉ PARIS III-SORBONNE NOUVELLE

Il y a des blagues qui font rire et d'autres non. Il en va de même avec les images. Que ce soit un dessin humoristique, un tableau, une photo ou un film. Mais la réaction suscitée – de quelque nature qu'elle soit – peut aussi bien venir du contenu exprimé que de la manière dont il est présenté. Une histoire est bien ou mal racontée, bien ou mal entendue par son destinataire selon son statut, son humeur du moment, ce qui souligne le caractère foncièrement interactif de l'humour entre l'émetteur, le récepteur et le contexte social, culturel, historique, spatio-temporel...

Il en va de même pour l'image qui, d'abord construite par son créateur, peut être perçue ensuite à des degrés divers pour les mêmes raisons que celles évoquées plus avant. À la différence près que le créateur d'images travaille souvent isolé, sans retour immédiat de l'effet produit sur le destinataire comme c'est le cas dans une interaction discursive avec un récepteur en vis-à-vis. Si la démarche humoristique provoque une réaction dans un large spectre qui va du rire aux pleurs, celle-ci viendra alors aussi bien du contenu que de la forme. Et dans le premier cas cité, celui de l'oralité, la forme tiendra pour beaucoup chez le locuteur à tout ce qui touche à l'extra-verbal comme le définit Cosnier. « Un Raymond Devos ou un Gad Elmaleh par exemple jouent des mots certes, mais ils savent aussi leur donner sur scène un contour prosodique sans lequel ceux-ci ne pourraient respirer, sans parler de leur gestuelle, indispensable mécanique à l'articulation de ces mêmes mots tant elle est étroitement intriquée à l'activité générative verbale[1] ». L'oralité dans l'humour n'est pas limitée à la seule expression du verbe, aussi cruciale soit-elle : elle inclut son habillage, son habitacle. Et ce constat peut être fait en milieu endolingue comme en milieu exolingue.

Or, il existe un champ d'application qui adore mélanger les genres, jouant de/sur la combinaison du discours et de l'image comme un matériau composite, c'est la publicité. Que ce soit à l'oral comme à

1. Cosnier J.et Brossard A., *La communication non verbale*, ouvrage collectif, Delachaux et Niestlé, 1984, p. 20.

l'écrit, le langage écrit étant considéré comme une forme non acoustique dérivée de l'oral, lui-même défini comme la réalisation acoustique du langage.

De surcroît, la publicité obéit aux mêmes lois du marché dans tous les pays où l'économie de ce type prime, c'est-à-dire la grande majorité, y compris dans les pays de l'ancien bloc communiste où elle gagne du terrain, et fonctionne sur les mêmes principes de communication pour être efficace : savoir capter l'attention, persuader l'acheteur et marquer une trace durable.

Observer comment la publicité est configurée d'un pays à l'autre, les thèmes qu'elle traite – ou qu'elle ne traite pas –, la façon dont elle met en scène le produit à vendre, révèle des caractéristiques culturelles propres à chaque pays riches à analyser sur les plans linguistique, sociolinguistique, pragmatique, sociologique, historique... Ce travail peut être mené dans le cadre de l'apprentissage d'une langue et, indissociablement dans ce cas, d'une culture, en milieu guidé. Et c'est dans l'approche de certains thèmes ou produits parfois identiques que la publicité devrait révéler, ou non, les marques de l'humour, véritable passeport pour l'interculturel.

Dans un premier temps, on s'intéressera au mode opératoire de la publicité pour voir à quel moment l'humour entre en jeu, puis, dans un deuxième temps, comment les publicités sont «traitées» selon les spécificités culturelles des pays où elle sont produites et le public auquel elle s'adresse.

Des préparatifs communs qui empruntent aux sciences du langage et à la communication

Des slogans publicitaires peuvent être jugés plus ou moins bien réussis selon qu'ils occupent une place de choix dans notre mémoire des années encore après avoir été produits. Certains ont si bien fait école qu'ils se sont transformés en dicton populaire : «Un verre, ça va,... deux verres, bonjour les dégâts[2] !» avec version libre et adaptable au bon vouloir de tout un chacun (Ex. : «Un an, ça va ! Deux ans !...» sans qu'il soit nécessaire d'aller jusqu'au bout de la reprise du slogan). Que les concepteurs des slogans aient ou non tout prévu dans la chaine de leur production, le concours des sciences du langage s'avère souvent nécessaire pour les décoder avec profit, tant leur structure formelle (oppositions, isomorphies, symétries,...) s'inscrit notablement aussi bien dans le son et la matérialité du signifiant que dans le sens et les représentations. Autre concours non négligeable, celui de la psychologie, tant l'impact de l'affect dans la publicité est grand, mais

2. Campagne publicitaire contre l'alcoolisme menée par le ministère de la Santé publique dans les années 1980.

aussi parce que les structures formelles de la langue ne sont certainement pas sans lien avec certaines de nos opérations mentales.

LE SCHÉMA DE LA COMMUNICATION PUBLICITAIRE

Le schéma de la communication publicitaire a ceci de particulier que l'un des deux vecteurs impliqués dans le circuit de la transmission du message est beaucoup plus demandeur que l'autre. En effet, la fonction du publiciste est de faire passer un message de type perlocutoire, à fort intérêt économique, auprès du destinataire représentant le public cible, acheteur potentiel qu'il faut à tout prix convaincre pour que la chaine de transmission proposition-persuasion-réalisation, puisse continuer. Mais pour faire ce qu'on attend de lui, ce dernier aura, fort de son statut privilégié de bailleur d'existence du premier, tendance à se laisser courtiser, à, en quelque sorte, faire monter les enchères toujours plus haut. Autrement dit, l'acheteur signifie qu'il a bien reçu les signaux de l'intention de communiquer de la part de l'émetteur, et que, le moment venu, il accomplira l'acte qu'on attend de lui, celui de consommer. Or, c'est là que, selon les latitudes culturelles, les comportements peuvent révéler des différences notables. La présentation du produit – sa mise en scène – peut répondre à des critères d'exigence variables d'un pays à l'autre.

Un accord tacite existe entre le consommateur et le fabricant : le prix de l'imaginaire. Le premier, on l'a dit, signifie qu'il a bien reçu le signal mais qu'il n'est pas dupe. La voiture qu'on veut lui faire acheter peut bien lui être présentée dans un décor qui ne sera jamais le sien, être mise entre les mains de stars auxquelles on voudrait qu'il s'identifie, il sait que sa réalité à lui est plus terre à terre, mais n'en attend pas moins sa part de rêve par délégation. C'est à ce prix que la publicité trouve ses adeptes. Mais procède-t-on de la même façon dans tous les pays ? Assurément non ! Dans les sociétés où la communication est fortement « contextuée » (*high context communication*) selon E.T. Hall[3], celles dans lesquelles l'information minimale est connue de tous, la construction et la teneur du message publicitaire devront dépasser la simple fonctionnalité et se situer bien davantage dans l'imaginaire, même fortement encodé. C'est le cas des sociétés de type plutôt polychronique comme les sociétés latines par contraste avec les sociétés de type plutôt monochronique comme les sociétés anglo-saxonnes. Ainsi de nombreuses publicités télévisées américaines, par exemple, sont construites sur le même modèle : un vendeur vante à l'écran les mérites de son produit en s'adressant directement à l'acheteur-téléspectateur face à la caméra. Le produit présenté est décrit, dans un rapport direct contigu image-texte, la première ne faisant qu'illustrer le second.

On a peine à penser que ce genre de publicité contienne beaucoup d'humour tant le lien ténu qui associe la forme et le contenu reste platement solidaire. À moins de prendre le parti de la dramatisa-

3. Hall, E.T. (1990), *Understanding Cultural differences*, Yarmouth, ME, Intercultural Press.

tion dans le genre comique, ce type de message énoncé face à la caméra est trop dans la fonctionnalité pour se laisser gagner par l'humour. Il y a là en quelque sorte incompatibilité territoriale. Le terrain de prédilection de l'humour se situe plutôt dans des rapports moins directs, plus sophistiqués, son empreinte maximale étant généralement proportionnelle à la distance avec laquelle le thème ou l'évènement à circonscrire est abordé. « Humoriser », c'est d'abord se distancier. Que le vendeur de la publicité américaine se transforme en caricature d'un type social catégorisé, et le propos devient radicalement différent.

Toute publicité bâtie sur un rapport au premier degré, dans lequel l'image n'est qu'une illustration directe de l'énoncé, apparaitra donc peu chargée en humour. Mais, dans l'éventail des représentations de types sociaux et de réalités sociales, l'humour sait s'infiltrer à façon au travers de constructions iconographiques variées.

LE SCHÉMA DE FABRICATION DU MESSAGE PUBLICITAIRE FILMÉ

Pour vendre un produit, un publiciste élabore, autour d'une idée-force/un concept-clé, une mise en scène, en s'appuyant sur une stratégie qui consistera à convaincre le public cible en utilisant les instruments de la séduction. La qualité du scénario, la scénographie, les plans, la lumière, le son seront autant d'éléments techniques indispensables pour y parvenir.

Prenons un exemple : que peut promouvoir aujourd'hui une compagnie aérienne dans un marché très concurrentiel ? Le service, la ponctualité, le confort... Un seul de ces concepts pourra être choisi dans le cadre d'une campagne publicitaire et faire l'objet d'une scénarisation. Une fois le choix déterminé, il s'agira d'assembler les différents signes qui composent le message dans sa réalisation acoustique et visuelle. Mais « assemblage » ne veut pas dire « concordance symétrique ». L'itinéraire iconographique adopté « collera », ou non, à la chaine discursive, tout en respectant un contrat impératif : la continuité du sens.

Ainsi, cette publicité télévisée récente qui montre, en une série de plans rapprochés variés, des jambes de femmes toujours en mouvement montant rapidement un escalier, marchant dans les rues d'une allure rapide... sur fond de musique douce. Tout pourrait porter à croire qu'il s'agit d'une publicité pour une marque de chaussures ou de bas si on lit ces images au premier degré. Sur les dernières, vient alors en commentaire *off* se poser la voix très typée de l'actrice Jeanne Moreau : « Nous aimons trop les jambes des femmes pour les plier en deux cruellement » ! Et c'est le moment de la chute, celui de la conjonction de l'image et du discours, quand la première justifie par l'illustration le second. Les jambes d'une passagère s'allongent dans un siège d'avion qui s'incline au point de se transformer en lit. Et la voix dit : « À bord de nos avions, nous avons des sièges qui s'inclinent à

180 degrés,… Dormir couché, c'est dormir heureux ! Air France, gagnez le cœur du monde ! »

Il existe une variante de cette publicité pour Air France. C'est le commentaire, toujours dit par Jeanne Moreau, qui, cette fois, donne le ton. L'énoncé est centré sur le concept de la ponctualité horaire de la compagnie qui garantit à ses passagers la possibilité d'arriver à destination à l'heure même s'ils ont à changer d'avion. Mais le message visuel utilisé pour illustrer ce propos est totalement décalé par rapport au discours. On y voit un très jeune enfant apprendre à faire ses premiers pas, courir tant bien que mal dans un appartement pour être finalement pris dans les bras de son père qui rentre juste de voyage, à l'heure, pour embrasser son fils.

C'est dans le décalage apparent entre le début et la fin du message que se construit le message publicitaire dans son originalité. Dans le premier exemple, des jambes féminines qui gambadent dans la rue sur fond musical et vocal, servent d'introduction pour mieux aboutir à la démonstration du confort optimal. Dans le second, c'est le sourire radieux d'un tout petit heureux de revoir son père qui remercie en filigrane la machine complexe de gestion du temps de vol des avions. Tout réside dans la déconnexion supposée entre image visuelle et image acoustique, que – suspense oblige ! – le créateur de la publicité saura, en quelques fractions de secondes, remettre sur pied après avoir permis, un temps, une envolée du sens au travers de figures de style variées.

Or, cette distance instaurée, entre ce qui est montré pour être vendu et la façon de le faire, s'affiche souvent comme le reflet d'une spécificité culturelle, précisément dans la façon dont le temps, l'espace, la relation à l'autre sont vécus et mis en scène : c'est là que l'humour a le plus de chance de se nicher.

Donc, observer comment un même produit est présenté dans les publicités selon les pays où ils sont consommés peut se révéler très instructif.

La pub des autres

La traduction d'un slogan publicitaire valable pour un pays peut se révéler désastreuse dans un autre. Ainsi, la publicité pour la boisson Pepsi-Cola, « *Pepsi brings you back to life* », pouvait avoir un sens aux États-Unis. Mais, traduit trop littéralement en chinois, elle a donné quelque chose comme : « La boisson qui vous ramène vos ancêtres ». Ce qui a eu pour effet de provoquer un tollé dans un pays où les ancêtres sont très respectés.

Les magnétoscopes, les téléphones sont des objets usuels largement répandus dans le monde de la consommation. Faire une publicité originale pour ce genre de produit peut donc ressembler à un véritable défi. C'est peut-être davantage dans le contexte d'utilisation que dans le contenu technique de l'objet que la solution est à explorer, quitte à jouer, avec quelques clichés à l'appui, sur le statut des utilisateurs locaux.

LA PUBLICITÉ TÉLÉVISÉE

Ainsi cette publicité télévisée brésilienne pour le téléphone *American phone*, qui met en scène un jeune homme en conversation particulière avec une femme offrant ses services par téléphone. C'est une voix suave qu'on entend mener l'interaction verbale... mais c'est une dame âgée que l'on découvre au moment de la chute. Satire, dérision : cette publicité ne pourrait peut-être pas recevoir le même écho dans tous les pays.

Toujours au Brésil, deux vieilles dames regardent un film au magnétoscope. Sans qu'on puisse voir nettement l'image – c'est dans ce cas tout à fait secondaire – on entend un râle d'amour qui fait réagir les deux dames : « Es-tu sûre qu'on a bien mis *Autant en emporte le vent* ? » demande l'une. « Mais oui – rétorque l'autre – on entend le vent souffler ! »

L'humour peut venir aussi de la situation dramatique elle-même, en étant présentée dans une construction plus linéaire, sans détournement des indices, ni des symboles. Citons par exemple la publicité française pour MAAF Assurances montrant un bricoleur peu fortuné à qui il manque une dent de devant. Ce dernier va sortir pinces et tenailles pour arracher une dent de la gueule du cerf empaillé qui orne sa cheminée et la mettre à la place de celle qui lui fait défaut. Ou bien encore cette publicité danoise pour une compagnie d'assurances : par un temps pluvieux et très venté, un homme appelle d'une cabine telephonique la compagnie en question afin d'assurer son automobile. À peine a-t-il fini d'en communiquer le numéro de la plaque d'immatriculation qu'un arbre secoué par la tempête s'abat sur son véhicule. Ou encore cette dernière, d'origine suédoise, mettant en scène deux médecins au chevet de leur malade dans une chambre d'hôpital, se congratulant de lui avoir redonné vie à peine sorti d'une opération cardiaque. Sur le lit d'à côté, un autre malade, assez corpulent, se lève de son lit pour aller se raser. Cherchant une prise électrique, il prend la seule qui soit disponible, celle où étaient branchés les appareils qui alimentent le cœur artificiel du premier malade. Celui-ci, assis sur son lit, met la main à son pouls dans une expression panique et tombe raide à la renverse pendant que l'autre patient, imperturbable, continue son rasage électrique. Apparait alors le slogan publicitaire vantant les mérites de l'électricité que la compagnie *Wattenfall* a toujours su donner à ses clients[4].

4. *Culture pub*, émission de télévision de la chaîne M6 (tous les dimanches vers 22 h 45).

Là encore, ce type d'humour noir, ici « à la suédoise », ne pourrait peut-être pas recevoir le même accueil dans tous les pays.

On dira que la publicité use des clichés, des stéréotypes et qu'on ne saurait là-dessus fonder des vérités culturelles. Certes, mais ne devrait-on pas plus humblement parler de mode d'expression artistique propre au monde de la fiction – car c'est bien de cela qu'il s'agit dans un film publicitaire – plutôt que de vérités ? Par ailleurs, et c'est là, par contre, une vérité indéniable, ce sont des concepteurs de publicité brésiliens, danois, français, suédois, etc., qui mettent en scène des Brésiliens, des Danois, des Français, etc., forcément perçus comme les représentants indigènes d'une culture, dans un schéma jusque-là assez peu contesté.

DANS LA PRESSE ÉCRITE

On vient de voir le rôle important de l'image associée au discours dans la publicité télévisée. Elle l'est tout autant, mais dans une configuration quelque peu différente, dans les magazines ou les journaux et n'en obéit pas moins à une charte graphique bien définie. Tous les éléments signifiants sont généralement réunis en une composition unique minutieusement échafaudée dans laquelle icônes et symboles, même détournés, remplissent leur rôle. « Ne sous-estimons pas le pouvoir d'un sourire ! » fait dire la RATP à la Joconde dans sa campagne récente contre la violence dans les transports publics.

Et si les mots s'en mêlent, c'est encore plus la fête : « Mélange d'étonnant ! » peut-on lire sous la photo d'un guépard assis à une table de restaurant en face d'une jolie femme raffinée dans le cadre d'une publicité pour *Campari*. Certes, la connotation avec le mélange, produit hautement inflammable, nécessaire au démarrage des moteurs à explosion, qui peut instantanément prendre feu et détoner, est claire pour des natifs, mais c'est un travail intéressant à mener avec des apprenants étrangers sur le plan de la langue.

« Posez-lui un gros lapin ! », « Mettez-lui une grosse tarte ! », « Faites-lui un gros colin ! » clament encore les slogans de la publicité pour les fours *De Dietrich*.

Tant de connivences, de connotations, de clins d'œil au contexte sociolinguistique et culturel ne peuvent rester lettre morte. N'est-ce pas là une excellente introduction au jeu de la langue avec les mots ?

Pistes de travail

Grâce à la publicité, le professeur de langue et de culture aura un matériel de premier choix à exploiter pour déceler toutes les marques de l'humour, que ce soit sous la forme de la dérision, de la satire, du grand-guignolesque, du burlesque ou bien de la subtile allusion à un évènement ou une caractéristique culturelle.

On suggèrera comme piste d'exploitation une première démarche de décodage qui va des mots/images au concept que ce soit avec les publicités télévisées ou papier.

Il s'agit, dans un premier temps, de repérer celles qui sont composées selon un rapport de connexion étroit entre image et discours, généralement peu chargées en humour, pour aller vers celles qui présentent un rapport plus distendu, de déconnexion relative entre les deux composantes. L'empreinte de l'humour est, comme on l'a dit plus haut, mieux distincte dans ce type de construction.

Dans un deuxième temps, on proposera une démarche inverse qui va du concept aux mots/images en demandant aux apprenants de choisir d'abord un concept majeur autour duquel devrait s'articuler leur logique publicitaire. Une fois celui-ci défini, on leur demandera quelle représentation iconographique peut être donnée à lire qui irait de l'indice au symbole, et/ou quel(s) mot(s) peu(ven)t accompagner l'image qui ne soi(en)t pas une simple surimpression linguistique, mais qui, au contraire, joue(nt) avec l'image ou joue(nt) avec les mots dans un lien homophonique (exemple : la publicité très récente pour une marque de boisson à base de thé : *tonicithé*, *légèrethé*, *volupthé*, ou encore celle d'une marque de parfum : « fête des mères, pas la guerre ! »).

On peut aussi, dans une perspective plus sociologique et socioculturelle, leur demander de quelle façon ils voient représentée à travers la publicité la société dans laquelle ils vivent, de quelle façon ils représenteraient eux-mêmes leur société dans une campagne publicitaire, et exercice critique majeur, de quelle manière ils se représenteraient s'ils étaient amenés à créer une publicité les prenant eux-mêmes pour cible, autrement dit quelle place aurait l'humour dans la facture même de leur production ? Une manière de faire réfléchir sur l'impact du message en communication. Faut-il frapper fort au premier degré pour choquer (style Benetton) ou bien prendre du recul par rapport à l'évènement, et jouer sur le fil du sens ?

Références bibliographiques

GRUNIG B., (1990), *Les mots de la publicité*, Paris, Presses du CNRS.

VERNETTE E., (2000), *La publicité*, ouvrage collectif, Paris, La Documentation française.

L'humour vu de Roumanie

Florica Ciontescu-Samfireag
et Dorin Ciontescu-Samfireag
PROFESSEURS ASSOCIÉS
UNIVERSITÉ CONSTANTIN BRANCUSI DE TÎRGU-JIU (ROUMANIE)

Il est possible de dégager les caractéristiques de l'humour roumain (particulièrement dans un contexte européen) en prenant pour points de départ la structure thématique et les fonctions socioculturelles des blagues avant et après la chute du communisme.

Avant 1989, les blagues circulaient de manière exclusivement orale, étant une espèce de folklore moderne à usage privé. Du point de vue thématique, les blagues les plus prisées étaient celles à sujet politique. Leur circulation orale ne prouve pas le peu d'intérêt qu'on y prêtait, mais tout au contraire, vu la censure que le régime politique imposait à tout canal public de communication, ce type discret d'oralité constituait la seule voie par laquelle la liberté d'expression pouvait encore se manifester impunément. Pour donner une idée de la façon dont circulaient les blagues à cette époque-là, les auteurs se rappellent, par exemple, certaines soirées passées en compagnie de couples d'amis, chez les uns ou chez les autres, mais jamais dans des endroits publics. La satisfaction de pouvoir offrir un dîner décent – les aliments étaient rares et difficiles à procurer – était doublée par celle de pouvoir entendre ou raconter – à mi-voix! – une nouvelle blague politique. C'était presque invariablement une blague sur Ceausescu et / ou sur sa femme. Quelquefois, l'objet même de la blague était l'interdiction concernant les deux personnages. En voilà un échantillon :

– Savais-tu qu'Elena Ceausescu était enceinte ?
– Chut ! Les blagues sur Ceausescu sont interdites.
– Mais il n'y est pour rien, lui.

D'autres types de blagues étaient aussi en circulation, à l'époque : érotiques, inter-régionales, inter-ethniques..., mais les blagues politiques étaient de loin les plus goutées. Et cela parce qu'elles remplissaient, parait-il, la double fonction de défoulement et de subversion par rapport au discours officiel. Comme la Roumanie semble avoir été un des pays de l'Est ayant subi l'un des régimes les plus oppressifs à l'égard de la liberté d'expression, les blagues politiques constituaient, faute de mieux, hélas!, une sorte de résistance grégaire, une forme de dissidence anonyme. Après la chute du régime communiste, les blagues politiques se virent brusquement dépourvues de toutes ces fonctions qui, auparavant, assuraient leur succès. On les oublia presque. Pourtant ce genre d'humour ne disparut pas; on le vit renaitre dans le code écrit – revues, sites internet – et même dans les émissions de certaines chaines de télévision. La circulation orale ne disparut pas complètement, mais on la vit diminuer de façon significative. Quant à la structure thématique des blagues, elle changea aussi. Tout récemment, en comparant le seul site de blagues roumaines que nous connaissons – www.bancuri.ro – aux sites francophones de même profil, nous avons pu constater des similitudes étonnantes. Nous avons eu ainsi la surprise de découvrir une blague visant les Belges, qui chez nous est dédiée aux habitants de la province d'Olténie :

> – Pourquoi les Olténiens se mettent-ils à la fenêtre quand il y a l'orage?
> – Pour être sur la photo!

Petite différence notable : les Roumains n'aiment pas faire des blagues sur les... mères. Pour ce genre de référence, ils préfèrent les jurons... C'est d'ailleurs une différence remarquable entre l'humour français et l'humour roumain. Là où le Français aime taquiner ses amis, le Roumain (mâle) préfère utiliser des jurons ou des insultes qui ont plus ou moins la même fonction : marquer, exprimer une familiarité, une sympathie.

Après la presque disparition des blagues politiques, la catégorie des blagues inter-ethniques semble tenir actuellement le devant de la scène. Comme la Transylvanie est une province multiculturelle où les Hongrois constituent la principale minorité ethnique, ils sont souvent l'objet des blagues roumaines. Parfois, un certain maire d'une importante ville de la région et, en même temps, leader roumain de taille d'une formation politique perçue comme ultra-nationaliste, sert de personnage central de ces blagues «noires» :

> – Saviez-vous qu'on avait trouvé que F... avait du sang hongrois?
> – Non!?
> – Si! Sur le pare-chocs de sa voiture!

L'explication de ce genre d'humour (!) pourrait consister dans la crainte d'éventuelles revendications territoriales comme le montre cette blague hongroise de Roumanie :

> Un Hongrois, fraîchement rentré en Transylvanie d'un voyage à Budapest, est interrogé par son voisin roumain sur ce qu'il aurait aimé rapporter de Hongrie :
> – Oh, pas grand chose, juste la borne frontalière.

Comme on le voit, les amabilités sont des deux côtés de la barrière.

En conclusion, nous dirons que, malgré le vague parfum de poudre des Balkans qui semble s'y insinuer, ce genre d'humour joue encore une fois une fonction de défoulement.

Bibliographie complémentaire

Alex Cormanski
Richard Heitman
Jean-Michel Robert

Bibliographie complémentaire

ANGENOT M. (1982) : *La parole pamphlétaire*, Paris, Payot.

ATIENZA J.-L. (1997) : « Le jeu et le désir de langue : une perspective historique et culturelle », *L'enseignement précoce du français langue étrangère.* Bilan et perspectives. Éd. par E. Calaque pour le laboratoire de linguistique et didactique des langues étrangères et maternelles – Lidilem. Université de Grenoble III, pp. 38-49.

ATTARDO S. (2000) : « L'analyse des narratives humoristiques et son influence sur la théorie linguistique de l'humour », pré-actes du colloque international « Deux mille ans de rire. Permanence et modernité », Besançon, Corhum-Grelis, p. 29.

ATTARDO S. (1988) : « *Trends in European humor research: toward a text model* ». Humor, New York, Mouton de Gruyter, pp. 349-369.

BAEQUE A. de (2000) : « *Les éclats du rire. La culture des rieurs au* XVIIe *siècle* », Paris, Calmann-Lévy.

BARBE K. (1995) : *Irony in context*, Amsterdam, Philadelphia, J. Benjammins Pub.

BARIAUD F. (1983) : *La genèse de l'humour chez l'enfant*, Paris, PUF.

BAUDELAIRE Ch., « De l'essence du rire et généralement du comique dans les arts plastiques » in Œuvres, tome II, Gallimard, Pléiade, 1976.

BERGER A.A. (1993) : *An anatomy of humor*, New Brunswick, USA, Transaction Publishers.

BERGSON H. (1932) : *Le rire* (1899), Paris, Alcan.

BERRENDONNER A. (1981) : « De l'ironie » in *Éléments de pragmatique linguistique*, Paris, éd. de Minuit, pp. 173-239.

BERTOLETTI M.-C. (1990) : « Lexique et définition...en jeux », *Le français dans le monde*, n° 232, Paris, Hachette, pp. 54-59.

BESSE H. (1989) : « La culture des calembours », *Le français dans le monde*, n° 223, Paris, Hachette, Paris, pp. 32-39.

BLONDEL E. (1989) : *Le risible et le dérisoire*, Paris, PUF.

BORGOMANO L. (1983) : « Laisse-moi rire ! Fais-moi parler ! », *Le français dans le monde*, n° 178, Paris, Hachette-Larousse, pp. 37-44.

BOSKIN J. (1997) : *Rebellious laughter : people's humor in american culture*, Syracuse N.Y. Syracuse university press.

BOUCHARD R. / DE NUCHEZE V. (1987) : « À la recherche de la dominance : analyse des traces d'activités métalangagières en situation exolingue », *Encrages. Paroles en construction*, n° 18/19, Presses et publications de l'université de Paris VIII, pp. 21-44.

BOUDIN H. (1989) : « Prendre au sérieux les jeux pédagogiques », *Le français dans le monde*, n° 223, Paris, Hachette, pp. 45-49.

BOULARES M. / LAUTRETTE M. (1988) : « Mots-valises et connotations culturelles », *Reflet*, n° 24, Paris, Association Reflet, pp. 47-52.

BRETON A. (1966) : *Anthropologie de l'humour noir* (1940), Paris, Pauvert.

BRIERLEY V. (1980) : « Itinéraire », *Le français dans le monde*, n° 151, Paris, Hachette-Larousse, pp. 42-44.

BRUN C. / BRUNET M.-C. (1984) : « Histoires drôles », *Le français dans le monde*, n° 186, éd. Paris, Hachette-Larousse, pp. 64-65.

BULL J. (1835) : *Fun for the million, or The laughing philosopher, consisting of several thousand of the best jokes, witticisms, puns, epigrams, humorous stories and witty compositions in the English language, intended as fun for the million*, Londres, Sherwood Gilbert and Piper.

CALVET L.-J. (1991) : « Dry ? nein, zwei ! ou interférez, interférez, vous communiquerez toujours quelque chose », *Humoresques. Humour, science et langage*. Nice, éd. Z'éditions, pp. 103-108.

CALVET L.-J. (1980) : « Rire en français, parler français... », *Le français dans le monde*, n° 151, Paris, Hachette-Larousse, pp. 27-30.

CAMPAGNOLI R. (1987) : « L'oulipo en italien ou la version à contraintes dures », *Le français dans le monde* n° spécial « Retour à la traduction », Paris, Hachette, pp. 88-94.

CARÉ J.-M. / DEBYSER F. (1978) : *Jeu, langage et créativité. Les jeux dans la classe de Français.* Paris, Hachette-Larousse. Collection « Le français dans le monde » / BELC.

CAZAMIAN L. (1942) : *L'humour anglais*, Paris, Didier.

CAZENEUVE J. (1984) : *Le mot pour rire*, Paris, Table ronde.

CHIARO, D. (1992) : *The language of jokes : analayzing verbal play*, Londres, New York, Routledge.

COHEN, T. (1999) : *Jokes : philosophical thoughts on joking matters*, Chicago, University of Chicago Press.

CORNOLDI, C., OAKHILL J., (1996) : *Reading comprehension difficulties : processes and intervention*, Mahwah, N.J., L. Erlbaum Associates.

DAVIES, C. (1998) : *Jokes and their relation to society*, Berlin, New York, Mouton, de Gruyter.

DEBYSER F. (1976) : « Recherches au BELC », *Études de linguistique appliquée*, n° 22, Paris, Didier, pp.5-6.

DE HEREDIA C. (1986) : « Intercompréhension et malentendus. Étude d'interactions entre étrangers et autochtones », *Langue française. L'acquisition du français par des adultes migrants*, n° 71. Coordonné par C. Noyau et J. Deulofeu, Paris, Larousse, pp. 48-69.

DE PIETRO J.-F. (1988) : « Vers une typologie des situations de contacts linguistiques », *Langage et société*, n° 43, Paris, éd. M.S.H / Langage et société, pp. 65-89.

DOLITSKY M. (1990) : « Les déviations linguistiques et leur traduction », *Humoresques. L'humour d'expression française*. Tome 2, Nice, éd. Z'éditions, pp.168-174.

DOR M. (1966) : *Der politische Witz*, Munich, DTV.

DOUGLAS M. (1968) : « The social control of cognition: some factors in joke perception », Man. The journal of the royal anthropological institute. Vol. 3, éd. Royal anthropological institute, pp. 361-376.

DUNDES, A. (1987) : *Cracking jokes : studies of sick humor cycles & stereotypes*, Berkeley, Calif, Ten Speed Press.

DUVIGNAUD J. (1999) : *Rire, et après. Essais sur le comique*. Paris, Desclée de Brower.

DUVIGNAUD J. (1985) : *Le propre de l'homme, histoires du rire et de la dérision*, Hachette.

EASTHOPE, A. (1999) : *The unconscious*, Londres, New York, Routledge.

ELGOZY G. (1979) : *De l'humour*, Paris, Denoël.

EMELINA J. (1991) : *Le comique, essai d'interprétation générale*, Paris, S.E.D.E.S.

ESCARPIT R (1960) : *L'humour*, PUF, coll. « Que sais-je ? ».

FEUERHAHN N. (1993) : *Traits d'impertinence. Histoire et chefs-d'œuvre du dessin de l'humour de 1914 à nos jours*, Paris, Somogy, éditions d'art.

FEUERHAHN N. (1993) : *Le comique et l'enfance*, Paris, PUF, 1993.

FINKIELKRAUT A. (1979) : *Ralentir : mots-valises !*, Paris, Seuil, collection « Fiction et Cie ».

FREUD S. (1930) : *Le mot d'esprit et ses rapports avec l'inconscient*, Paris, Idées / Gallimard.

GALISSON R. / PORCHER L. (1986) : *Distractionnaire*, Paris, CLÉ International.

GENTILHOMME Y. (1990) : « Les lubrifiants didactiques », *Humoresques. L'humour d'expression française*. Tome 2, Nice, éd. Z'éditions, pp. 84-92.

GREIMAS A.-J. (1966) : *Sémantique structurale*, Paris, Larousse.

GRÉSILLON A. (1988) : « Ambiguïté et double sens », *Modèles linguistiques*. Vol. 19, éd. par les Presses de l'université de Lille III, pp. 9-20.

GROJNOWSKI D. et SARRAZIN B.(1960) : *L'esprit fumiste et les rires fin de siècle.* Paris, Corti.

GUIRAUD P. (1980) : « Typologie des jeux de mots », *Le français dans le monde,* n° 151, Paris, Hachette-Larousse, pp. 36-41.

GUIRAUD P (1976) : *Les jeux de mots,* PUF, coll. « Que sais-je ? ».

HAMON Ph. (1996) : *L'ironie littéraire,* Hachette supérieur.

HENAULT A. (1976) : « À propos de l'ironie », *Études de linguistique appliquée,* n° 22, Paris, Didier, pp. 64-67.

HOROWITZ J., MENACHE S. (1994) : *L'humour en chaire. Le rire dans l'église médiévale,* Genève, Labor et Fidès.

ISSACHAROFF M. (1990) : *Lieux comiques ou le temple de Janus, essai sur le comique,* Paris, Corti.

JANKELEVITCH V. (1936) : *L'ironie,* 2e édition, Paris, Flammarion, 1964.

JULIEN P. (1988) : *Activités ludiques.* Paris, CLÉ international, collection « Techniques de classe ».

KAUFMANN, W. (1997) : *The comedians confidence man : studies in irony fatigue,* Detroit (Michig.), Wayne state university press.

KOFMAN S. (1986) : *Pourquoi rit-on ?,* Paris, Galilée.

LAURIAN A.-M. (1985) : *Contrastes. Humour et traduction.* Hors-série T. 2, Paris, éd. de l'Association pour le développement des études contrastives.

LAVAULT E. (1983) : « La traduction. Traduire ou ne pas traduire : c'est la question », *Reflet,* n° 5, Paris, association Reflet, pp. 36-41.

MAJASTRE J.-O., PESSIN A. (1999) : *Du canular dans l'art et la littérature,* Paris, L'Harmattan.

MALDONADO M / PLOQUIN F. (1999) : « Peut-on rire de tout ? », *Le français dans le monde,* n° 302, Paris, Hachette Edicef, pp. 59-63.

MARS F. (1964) : *Le gag,* éditions du Cerf.

MARTIN G.-V. (1997) : « Laissez-les rire ! (l'humour exolingue) » in *Savoir(s) en rire* 2. L'humour-maître (Didactique et zygomatique) : De Boëck université, Paris, Bruxelles, Collection « Perspectives en éducation ». Coordination de M.-H. Lethierry, IUFM de Lyon. Préface de A. Giordan, avant-propos de R. Escarpit, pp. 147-157.

MARTIN G.-V. (1993) : *Les genres du risible en communication exolingue.* Thèse de Doctorat, université de Rouen.

MARITN G.-V. (1989) : « Didactique : l'heure de l'humour », *Le français dans le monde,* n° 225, Paris, Hachette, pp. 39-40.

MAURON C. (1964) : *Psychocritique du genre comique,* Paris, Corti.

MELOR V. (1979) : *L'arme du rire. L'humour dans les pays de l'Est,* Paris, Ramsay.

MELOT M. (1975) : *L'œil qui rit, le pouvoir comique des images,* Fribourg, Office du livre.

MESSIER D. (1985) : « Traduire un mot d'esprit ou le plaisir démultiplié », *Contrastes. Humour et traduction.* Hors-série T. 2. Paris, éd. de l'Association pour le développement des études contrastives. Lyon, éd. Association nationale des enseignants de français langue étrangère, p. 34.

MINOIS G. (2000) : *Histoire du rire et de la dérision,* Fayard.

MONNOT M. (1988) : « Jeux de mots et enseignement », *Le français dans le monde,* n° 215, Paris, Hachette, pp. 59-62.

MORIN V. (1966) : « L'histoire drôle », *Communications* n° 8, Paris, Seuil, pp. 102-119.

MUECKE D. (1970) : *Irony and the Ironic,* New York, Methuen.

MUECKE D. (1969) : *The Compass of Irony,* Londres, Methuen.

NILSEN, D.L.F. (1993) : *Humor scholarship : a research bibliography,* Westport, Conn, Greenwood Press.

NORRICK, N.R. (1993) : *Conversational joking : humor in everyday talk,* Bloomington, Indiana university press.

PALMER J. (1993) : « Les limites du rire. », *L'humour européen*. Tome 2. Actes du colloque « L'humour européen » organisé par l'université M. Curie de Lublin, le CIEP de Sèvres et Corhum du 1er au 7 octobre 1990 à Lublin, pp 189-199.

PARNOT I. (2000) : « Perec traducteur de Mathews : sautes d'humour et surenchère pornographique ». Pré-actes du colloque international « Deux mille ans de rire. Permanence et modernité ». Besançon, Corhum-Grelis, p. 41.

PETITJEAN A. (1997) : « Les histoires drôles : Je n'aime pas les raconter parce que... » in *Savoir(s) en rire* 2. L'humour-Maître (Didactique et zygomatique.) : De Boèck université, Paris, Bruxelles, collection « Perspectives en éducation ». Coordination de M.-H. Lethierry, IUFM de Lyon, préface de A. Giordan, avant-propos de R. Escarpit, pp. 107-122.

PETITJEAN A. (1981) : « Les histoires drôles : Je n'aime pas les raconter parce que... », *Pratiques*, n° 30, Metz, éd. de Pratiques, pp. 11-25.

PIRANDELLO L. (1988) : *L'humour et autres essais*, Paris, M. de Maule.

PLOQUIN F. (1987) : « L'article au microscope », *Diagonales*, n° 1, Paris, Hachette-Edicef, pp. 14-15.

PORQUIER R. (1984) : « Communication exolingue et apprentissage des langues », *Acquisition d'une langue étrangère III*, Paris, Presses universitaires de Vincennes, pp. 17-47.

PRIEGO-VALVERDE B. (1998) : « L'humour noir dans la conversation : jeux et enjeux », *Les registres de la conversation. Revue de Sémantique et Pragmatique*, n° 3. Presses universitaires d'Orléans, pp. 123-144.

RASKIN R. (1992) : *Life is like a glass of tea*, (Studies of classic jewish jokes.) : Aarhus University Press.

RASKIN R. (1985) : *Semantics Mechanisms of Humor*. Dordrecht, D. Reidel Publishing Company.

ROTH, M.S. and Library of Congress (1998) : *Freud : conflict and culture*, New York, Knopf.

ROVENTA-FRUMUSANI (1986) : « Le mot d'esprit (remarques pragmatiques) », *Revue roumaine de linguistique*, n° 21, T.4, pp. 349-355.

SANTOMAURO A. (1985) : « Jouons avec des proverbes », *Le français dans le monde*, n° 197, Paris, Hachette-Larousse, pp. 80-81.

SAREIL J. (1984) : *L'écriture comique*, PUF.

SARRAZIN B. (1993) : *La Bible parodiée*, éditions du Cerf.

SAUVY A. (1979) : *Humour et politique*, Paris, Calmann-Lévy.

SAVARD R. (1977) : *Le rire précolombien dans le Québec d'aujourd'hui*, Montréal, Parti Pris/L'Hexagone.

SCHLANGER J. (1977) : *Le comique des idées*, Gallimard.

SMADJA E. (1993) : *Le rire*, PUF, coll. « Que sais-je ? ».

SPEIER H. (1975) : *Witz und Politik*, Zurich, éd. Interform AG.

STREAN, H.S. (1993) : *Jokes : their purpose and meaning*, Northvale, N.J., J. Aronso.

SZAFRAN A.-W. et NYSENHOLC A. (dir.) : (1993) : *Freud et le rire*, Paris, Métailié.

TELUSHKIN, J. (1992) : *Jewish humor : what the best jewish jokes say about the Jews*, New York, W. Morrow.

UBERSFELD A. (1974) : *Le roi et le bouffon*, Paris, Corti.

VERMEERSCH (1997) : « La petite fabrique d'écriture » in *Savoir(s) en rire* 2. L'humour-maître (Didactique et zygomatique.) : De Boeck université, Paris, Bruxelles, collection « Perspectives en éducation ». Coordination de M.-H. Lethierry, IUFM de Lyon, préface de A. Giordan, avant-propos de R. Escarpit, pp. 171-178.

WEISS F. (1983) : *Jeux et activités communicatives dans la classe de langue*. Paris, Hachette.

WILHELM D. (1989) : *L'ironie viennoise*, Furor-Essais.

YAGUELLO M. (1981) : *Alice au pays du langage*, Paris, Seuil.

ZIV A. (1988) : « Humour et éducation : les apports de la psychologie expérimentale », *Les Cahiers Comique et Communication. Psychogénèse et psychopédagogie de l'humour,* n° 6. Coordonné par F. BARIAUD, éd. C.C.C. et Université des sciences sociales de Grenoble II, pp. 75-82.

ZIV A. ; DIEM J.-M. (1987) : *Le sens de l'humour*, Paris, Dunod.

REVUES ET COLLECTIFS

– La revue *Humoresques* (distribution CID. 131, bd Saint-Michel, 75005 Paris).

– « Le rire ». Numéro spécial de la revue *Critique*, n° 448-449, 1988, Paris, éditions de minuit.

– « Humor ». Numéro spécial de la revue *Yale French Studies*, n° 23, 1959.

– « L'humour ». Numéro spécial de la *Revue française de psychanalyse*, T. XXXVII, juillet 1973.

– « Laissez-les rire ». Numéro spécial de la revue *Le français dans le monde*, Hachette-Larousse, février-mars 1980.

– « L'humour ». Numéro spécial de la revue *Autrement*, septembre 1992.

– *L'humour européen* (édité par M. Abramovicz, D. Bertrand, T. Strozynski). Actes du colloque de Lublin, université Marie Curie et Centre international d'études pédagogiques de Sèvres, Lublin, 1993.

– « Dérision – Contestation ». *Hermès*, n° 29, CNRS 2001.

– « La dérision, le rire ». *International de l'imaginaire*, nouvelle série, n° 3, Babel, maison des cultures du monde, Paris, 1995.

– « Rire et rires ». Numéro spécial de la revue *Romantisme*, n° 74, 1991.

– « Les petits maîtres du rire ». Numéro spécial de la revue *Romantisme*, n° 75, 1992.

– La revue *Ridiculosa* (recherches sur l'image satirique).

CORHUM : Association pour le développement des recherches sur le comique, le rire et l'humour (68, rue Hallé, 75014 Paris).

Httw://wwww.perso.wanadoo.fr/corhum.humoresques/

QUELQUES SITES INTERNET SUR L'HUMOUR

http://www.rigoler.com
http://www.rions.free.com
http://www.humour.com
http://www.humourquotidien.com
http://www.rireetchansons.fr
http://www.cyberlooking.com
http://www.zone-humour.com
http://www.abondance.com
http://www.humourzone.com
http://www.multimania.com
http://www.chez.com
http://www.montoutou.com
ttp://www.eureka-fr.com
http://www.humour-fr.com
http://www.fre.yahoo.com/r/ke

HUMOUR FRANCOPHONE

Humour francophone (France, Canada, Belgique, Suisse, Tunisie, Maroc, Algérie, Liban, Luxembourg, Antilles) : http://www.umoor.com

Humour québécois :
http://www.humourqc.com
http://www.leportailqc.com

http://www.quebechumour.com
Humour belge :
http://www.cyberblagues.com
http://www.cybermicha.multimania.com
http://www.users.skynet.be/majaque/blagues.htmi
Humour algérien :
http://www.objectifalgerie.com/pages/Divertissement/Humour
Humour marocain :
http://www.gralous.com/Divertissement_et_Loisirs/Humour/
Humour tunisien :
http://www.winoo.com
http://www.humour.mac 125.com
Humour congolais : http://www.mediascongolais.com/humour.htmi

HUMOURS SPÉCIFIQUES

Humour enfant : www.jecris.com
Humour adolescent : www.fun4fun.com
Humour scolaire : www.anne.math.free.fr/humourx.htmi
Humour adulte : www.aphroditehumour.free.fr
Humour chrétien : humour dans la Bible www.ilestvivant.com/ iev/133
Humour chrétien catholique : www.catholiens.org.asp ?RefC=23
Humour protestant : www.members.aol.com/riez/vrac.htm
Humour juif : www.alliancefr.com/judaisme/humour
Cours d'humour (apprendre où et comment pratiquer l'humour) :
www.phenix-institute.com/raquin.htm
Humour graphique (dessins de presse et caricatures) :
www.gueules-d-humour,com
Humour homosexuel : www.gay-infos.com/humour.htm
Humour informatique : www.cyber-lol.net
Humour juridique : www.avocat.qc.ca/humour/humour.htm (site québécois)
Humour et littérature :
www.swarthmore.edu/Humanities/clicnet/litterature/sujets/hum.htmi
Humour motard : www.banditmania.com/blagues.htm
Humour noir : www.humou.free.fr/humour.htm
Humour polonais : www.beskid.com/humour.htmi (site polonais en français)
Humour syndical : www.isuisse.com/sspta/humour.htm (site suisse)
Humour vache folle : www.vachefolle.net
Humour et vin : www.delvalle.fr/invino.html

Imprimé en France par I.M.E. 25110 Baume-les-Dames